Evita

J'AI LU

Silvain Reiner

Evita

La vraie vie d'Eva Perón

Éditions J'ai lu

La fatalité, c'est ce que nous voulons.
Romain ROLLAND

Terre ne recouvre pas mon sang
Que mon cri trouve écho jusque dans l'éternité.
Le livre de Job, chant 16

PROLOGUE

LA SERVANTE DE CHIVILCOY

1

Les bœufs de Chivilcoy, dans la province de Buenos Aires, sont d'un roux de pêche. Ces animaux royaux flamboient dans le désert de verdure qui leur appartient. Ils broutent sans approcher les barbelés qui les entourent. Les hommes et les femmes de ce village, eux, sont tributaires des barbelés, prisonniers de la prairie.

Chivilcoy, à deux cent cinquante kilomètres de la capitale, est en fait perdu au bout du monde. Les routes qui y mènent deviennent brusquement des bourbiers.

L'estancia de Juan Duarte à Chivilcoy s'assoupit dans un océan d'herbe. Quelques géraniums, quelques palmiers signalent cette demeure aux lits énormes et aux meubles lourds qui datent de la conquête espagnole. Il y avait dans cette ferme, quelques années avant la Première Guerre mondiale, une servante basque nommée Juana Ibarguren. Fille de cocher, elle avait quitté un pays austère mais lumineux pour s'installer dans le mirage au-delà des mers. Elle avait fui une solitude supportable pour s'enliser dans une solitude inhumaine, celle d'un pays sans limites où l'œil ne s'arrête sur rien.

Un pays où l'on vit du bœuf et où l'on est enchaîné aux bêtes vouées à l'abattage. Un empire de verdure qui n'enrichit jamais que quelques fermiers. La terre leur appartient. Aux autres, tâcherons, manœuvres, convoyeurs de troupeaux, trayeurs de vaches et engraisseurs de tuf, il ne reste d'autre justification dans la vie que les soins à donner aux bêtes à cornes.

La servante Juana Ibarguren était prise au piège de cette forteresse d'herbes hautes. Un immigrant qui n'a pas trouvé l'or de ses rêves dans la terre promise n'ose pas retourner dans son vieux pays les mains vides, ni s'échapper une seconde fois. Il ne croit plus au paradis terrestre.

Juana Ibarguren était trop fière pour accepter pourtant de servir sans espoir. Le seul trésor à conquérir, c'était le fermier lui-même. Il était marié. Cela ne constituait pas un obstacle sérieux. Juana était une petite femme malingre et tendue, mais sa volonté lui tenait lieu de beauté. Lorsqu'elle traversait la grande cour de la ferme, elle rejetait, provocante, ses cheveux en arrière, sur ses maigres épaules.

Le fermier Duarte n'avait rien de commun avec les puissants éleveurs sud-américains dont les terres atteignaient aux dimensions d'une province. Lui, Juan Duarte, se satisfaisait de son petit bien. Il lui permettait de boire tout son soûl au hameau voisin, Los Toldos, où se trouvait une *pulpería*, épicerie-buvette, devant laquelle s'allongeait la grande route poussiéreuse et qu'encerclaient les ruminants sur des kilomètres, comme une forêt de pattes.

Pas de chaises, pas de tables dans la *pulpería*. Le comptoir fait le tour de la grande salle carrée. Des jambons fumés attendent, bien alignés, pendus à des crochets de fer. Des pots, tous identiques, contiennent des sucreries, des amandes, des épices que l'on pèse sur la balance de cuivre toujours astiquée. Le vin se trouve dans de petites barriques, sur une étagère. Pas une pelure, pas un papier à terre. Le sol est pavé de pierres luisantes et jaunes. Il y a un crachoir à droite de la porte basse. Les murs blanchis sont frais et les hommes ne font aucun bruit. Beaucoup sont pieds nus et leur chemise est fendue jusqu'à la taille. Un enfant est assis sur une barrique d'alcool. Parfois, il s'empare d'une poignée de graines pour les jeter aux poules, dans la cour.

Duarte avait fini par vivre là, plus souvent qu'à sa ferme, affalé sur un banc, à gratter une guitare ensommeillée. Un soir qu'il revenait de la *pulpería*, plus gai que de coutume, il heurta une forme vivante et chaude. Ce n'était pas le hasard qui l'avait posée là, sur son chemin nocturne, toute droite et sans un frémissement.

Juana en cet instant venait de vaincre la pampa, son immensité et son silence.

Il ne restait plus qu'à attendre que le petit fermier, séduit et conquis, eût chassé de sa maison sa femme légitime. Cela demandait de la patience, une obstination animale.

La place fut emportée de haute lutte. Cinq enfants illégitimes furent voluptueusement offerts au maître de l'estancia par la servante au regard trop bleu. Lorsque le dernier enfant de l'amour, ou plutôt de l'orgueil, Maria Eva, naquit le 7 mai 1919, la maîtresse de la demeure, celle qui lançait désormais les ordres au lieu de les recevoir, c'était l'ex-petite servante Juana. Elle avait de toute sa chair construit cette réussite. La petite souillon était devenue une patronne implacable.

2

Juan Duarte ne se préoccupait pas de la rumeur publique. Il prenait toujours la fuite lorsqu'elle risquait d'écorcher ses oreilles. Il courait alors à la *pulpería*, s'installer tout droit dans son rêve.

Sa nouvelle femme ne s'inquiétait pas de son ivrognerie. Elle, Juana, se livrait tout entière à la joie de commander en maîtresse de maison. Elle dirigeait la ferme avec une majesté de conquistador. Aussi n'avait-elle aucun mot de reproche pour son mari lorsqu'il rentrait la nuit.

Elle l'accueillait avec un sourire et réapprenait alors des gestes humbles de servante, mais c'était à l'abri de tout regard. Elle déployait la nappe et servait le repas : les tripes grillées, l'infusion de maté dans une calebasse munie d'un tube d'argent pour l'aspirer.

Juan, à travers la brume de l'alcool, se considérait toujours seul patron dans la ferme de Chivilcoy. Il regardait Juana d'un œil parfaitement confiant. Maintenant, elle fendait son chignon d'une longue aiguille de verre coloré. Il se disait qu'il était toujours le maître, mais sans connaître le désagrément des responsabilités. Sans toucher aux aliments, ni à l'infusion, il s'endormait docilement sur la table.

Il buvait pour écarter de lui la monotonie de vivre et aussi la présence épuisante de milliers de bestiaux. Et à cet ennui torpide s'ajoutait désormais l'aigre sifflement de la rumeur publique, entretenue à cent kilomètres à la ronde par son ex-femme chassée de la maison et qui ne se résignait pas à quitter les parages, chienne battue qui ne comprend pas qu'elle doit fuir.

De somnolence en somnolence, ayant vidé verre sur verre, Juan Duarte un jour sombra sur le comptoir. Il fut ramené en hâte à la ferme, jeté sur un lit. Cette fois, il refusa de s'éveiller au mugissement tenace des bovins.

Le fermier Duarte avait trop longtemps négligé son domaine et accumulé trop de dettes pour que sa mort fût autre chose qu'un grand déménagement.

Les créanciers s'abattirent sur la ferme Duarte le jour même de l'enterrement de son propriétaire. La douleur de la famille devint alors si accapareuse que l'enlèvement des meubles ne put ébranler les cœurs. La légitime trahie accourut, pleurant plus que les autres. Juana subit l'invasion, observant, pétrifiée, l'ex-épouse qui époussetait le cadavre, pour que la demeure cessât de sentir la débauche, cherchant le plus beau foulard qu'elle noua autour du cou de Duarte comme elle le faisait lorsqu'il partait dans le vent, pressé de boire.

Puis, regardant sur le devant de l'estancia, elle aperçut les enfants de la servante, les bâtards endimanchés. Elle fut saisie d'horreur à l'idée que Juan Duarte entrerait dans l'éternité en traînant derrière lui les témoins graciles du péché.

Les villageois se tassaient dans la maison, bavardant et mangeant, courant prier une minute dans la chambre mortuaire, revenant dare-dare à leurs ripailles et à leurs conversations chuchotées, pour ne pas troubler cette atmosphère de gaillarde intimité avec le mort.

La légitime, profitant du va-et-vient, attira les enfants usurpateurs avec des friandises. Elle les enferma dans la cave les uns après les autres. La petite servante fut priée de suivre le cortège avec les domestiques.

La terre et les cailloux ayant roulé sur Juan Duarte, la légitime s'enveloppa dans son châle noir et disparut, ses longs doigts croisés avec satisfaction sur son ventre stérile. Quant à l'ex-servante, elle s'empressa d'aller délivrer ses cinq bâtards enfermés dans la cave de l'estancia.

Les bœufs partaient en longues files sous la conduite de gardiens à cheval, pour se dissoudre dans l'espace sans dimensions. Un huissier posait des cachets sur les serrures. La bouche poissée de sucre, les petits enfants battaient des paupières, effrayés par l'écho de leur voix dans la maison déserte.

3

L'ex-servante devenue veuve, embarrassée de cinq enfants, privée de tout argent, ne tira du drame qu'une idée fixe : ne plus retomber dans la servitude.

La municipalité de Los Toldos offrit une aide pendant quelque temps, mais ce secours faisait de la jeune femme une déclassée. Juana décida de nouveau de s'arracher au monde des serviteurs. Ils formaient légion dans cette brousse qui ne comptait que deux couches sociales : les propriétaires et les autres.

Juana rallia la ville la moins éloignée de son ancienne splendeur : Junín. Là, elle ne perdit pas son temps. Le fermier Juan Duarte appartenait au parti radical et un de ses amis du parti ne fut pas long à tomber dans le piège du sourire précieux de la señora. Il se démena pour lui dénicher un local dans une rue populaire et, d'une ancienne maison de jeux, fit une douillette pension de famille.

La rue n'était que décrépitude, mais la cuisine de la veuve y projetait son parfum.

Les plaisirs de la table, la mollesse des oreillers dans les chambres, la gentillesse des enfants, et surtout les yeux de leur mère, sombres et pleins de promesses, firent de la pension Duarte le pôle d'attraction de la provinciale Junín.

Tout ce qui se faisait remarquer par un air négligé était interdit de séjour à la pension Duarte. Bientôt, les clients furent des gradés de l'armée, des fonctionnaires célibataires. Ce n'était pas de la part de Mme Duarte une simple convenance de commerçante mais une nécessité impérieuse que de se frotter aux gens en place. Un être du bas peuple la faisait rougir comme le rappel d'un crime. Les gens de la rue flairèrent ce mépris. Mais comme cette femme ne se montrait jamais et prenait aussitôt ses distances avec les voisins moins chanceux qu'elle, il ne restait pour l'atteindre qu'un biais : rappeler à tous l'origine de ses cinq enfants.

Si son affaire ne souffrait pas de ce passé douteux (peut-être même constituait-il un piment pour tous ces gens respectables, s'égaillant dans la grande salle, mangeant posément, prenant le temps de couver du regard l'hôtesse), on pouvait ébranler la veuve Duarte à travers sa progéniture.

Les enfants Duarte allaient à l'école. Il était impossible de les isoler des autres enfants. Les pierres se mirent à pleuvoir sur eux au moment le plus inattendu d'un jeu ou d'une contemplation. Ils furent montrés du doigt même en dehors de leur quartier.

Mme Duarte apaisait des sanglots, pansait des blessures, réparait des vêtements méchamment déchirés. Et nullement découragée par le traitement que l'on faisait subir à ses enfants, elle se jetait toujours plus âprement dans la bataille : il s'agissait pour elle de conquérir une position où l'on eût droit au respect entier d'autrui.

L'apothéose de son émancipation ne pouvait être que le mariage de ses filles. Il fallait les unir aux meilleurs partis de la ville. La victoire serait alors complète. Mme veuve Duarte pourrait jouir en paix du salut des officiers et de la netteté de ses assiettes.

Les beaux mariages furent la seconde étape sur le chemin de rédemption de l'ex-servante.

Elisa, sa fille aînée, avait trouvé un travail de secrétaire dans un bureau de Junín.

Lorsqu'elle rentrait le soir, épuisée, sa mère la sermonnait pour qu'elle dissimulât sa fatigue aux pensionnaires qui n'étaient peut-être pas tous beaux ou fringants, mais qui tous possédaient une bonne situation.

Elle hochait la tête :

– Oui, maman. Il m'a pris la main.

– Tu as bien entendu ? répétait Mme Duarte. Ne le laisse pas t'enlever autre chose... que ton gant !

– Maman, je n'ai regardé personne, affirmait Blanca, la blonde.

Arminda, qui avait alors quinze ans, demandait avec une ingénuité qui faisait mal :

– Que dois-je faire si le sergent veut m'embrasser ?

Seule, Evita, douze ans, n'était pas admise à ces conseils du soir. Mais elle se cachait derrière la porte et elle écoutait sans rougir. Elle serrait dans son poing un rouge à lèvres qu'elle venait de dérober dans la chambre de sa sœur aînée.

Arminda rectifiait son corsage devenu étroit. Sa mère cherchait à l'ajuster en tirant dessus. Mais cela lui enserrait le cou et les boutons béaient à la hauteur de la poitrine. Souvent un fil lâchait, et un long lacet bleu pendait, qu'elle avait du mal à enfoncer dans son soutien-gorge de coutil. Sa mère venait de lui acheter de nouvelles parures comme à ses autres sœurs.

Arminda, sur l'ordre de sa mère, et parce qu'elle était la plus douée pour ce genre de travaux, s'employait à raccourcir les jupons dans un coin de la salle de restaurant. Et les clients jetaient des regards éperdus vers ce flot mousseux de lingerie féminine à l'intérieur de laquelle ils imaginaient les rêveuses évolutions des filles Duarte.

Le bon ton que Mme Duarte s'était donné tant de peine à créer dans sa pension résistait mal à cet étalage de colifichets transparents.

Evita, à douze ans, s'était déguisée en femme, dérobant à ses sœurs, aussi bien qu'à sa mère, dessous, robes, chapeaux, tous les éléments d'une choquante séduction.

Elle jouait de sa transformation physique, de son âge ingrat, comme d'un grand rôle.

A l'heure des repas, elle descendait le petit escalier qui aboutissait à la salle à manger, comme une vedette de music-hall dans une revue de Broadway. Les pensionnaires, ébahis, la voyaient soulever ses jupes jusqu'aux cuisses.

Ce que les grandes filles Duarte ne pouvaient se permettre à moins de passer pour des gourgandines, une gamine de douze ans comme Evita pouvait le faire impunément. D'autant plus qu'arrivée à la salle à manger, Evita, dépliant sur elle les étoffes qui l'entravaient, s'interdisait tout écart. Elle restait droite et figée devant son assiette.

L'excitation inavouable provoquée par la gamine finissait par porter ses fruits de façon paradoxale, mais honnête. Elle rejetait les hommes de la pension vers les filles adultes de maman Duarte. La petite Evita, dans cette organisation, se transformait en bateleur involontaire. Elle électrisait les hommes, transformait de veules candidats au mariage en soupirants déchaînés.

Et quand les clients de la pension mettaient le nez à la fenêtre au crépuscule, ils apercevaient dans le jardin, en train de sécher sur une ficelle, des lingeries féminines qui oscillaient doucement comme un mirage...

4

Sur les voies équivoques et solennelles du mariage, tel que le concevait maman Duarte, Evita était la seule élève rétive. Elle aguichait, et s'arrêtait là.

Les bras musclés, les odeurs de terre fraîche que portaient sur eux les hommes qui passaient, bottes claquantes, cela ne l'intéressait pas. Elle s'enfermait dans le jardin, ou dans un coin de la cuisine, pour parcourir les magazines de cinéma. Sa jupe plate tombait bien droite. Parfois, en tournant les pages, elle faisait cliqueter à son poignet les bracelets de ses sœurs. Elle avait enlevé ses souliers à hauts talons et elle était redevenue une enfant le temps de lire les fastes des vedettes de cinéma, reines des temps modernes dont l'empire s'étendait au-delà des frontières de leur pays.

Cependant, maman Duarte continuait à soigner ses filles comme des bêtes à mariage. Elisa, l'aînée, fut enfin convoitée par un officier argentin qui logeait dans la pension et qui ne put l'obtenir qu'en l'épousant. Elisa épousa son officier.

Les petits pantalons garnis de dentelles remuaient de plus belle sur les cordes à linge dans le jardin de la pension Duarte. Blanca, avec ses cheveux blonds et son visage de madone plantureuse, fut la seconde à passer sous le dais de l'église. L'époux comblait l'attente vaniteuse de maman Duarte. C'était un propriétaire terrien, Justo Rodriguez, qui se déplaçait dans une Ford rutilante.

Les étais de la réhabilitation n'étaient-ils pas posés en profondeur ? Pourtant la troisième fille, Arminda, se fourvoya. Elle tomba dans les bras, non pas du patron, mais du garçon d'ascenseur du grand magasin où elle travaillait comme vendeuse.

Mme Duarte n'ayant pu cette fois organiser les rencontres et vérifier les tête-à-tête, l'irréparable fut commis. Il fallut abandonner Arminda aux mains du roturier.

Mme Duarte ne s'en affligea pas outre mesure. Blanca la blonde commandait désormais à une nombreuse domesticité. Lorsque la veuve Duarte était reçue chez sa fille, la cohorte servile s'inclinait devant elle au point de la faire pleurer de bonheur.

Il ne restait plus à placer sur la bonne voie que la petite Evita et le garçon, Juan, qui, pour l'instant, se contentait de provoquer les filles.

Evita, seule, inquiétait avec ses cheveux bruns, chiffonnés, son doigt tortillant vainement les mèches dans l'espoir d'obtenir les tresses de Blanca. Les yeux foncés à force de rêve, vaine, capricieuse, maquillée au point d'en être barbouillée, Evita ne cherchait pas à provoquer l'attention des notables pour les conduire au mariage, mais à leur faire perdre la raison pour le seul plaisir de manifester gratuitement ses pouvoirs. Elle était la seule qui ne se réfugiât pas dans les jupes de sa mère lorsqu'elle était battue par les autres enfants de la rue ; elle faisait payer d'un coup de griffe chaque insulte.

Ni docile, ni bien élevée, ni douce, ni tendre, ni bien en chair comme ses autres sœurs, elle désespérait sa mère par son refus net et obstiné de comprendre qu'une fille était destinée au mariage.

La gaieté d'Evita était peu naturelle. Sa coquetterie, bêtifiante et asexuée, ne la préparait pas au mariage. Mme Duarte se dit qu'à défaut de marier sa fille, elle pourrait s'en faire une collaboratrice. L'aide commençait à devenir nécessaire dans la direction de la pension. Mme Duarte, comblée et détendue, cessa donc de rêver de grandeurs matrimoniales pour la petite Evita. Son travail quotidien cessant d'être soutenu par une ambition forcenée, elle se fatiguait de plus en plus facilement et appelait Evita à l'aide pour préparer les chambres ou porter les plats aux pensionnaires.

Evita rêvait.

Elle n'attendait pas un mari. Elle n'attendait pas les hommages d'un homme. Mais le bavardage des amoureux de ses sœurs triomphantes se confondait soudain pour elle avec le murmure d'une forêt. Elle n'attendait pas un homme. Elle invoquait une multitude. Elle attendait cent, mille, cent mille amoureux, auxquels elle ne donnerait jamais rien et qui étaleraient à ses pieds non seulement leurs biens, mais leurs vies. Elle se projetait au-delà de la petite ville de Junín. Il ne lui suffisait pas, comme à sa sœur Blanca, de posséder une estancia et de faire filer doux une vingtaine de péones. Elle ne rêvait pas de devenir propriétaire ou fermière. Elle convoitait la grande ville.

Son besoin d'asservir pour ne pas se sentir asservie la conduisait en esprit loin des tâches obscures de cette pension de famille, vers la lumière et le fracas de la capitale. Les simagrées et les dévotions que sa mère réservait aux messieurs du beau monde l'avaient à jamais dégoûtée de ces derniers, et des autres par-dessus le marché. Elle en avait assez de la pension, de ses relents de cuisine et de ses odeurs de lessive. Elle ne voulait pas devenir la bonne à tout faire de sa mère. Elle en avait assez de guerroyer, même pour rire, avec les hommes dans les couloirs. Elle se retirait dans sa chambre, fermait la porte à clé, pour dévorer solitairement les histoires d'amour et de conquête qui remplissaient les magazines de cinéma. Chaque photographie de chacune de ces femmes qui se pâmaient sous l'adulation des foules chantait l'audace et la puissance, le fabuleux mystère de la séduction extrême...

Elle avait épinglé au-dessus de son lit la photographie de la jeune femme blonde de Hollywood. Et, tout autour, elle avait étalé les robes abandonnées sur les lieux par les trois sœurs mariées. Les deux premières faisaient des cadeaux à Arminda, la mal mariée, et toutes les trois poussaient la petite Evita à prendre époux pour mériter de semblables présents.

– Regarde, disait Blanca, regarde.

Elle faisait visiter à Evita son domaine près de Junín. C'était pour lui chanter les gloires du mariage. Mais Evita avançait au milieu de ces biens sans un sourire, sans un émerveillement.

Blanca ne montrait pas seulement à sa plus jeune sœur des étables pleines de bestiaux et des domestiques qui s'affairaient pour faire reluire la maison, mais aussi des paires de chaussures par dizaines, ce qui était le signe même de l'opulence.

Mais pour posséder ces têtes de bétail et cette

garde-robe, il fallait se résigner à supporter un homme, il fallait se choisir un mari.

Au retour de ces visites, Evita s'enfermait dans sa chambre. Ce goût de la claustration finit par inquiéter maman Duarte. Un jour, elle subtilisa la clé de la chambre de sa fille et pénétra dans cette chapelle secrète. Elle imaginait quelque fantasme savoureux, un amour impossible. Or, Evita ne s'enfermait dans sa chambre que pour y adorer une vedette de cinéma ; cette blonde platinée qui fit battre les cœurs et qui devait mourir à vingt-quatre ans d'une péritonite qu'elle se refusait à laisser opérer.

Les murs étaient couverts d'images de la belle Hollywoodienne, en robe de soirée, maillot de bain ou pantalons de toile blanche. Evita s'efforçait de manger, de se vêtir et de sourire avec l'évanescence de la star Jean Harlow.

Quand Evita se haussait devant une glace, elle ne se trouvait guère moins attrayante que la fée de Hollywood. Elle avait droit, pensait-elle, aux mêmes hommages.

Pour les obtenir, il fallait quitter Junín, partir pour Buenos Aires. Elle ne pensait pas qu'il existât des écoles où l'on apprend à jouer la comédie et le drame, ni qu'il fallait esquiver maint danger avant d'atteindre à cette lumineuse consécration. Elle ne voyait qu'un mouvement qu'elle devrait accomplir pour réussir son rêve : descendre un escalier comme celui conduisant à cette salle de pensionnaires qui interrompaient le murmure de leurs mornes conversations et le bruit de leurs fourchettes en apercevant la jeune fille aux falbalas héroïques.

5

C'est en 1935 qu'Evita arriva à Buenos Aires. Maria Eva Duarte fuit les espaces pour se jeter dans un cul-de-sac.

Elle n'est pas fascinée par les avenues qui conduisent hors de la ville vers des vies sans barrière. Elle cherche la foule qui se rue à l'entassement.

Buenos Aires, la nuit, ce sont des gens serrés les uns contre les autres, qui rient et pleurent, les yeux rivés sur une toile blanche ou une rampe éclairée. C'est pour s'imposer à ces noctambules que l'adolescente de Junín a fait le long voyage.

Elle cherche le travail noble. Il y a dans la capitale argentine vingt-cinq théâtres, neuf stations de radio, sept compagnies cinématographiques et une vingtaine de producteurs. Eva commence par se teindre les cheveux en blond : elle voulait ressembler à la fois à sa sœur Blanca et à Jean Harlow.

Elle finit par se fabriquer le visage de la petite fiancée du monde, de cette Mary Pickford que les hommes d'affaires américains ont vicieusement travestie. Grands yeux élargis, soulignés de khôl, petite bouche morose et gourmande, frange de cheveux avec une boucle à l'abandon. La petite fiancée du monde, cela dit gracilité, innocence. Mais la fausse blonde de Junín parvenait mal, même à seize ans, à feindre l'ingénuité. Vierge, elle n'a rien de virginal. On la devine aussi implacablement résolue que la femme de cinquante ans qui se voue aux affaires pour distraire son hypocondrie.

A seize ans, Evita montre un regard dur, une bouche crispée. Ses ambitions ne sont pas découragées par un refus. Une remarque acerbe sur son jeu, lorsqu'elle s'exhibe devant un imprésario ou un directeur de théâtre, au lieu de la faire pleurer, ne fait qu'allumer en elle un feu de haine.

Elle arpente la grande ville avec l'assurance d'une fille de paysans qui cherche à rassembler son troupeau et que des coups de mufle ou de corne ne sauraient effaroucher. Elle cherche un rôle.

Ses cheveux tombent en boucles où le blond artificiel pose des reflets métalliques. Au bout de six mois de course, elle n'a pas encore abandonné le masque de Mary Pickford.

On lui a dit qu'elle était menue. Elle le sait. Il faut un peu de courage et de patience pour apprendre à tricher avec la nature. Mais c'est la nature qu'il faut incliner, briser, quand on sait ce que l'on veut. La lutte est ouverte, pour commencer, contre cette fatalité : un mètre cinquante-cinq.

Elle espère grandir encore. Des médecins lui ont affirmé que c'est possible. Elle fait des exercices chaque matin au saut du lit, étire ses membres à se déchirer les muscles.

La pension où elle loge se trouve à la Boca, dans le port. Elle la fuit très tôt le matin et ne reprend sa respiration que dans l'Avenida Corrientes, loin du travail des humbles. En attendant de grandir de corps, il faut chercher une estrade qui vous accepte : ce piédestal, déjà, compensera la trahison de la nature...

Eva relève ses cheveux en vagues. Sur le sommet de cet édifice, elle ajuste un gros peigne. Puis elle s'achète des chaussures à très hauts talons. Prix de cette extravagance : quinze jours de pension.

Elle dîne dans sa chambre, grignote un sandwich. Mais les privations n'ont pas le même effet sur toutes les natures. Chez une jeune fille aussi maigre, aussi fragile, l'économie de nourriture se traduit immédiatement par des cernes, l'apparition de rides sur le front. La petite fiancée du monde commence à ressembler à une femme mûre qui chercherait gauchement à se rajeunir. Le déguisement a fini par dévorer la déguisée.

Et, un matin, le masque de Mary Pickford tombe.

Cette Mary Pickford n'est plus qu'un idéal démodé, bon pour les vieilles perruches. Evita Duarte, au mois de mai 1936, déambule sur l'Avenida Corrientes avec la démarche penchée de l'Ange bleu. Le regard est une flèche, mais ce n'est pas le petit dieu grec qui l'envoie.

Eva Duarte, qui n'est pas langoureuse mais impérieuse, n'arrive pas à jouer la comédie, ni le drame. Dès qu'on lui donne un rôle, au lieu d'épouser un sentiment, de le traduire, elle l'anime d'une manière outrée. Elle se met à le crier. Elle ne joue plus, elle lance un défi.

– Ne vous agitez pas ! supplie le metteur en scène.

Tour à tour hurlante et prostrée, elle encombre le plateau d'une présence insupportable. Ce n'est pas une actrice. Sous les paroles les plus douces, les plus ternes, elle fait vibrer une rage démesurée.

Bergère, orpheline, femme du monde, mangeuse d'hommes, victime, intrigante, cruelle, ou futile objet de plaisir, jamais elle ne trouve la note juste de ces différents emplois. Elle ne connaît qu'un rôle : le sien. Elle ne peut rien incarner d'autre que sa faim de notoriété.

Que ce soit en caraco historique ou en décolleté moderne, ce qui demeure, c'est la petite fille triste de Junín qui se réfugie dans sa chambre décorée comme une chapelle. Vouée à un amour impalpable et imprécateur.

Dans la lumière brutale de la rampe, les comédiens apparaissent, enjoués. Evita, seule, est tragique. A Buenos Aires depuis deux ans, elle n'a toujours pas réussi. Elle vit avec l'argent qu'expédie régulièrement maman Duarte, pour que sa fille ait le temps de bien tourner.

Elle se ferait bien une nouvelle tête, mais laquelle ? Elle ne songe pas encore à se résigner à choisir la sienne.

Elle rôde, pour une fois, en dehors de la ville. Elle a vu des filles autour d'elle réussir, s'imposer dans l'Avenida Corrientes. Et aujourd'hui, un flot de jalousie l'en a rejetée bien loin. Le rio de la Plata est en crue, une tempête s'est déchaînée sur la région, les eaux submergent le delta. Des milliers de personnes ont été évacuées de nuit avec l'aide de l'armée. Des centaines d'arbres lourds de fruits ont été emportés. Les eaux charrient toutes sortes de débris et de nombreux cadavres d'animaux : chevaux, chiens, chats, volailles. Des soldats embarqués sur de petits canots s'efforcent de les harponner pour les ramener à terre. Evita, sur la rive, contemple, subjuguée, cette pêche aux cadavres. Il suffit de tendre une perche. Ils s'accrochent tout seuls, luttant à peine contre le courant, puis, sous une rafale de pluie, on les hisse à bord. Eva, que jamais rien n'a émue, éclate alors en pleurs bruyants...

Le désespoir d'être peu de chose, presque rien : une défroque bestiale.

6

Au moment de monter sur scène, Eva Duarte se souvint de ce qui était arrivé un jour à Junín pendant une représentation théâtrale mise au point par le curé pour le plaisir des paroissiens. Il s'agissait d'une saynète religieuse et sans conséquence, où le rôle de la Vierge avait été confié à Blanca à cause de sa taille, de sa blondeur, de sa sérénité.

Evita avait réussi à obtenir un rôle, mais c'était un emploi dérisoire dans la chorale.

Tout avait bien marché pendant un moment. Mais lorsque Blanca arriva en scène, dans une espèce de chaise à porteurs, ses cheveux blonds ceints d'un diadème, une robe de gaze flottant jusqu'à ses pieds, Evita ne put se contenir. Elle bondit sur Blanca, lui arracha son diadème et ses oripeaux de déesse, et se mit à déclamer follement à sa place un rôle qu'elle n'avait pas appris, mais écouté et retenu comme par enchantement.

Le public, figé de surprise, avait pensé qu'il s'agissait non pas d'une usurpation de rôle, mais d'un épisode de la représentation. Cela n'était devenu scandale qu'en fin de journée.

A sept ans d'intervalle, le même esclandre venait d'avoir lieu. Evita, au cours d'une audition – il s'agissait du rôle de Marie-Antoinette dans une pièce historique –, fut saisie d'une sainte fureur devant le succès d'une autre. Elle s'était précipitée sur la gagnante et lui avait lacéré le visage en hurlant sa haine.

La violence injurieuse d'Evita finissait parfois par faire croire à ses mérites. Mais, lorsqu'on lui accordait une seconde chance, il était impossible de lui rendre justice car il n'y avait pas de justice à rendre. Elle ne savait pas jouer.

Toute cette violence, donc, ne donnait jamais gain de cause à Evita.

L'excès d'éloquence dont elle était malade rendait sa parole inintelligible. Avec les hommes qui risquaient de lui faire la cour, l'éloquence se transformait soudain en mutisme et en mauvaise humeur. Il était rare que les hommes prissent la peine d'essayer de circonvenir cette furie. Mais si leur curiosité était la plus forte, s'ils subissaient sans broncher l'assaut de mauvaise humeur, Eva Duarte les écoutait d'un air ahuri, comme si elle ne pouvait comprendre leur raison d'insister.

Ce fut un événement lorsque, dans la même semaine, elle eut trois rendez-vous différents. Le premier avec un acteur fat et sans talent. Une idée qui lui tenait à cœur : il parvint enfin à l'exposer.

– Vous serez mon imprésario, dit-il, et vous saurez leur parler... Quand j'aurai réussi au théâtre, je vous épouserai.

Il ne comprit pas pourquoi les lèvres de la jeune

femme tremblaient. Elle se leva de table, alors que le repas venait à peine de commencer, jeta sa serviette au visage de cet homme comme s'il venait de lui proposer une indécence.

Le banquier et l'imprésario avec lesquels elle accepta de dîner dans la même semaine ne lui parlèrent pas de théâtre. Elle leur tourna le dos, non pas outragée, mais horrifiée, comme si sa mère était venue la chercher pour la reconduire aux cuisines de Junín.

Quand Juan Duarte arriva à Buenos Aires pour tenir compagnie à sa sœur – la surveiller sur ordre de maman Duarte, à la longue affolée par cette fille sans mari –, il n'avait encore jamais travaillé. Il vivait aux crochets de sa mère, malgré ses vingt-cinq ans.

Grand, le sourire toujours narquois, la paresseuse affabilité de son père était devenue chez lui du cynisme. Des filles huppées accouraient à la pension Duarte pour le voir, pour demander de ses nouvelles, et cette popularité mettait tant de baume au cœur de maman Duarte qu'il ne lui était jamais venu à l'idée de reprocher à ce fils son inactivité.

Evita s'aperçoit très vite qu'au lieu d'être une aide, le garçon aux larges épaules et au sourire supérieur deviendra pour elle une charge supplémentaire.

Juancito se laisse remorquer. Tout l'ennuie et le fatigue. Il se résigne à vendre du savon à la sauvette dans les quartiers du port. Il fait le camelot, parce que cela lui donne un sentiment facile d'aventure et de danger, mais il revient vingt fois par jour dans sa chambre pour se reposer. Et la moindre difficulté, pour lui, se résout dans le sommeil.

Evita, elle, dort de moins en moins. A la craie de couleur, sur le mur de sa chambre, elle écrit son rendez-vous du lendemain : *Imprésario Moro González*. Sa nuit, c'est une demi-veille. Personne ne pourrait la distraire. Le mur est là qui promet un espoir pour le lendemain.

Le mur clame l'espoir : *Moro González, mercredi, quatre heures, café Belgrano.* Deux jours après, le nom est effacé. Le mur redevient gris, sale, étoilé de filets d'humidité. Le mur dit le désespoir. Il clame la fin du monde.

Les habitants de Boca Gorda, le vieux port de Buenos Aires, commencent à connaître Eva Duarte. L'insuccès n'a pas le même effet sur elle que sur ses compagnes qui, n'ayant pas réussi au théâtre ou au cinéma, finissent dans les bas-fonds, balayées par la prostitution et l'alcoolisme.

Comme elle n'arrivait pas à s'élever au rang d'actrice, elle décida de monter sur scène par un autre biais. Il y avait une quantité de clubs de nuit à Buenos Aires. Il n'était pas difficile de se faire admettre cinq ou dix minutes sur les scènes de ces cabarets pour y chanter des chansons. Il suffisait d'apprendre à se servir d'une guitare sans avoir à se mettre au diapason de qui que ce fût.

Pour une véritable actrice, c'était évidemment déchoir que de s'intéresser au music-hall ; mais, dans les cabarets, il y avait une perspective qui attirait Evita puissamment. C'était le public, cent fois plus important que celui des salles de théâtre.

Dans les clubs de nuit, La Porte d'Or, Le Gong, Ce soir, Tabaris, L'Ambassade, Evita n'eut pas de peine à s'introduire. Ces établissements se montraient peu difficiles dans le choix de leur spectacle car ce dernier n'était jamais qu'une toile de fond-prétexte pour les aristocrates qui venaient s'y retrouver entre eux.

Les clients mangeaient, buvaient et fumaient en même temps. Ils chipotaient dans leurs assiettes. Il fallait les distraire entre deux bouchées, sans pourtant les accaparer.

De se trouver face à ce public d'élus, Eva fut saisie d'un ravissement sacré. Elle avait dans cette exhibition plus de chances qu'aucune autre parce qu'elle ne connaissait pas le trac. Le trac, c'est le battement de cœur des enthousiastes, des amoureux, de ceux qui sont parcourus par le frisson de la création. Mais il n'y avait rien de tout cela chez Eva Duarte. Elle était étrangère à l'art comme quelqu'un qui a faim est fermé à la gastronomie. Pour elle, les feux de la rampe se confondaient avec ceux de la haute société.

Sur la scène des boîtes de nuit élégantes, Eva Duarte se crut hissée sur un piédestal, face à ces gens dont elle avait depuis si longtemps rêvé la rencontre. Son visage s'illuminait comme un brasier. Elle avait l'impression, non pas de gagner sa vie, mais de pénétrer enfin jusqu'au sein du tabernacle.

Elle chantait, chantait, du bout des lèvres et de bon cœur. Enfin, plus rien de désordonné en elle ni de criard. Elle était si prodigieusement transfigurée par son rêve de sang bleu qu'elle ne voyait pas la salle, qu'elle n'entendait pas le bruit des mâchoires, et que sa tranquille audace, à défaut de talent lyrique, la plaçait nettement au-dessus de toutes ses comparses, mortes d'inquiétude à l'idée d'aborder un tel public.

Il lui fallut plusieurs semaines pour se rendre compte de sa méprise. Ces gens qui remplissaient la salle de velours ne la voyaient pas. Ils n'étaient pas ses invités, ils n'étaient pas son public. Ils ne paraissaient jamais subjugués par elle, ni par personne. Ils s'inclinaient parfois de loin, de leur table magique, et ces sourires qu'elle avait pris pour un encouragement devenaient soudain un tic de gens comblés. Ils souriaient de la même façon aux porcelaines et aux lumières.

Les clubs de nuit qui avaient un moment si merveilleusement calmé sa fringale de succès devinrent pour Eva Duarte des lieux d'agonie. Les femmes aux épaules dénudées et aux bijoux flamboyants apparurent à Evita des ennemis qu'elle ne rêvait que de déchirer.

La haute société argentine affiche sa richesse avec plaisir. Pour entrer dans ce grand monde, enjoué et funèbre, il ne suffit pas d'être une blonde qui gratte une guitare. Il faut des haras, des bœufs par milliers, des terres par centaines d'hectares et des bijoux à la pelle. Círculo de Armas est un club qui n'a de place que pour les cent premières fortunes, et aucun talent, aucune grâce ne dispensent de cette fortune pour y entrer.

7

Le centre de Buenos Aires est traversé par une rue toute droite de vingt et un kilomètres de long. Le centre de ce centre est celui des résidences et des affaires, et il est aux dimensions d'un mouchoir de poche. Là, réside la gloire du monde qui brille de ses feux cruels. L'hôtel Alvear et La Plaza voient s'assembler la foule aristocratique des gens qui prennent le bateau pour aller s'afficher en Bikini à Punta del Este sur une plage couverte de paillotes où les rires primitifs de sauvages milliardaires résonnent sans fin.

Enfin convaincue qu'elle ne peut se mêler à ce beau monde, Eva Duarte va se rabattre sur les travailleurs les plus pauvres, la plèbe du port et des abattoirs.

Elle fréquentera avec ostentation ceux que, hier, elle fuyait. Elle prend place dans leurs bistrots, goûte à leur vin et à leurs saucisses, et les eaux grasses du port deviennent soudain plus belles à contempler que le flot opalin qui bat le sable de Punta del Este. Evita s'attarde devant les maisons de bois et de tôle ondulée, les gargotes à fritures, les peintres amateurs de lèpre, nourris de grenouilles et de fruits de mer.

Elle se mêle avec rage au bas peuple. C'est une vengeance, mais *les autres* l'ignorent, comme ils ont ignoré les chansons et les sourires qu'elle leur dédiait, de confiance. Cependant, ce n'est pas parce qu'elle a adopté le peuple qu'Evita abandonne sa chasse à la gloire. Le peuple, c'est seulement son snobisme, douloureux et forcené.

Les habitants des quelque vingt-cinq immeubles qui constituent la zone artistique de Buenos Aires ne sont pas débarrassés d'Evita, en quête de gloire avec la frugalité d'une nonne et l'appétit d'une mante religieuse. Elle ne se préoccupe de rien d'autre désormais que de soigner sa forme, de perdre du poids. Elle ne boit pas, ne fume pas, ne flirte pas. Elle abandonne au masseur ses maigres cachets de figurante, rigide et frigide.

Si elle n'a pas conquis la nuit de Buenos Aires par ses exploits artistiques, Evita est devenue du moins une célébrité d'antichambre, de couloir, par la vivacité de sa riposte. Eva Duarte manie l'argot des mauvais lieux comme la prostituée la plus endurcie. Les hommes doivent s'incliner devant cette vipérine. Ce n'est pas Eva Duarte de Chivilcoy qui leur servira de coussin.

Les actrices débutantes vivaient en général à deux dans une chambre, autant par souci d'économie que par désir de faire partager leurs espoirs à une confidente. Eva Duarte avait pour compagne de chambre une jeune fille de la ville, Amparo Florelles.

Amparo avait le même âge qu'elle, dix-huit ans, mais elle était plus grande, plus ronde, plus chaleureuse. Pendant ses heures de loisir, Amparo ne s'étalait pas comme Evita sur son lit, mais lavait du linge, raccommodait, chantait, donnait l'impression de vivre une vie normale. Un rien la comblait de joie, une lettre d'une amie, le regard d'un inconnu, le passage d'un oiseau sur le bord de sa fenêtre. C'était elle qui encourageait Eva, qui la poussait à se nourrir, à se laver, à se soigner.

Amparo fournissait la gaieté de cette chambre, y

installait de l'ordre, sans se sentir pour autant la servante d'Eva.

– Tu vas manger, aujourd'hui ?

– Je n'ai pas faim, disait Eva. Ma mère est très grosse.

– Les grosses femmes sont gentilles. Il faut que tu manges. Qu'est-ce qui pourrait te faire plaisir ?

Eva se rencognait dans son lit, refusait de répondre.

Amparo jetait hâtivement un manteau sur ses épaules, disparaissait et revenait avec des olives et des anchois. Eva souriait et se laissait servir.

Chaque soir, elles évoquaient les démarches de la journée. Le lendemain apporterait-il un espoir ou un échec ?

Elles s'accoudaient à la fenêtre et le soir regardaient les lumières des bateaux sur la bouche grasse de l'Océan. Amparo avait déjà joué un petit rôle au cinéma. Un imprésario lui avait promis un grand rôle. Elle l'attendait toujours. Un soir, elle se mit à pleurer et avoua qu'elle était enceinte. Elle ne pouvait pas se résigner à cette mésaventure si ordinaire, alors que son séducteur lui avait promis, pour qu'elle cédât, une aventure quasi surnaturelle.

Amparo savait que l'enfant qui bougeait en elle l'empêcherait à jamais d'atteindre son rêve au théâtre et au cinéma. Mais, comme si tout cela n'était qu'une plaisanterie, elle attendait que l'horreur se dissipât aussi facilement qu'elle était survenue. Pour se dorloter dans son mal, elle rêvait du studio de prises de vues, où il y aurait un fauteuil à son nom.

– Tu vas te marier ? demanda Evita.

– Il ne veut pas et moi non plus.

– Tu donneras l'enfant à tes parents ?

– Ils ne voudront plus me voir.

Et Amparo soupirait :

– Tu as de la chance, toi, de n'aimer personne... personne d'autre que ton frère Juan...

Dans son armoire, Amparo conservait jalousement

une robe de lamé or qu'elle rêvait d'arborer le soir de sa première. Elle avait plusieurs fois mal résisté au désir de se couvrir de ce lamé pour croire que le grand jour était arrivé. Quand elle apercevait un photographe, elle parlait un peu plus haut. Elle disait timidement que son père était millionnaire alors qu'au su de tous il coltinait des ballots de marchandises dans le port. A un concours de radio, Amparo avait espéré gagner, mais elle avait été supplantée par un cabotin de dix ans, prestidigitateur.

Sa robe de lamé or sous son manteau, Amparo disparut un soir et, le lendemain, quelques lignes du journal annoncèrent son destin. Le piège s'était refermé sur elle. Elle s'était jetée sous une rame de métro.

8

En 1939, Eva Duarte prit le chemin de Hollywood, comme une infirme qui, ayant consulté tous les médecins, tous les rebouteux, tous les charlatans, se résigne au pèlerinage à Lourdes.

Elle fit le voyage avec divers candidats à la gloire, parmi lesquels un gnome acrobate, une violoniste prodige mais déjà mûre, et une danseuse, tous sous contrat à Buenos Aires avec le même imprésario : Haroum Tchasky. La Metro Goldwin Mayer préparait un grand film musical dont l'action était censée se dérouler en Argentine, et elle avait expédié sur place son découvreur de talents, dans l'espoir qu'il ramenât, au moins, un peu de couleur locale.

A Hollywood, lorsqu'elle se vit enfermée dans un studio d'essai et photographiée sous tous les angles, Eva pensa qu'elle avait gagné la partie. Mais lorsqu'on revint vers elle avec les photographies zébrées de coups de crayon bleu – comme on corrige le texte du bon Dieu –, elle refusa avec entêtement de croire au bien-fondé des modifications qu'on lui proposait. Elle refusa de laisser tomber son édifice capillaire. Elle ne voulut pas qu'on lui limât les dents, ni qu'on lui rabotât la petite protubérance qui déparait l'arête nasale. Elle n'apprit ni à marcher comme on voulait qu'elle marchât, ni à chanter avec l'intonation et le regard que l'on exigeait. Tout ce qu'elle acceptait c'était de sourire, de sourire aux anges.

Les modeleurs d'étoiles considéraient la future vedette non comme un être humain, mais comme une pâte qu'ils pouvaient pétrir à volonté. Aussi Eva Duarte, qui entendait entrer dans la gloire avec ses sabots, fut-elle écartée de la compétition.

Maman Duarte envoya l'argent du billet de retour, argent gagné dans la respectable pension de Junín.

Dans le petit jour déjà brûlant, l'Avenida Corrientes était vide.

Evita marchait, de plus en plus raide. Les directeurs artistiques dormaient tard, sans inquiétude pour leur propre sort. Eva n'avait pas envie de revoir la grande salle aux faux marbres, aux plafonds tachés, aux satins défraîchis.

Elle se demandait si on lui avait conservé la grande boîte à fard qu'elle avait déclarée sienne parce qu'elle y avait incrusté ses photos en maillot de bain, prises devant une grande voiture américaine, toute blanche.

Elle avait vainement frappé à la porte de son frère Juan, endormi ou en galante compagnie.

Personne n'avait encore prononcé devant elle le mot magique « Hollywood », posé la question vertigineuse : « La señora revient-elle de Hollywood ? »

Se voyait-il, son échec, qu'elle camouflait en absence pour *cause de maladie* ?

La banlieue résidentielle de Buenos Aires s'étend jusqu'au delta du Tigre, à trente kilomètres de la ville. Au sein d'une végétation dense, au bord d'une eau jaune et douce, les riches retrouvent le yacht et le tennis. Mais sur le bord des routes, dans la plaine, s'étale le faubourg galeux où les jeunes s'épuisent à faire en rond de la bicyclette, où les vieux, eux, se balancent au soleil, sur des chaises à bascule délabrées.

Désormais, Eva fuit cette Avenida Corrientes où les filles haut perchées sur des tabourets de bars exhibent impitoyablement des jambes gainées de soie pour attirer les jeunes gens de bonne famille.

Eva, elle, cherche à plaire à la foule du vieux port qui l'accueille si cordialement.

9

Eva promenait sur elle la charge morte, le gros paquet de photographies qui la représentaient dans toutes les positions et avec le même sourire.

Son frère Juan, entre les bras duquel Eva se laissa enfin tomber en sanglotant, lui dit :

– Eh bien, puisqu'ils ne veulent pas de toi, tu n'as plus qu'à trouver un homme ! Il se pourrait que cela nous rende service à tous deux. Un homme très riche qui nous fera oublier nos misères. Dans cette ville, les gens ne se lavent plus ! Au diable, les savonnettes !

Et il donnait un coup de pied dans les boîtes qui renfermaient chacune vingt savonnettes emballées de papier d'argent.

Avoir accepté de recevoir le baptême de gloire à l'étranger et revenir de cette expédition les mains vides, c'était retrouver un silence plus épais, avoir compromis peut-être définitivement une carrière.

Eva Duarte passa plusieurs jours dans sa chambre de la Boca Gorda que personne ne voulait plus partager avec elle depuis le suicide de sa compagne. Elle était si dépourvue de force qu'elle ne se levait pas de son lit, incapable d'accomplir le geste le plus routinier.

Elle gisait entre les draps, à demi vêtue, sans soif, sans faim, sans rêves. Ce fut alors qu'elle pensa à Amparo qui, elle aussi, avait traîné quelques jours d'inaction absolue avant de se jeter sous une rame de métro.

Eva se sentit brusquement hypnotisée par l'image d'Amparo comme si elle était à présent capable de comprendre ce qui était arrivé à son amie. Et le souvenir de cette Amparo déchiquetée par un faux rêve en pleine jeunesse lui donna soudain assez d'énergie pour quitter sa chambre.

C'est à la station Belgrano qu'était arrivé ce que l'on avait appelé pudiquement « l'accident ». Evita regarda avec stupeur les rails et le déferlement des roues. Elle quitta la station et entra dans un café, prise de vertige. Pourquoi Amparo avait-elle gâché sa belle robe lamé or sous les stupides roues de fer ? Eva Duarte, longtemps immobile dans le café, sans entendre les voix masculines, ne répondait pas pour une fois aux réflexions malsonnantes. Il y avait dans ce café comme dans beaucoup d'autres un récepteur radiophonique qui débitait des musiquettes et des informations.

Eva se sentit revigorée par les paroles qui sortaient de l'appareil. Si le monde du cinéma, du théâtre, du music-hall lui étaient fermés sous prétexte qu'elle ne parvenait pas à se glisser dans la peau des autres, qu'elle ne savait pas être *quelqu'un d'autre,* il lui restait cette petite boîte, partout répandue, partout triomphante, dans le foyer du plus pauvre et surtout là, cette petite boîte d'où s'échappait la fanfare du monde.

C'était un refuge, cette radio, pour les acteurs qui n'avaient pas réussi ailleurs. Pour Evita, la radio c'était évidemment la dernière chance de rester dans la grande ville, d'échapper au gouffre du mariage, d'être présente. On entendrait sa voix. Elle pourrait crier. Et ce qui lui importait par-dessus tout c'était de crier, de crier sans fin et sans but...

Elle abandonna sur la table son verre plein de cidre – c'était la première fois de sa vie qu'elle avait cherché à boire de l'alcool – mais, lorsqu'elle sortit du café, ses yeux reflétaient l'ivresse...

10

Tenter sa chance, c'est prendre la file, suivre un couloir, mêlée à d'autres filles qui attendent comme vous le miracle.

Evita entrait dans une salle d'attente parmi d'autres inconnues. On lui donnait un texte à réciter, on enregistrait sa voix. Et le lendemain, on lui disait qu'elle pouvait laisser son adresse. Pour le moment, les effectifs de la station étaient au complet.

Et le même dialogue reprenait ailleurs :

– C'est pour l'équipe théâtrale.

– Notre équipe est au complet.

– Je veux voir le directeur.

– C'est impossible. Il ne reçoit que sur rendez-vous.

– Je veux voir sa secrétaire.

– Cela ne vous servira à rien. Vous devez d'abord faire un essai...

Elle aurait voulu ne pas faire d'essai. C'était toujours le même diagnostic : au micro, sa voix ne se différenciait en rien de celle qu'elle faisait retentir sur le plateau.

– Mais pourquoi criez-vous señora ? Essayez de chuchoter.

A Radio-Belgrano, ce fut la même déception. L'essai, puis la réprobation des techniciens ; ensuite, Eva Duarte se dressant, furieuse, exigeant de voir le directeur comme si on lui avait manqué de politesse.

Le verdict qui sanctionnait sa médiocrité artistique, elle le considérait comme un outrage. Un des nombreux outrages dont les riches se rendaient coupables envers les humbles.

– Je veux voir le directeur ! s'écria-t-elle lorsqu'il lui fut recommandé, après un essai de voix qui s'avérait cacophonique, de laisser son adresse. Je veux voir monsieur le directeur !

Radio-Belgrano est un grand poste privé de Buenos Aires. Il est installé dans un beau quartier, entouré d'un grand parc. Le directeur de ce poste privé, Haïm Yankélewitch, un homme parti de rien, s'est façonné à la mode américaine. A l'origine, il possédait un petit atelier de bicyclettes. En 1923, lors d'un championnat mondial, il avait acquis tous les récepteurs à galènes de Buenos Aires. Il comptait exploiter le délire public. En Argentine, la distraction nationale par excellence est le football. Yankélewitch, en ce jour de liesse sportive, avait loué ses appareils et n'avait cessé de les louer. Sa fortune était née de ce coup d'audace. Elle devait le conduire en 1943 au poste de propriétaire-directeur de Radio-Belgrano.

Yankélewitch était un homme ouvert, doué de fantaisie.

Lorsqu'il apprit qu'une actrice inconnue insistait pour le voir, non pas timidement mais avec insolence, au lieu de la renvoyer comme l'eût fait n'importe lequel de ses collègues, il décida de la recevoir pour se distraire un moment.

Leur premier entretien fut sec et bref.

Eva Duarte lança :

– Vos essais sont truqués ! On ne nous laisse même pas cinq minutes de jeu !

– Eh bien, nous allons recommencer cet essai, dit Yankélewitch aimablement. Je vous suis dans la salle d'enregistrement.

Cossío, le chef des émissions théâtrales de Radio-Belgrano, reçut l'ordre de donner à Evita tout le temps de s'exprimer et de lui faire faire autant d'essais qu'il serait nécessaire avant de la rejeter en toute connaissance de cause.

Juan Cossío, quelques jours après, s'en vint faire son rapport dans le bureau de Yankélewitch.

Eva Duarte ne lisait pas le texte, elle le jouait encore moins : elle se déchaînait. Il lui avait proposé des rôles épisodiques en attendant qu'elle eût formé sa voix. Mais elle exigeait les grands rôles des pièces historiques. Elle voulait incarner Marie Stuart, Marie-Antoinette, Catherine de Russie, Isabelle la Catholique. Elle revendiquait ces emplois de premier plan avec la conviction d'une affamée qui estime avoir droit au pain blanc.

11

Le chef des émissions menaça de démissionner si on lui imposait Eva Duarte. Il déclara qu'elle était à peine bonne à réciter des slogans publicitaires.

Haïm Yankélewitch convoqua Eva Duarte et lui dit combien il regrettait de ne pouvoir lui accorder une place dans l'équipe de théâtre radiophonique. Cette jeune femme se trompait lourdement sur sa vocation ; mais elle montrait de l'allant, de l'entêtement. Il pensa lui proposer un autre emploi. Il chercha un moment, puis dit avec un large sourire :

– Voulez-vous être ma secrétaire ?

Eva le regardait durement comme s'il avait proposé une forfaiture.

– C'est un travail facile, continua Yankélewitch. Vous serez mieux payée que dans l'équipe de théâtre. Vous prendrez mes communications et vous classerez mes papiers. Vous aurez une dactylo sous vos ordres...

La petite blonde toisa avec fureur le directeur.

– Votre secrétaire ?

– Oui, ma secrétaire particulière.
– Qu'entendez-vous par là ?
– Une secrétaire, c'est une secrétaire, affirma Yankélewitch bonasse, portant une main moins sûre vers sa calvitie.
Mais la petite blonde criait déjà, debout :
– Je suis actrice ! Je ne suis secrétaire de personne ! Je suis l'actrice Eva Duarte et je ne servirai d'objet de plaisir à personne !...
– Vous me comprenez mal, dit Yankélewitch, abasourdi par cet éclat.
La solliciteuse se préparait à sortir.
Yankélewitch, troublé par son agressivité, la pria de se rasseoir.
– Si vous ne voulez pas de cette place, qu'aimez-vous donc ? A quoi vous intéressez-vous, à part le théâtre ?...
Elle ne s'intéressait à rien d'autre. Elle voulait faire du théâtre.
Brusquement, Yankélewitch eut une idée :
– Vous aimez l'attaque ? Vous voulez attaquer ? Donner de la voix ?... Que diriez-vous de l'émission sociale, tous les soirs ? Les cinq minutes du peuple...
Le mot « peuple » la fit se trémousser de plaisir. Quand on disait peuple, on voyait une tribune, une harangue. Et puis aussi, des larmes. La possibilité de crier et la possibilité de faire pleurer. Elle ne demandait rien d'autre au théâtre.
– Vous voulez les cinq minutes sociales ? répétait Yankélewitch.
Elle ne répondait pas, vivant par anticipation son nouveau songe. Ni reine ni grande aventurière, mais elle serait seule en scène et, pour lui donner la réplique, n'aurait que cette masse mouvante et noire, tremblante et triste : le peuple. Elle confesserait les humbles, parviendrait à émouvoir les foules sur leur sort ; elle serait leur *prima donna,* leur sainte patronne, leur fée.

Elle pourrait revendiquer, menacer, promettre, gémir, dans un rôle permanent fait à sa mesure.

12

Il y eut tout d'abord dans l'émission sociale de Radio-Belgrano un vieil acteur et une artiste lyrique qui encadrèrent Eva Duarte, commère du peuple. Il s'agissait de raconter avec des trémolos dans la voix les petites, moyennes et grandes misères qui ravageaient tel ou tel foyer. Eva recevait le courrier des malheureux, mais c'était un service de Radio-Belgrano qui faisait le tri.

Elle disait au micro : « M. Jiménez a eu un accident de travail et il voudrait des livres pour occuper son repos forcé... » Un autre demandait un fauteuil roulant et un autre encore parlait d'une vieille personne qui était à sa charge et qui pourtant ne faisait aucunement partie de sa famille. Où pourrait-il trouver un secours ?

Entre deux annonces de misère publique, le vieil acteur venait égrener quelques plaisanteries et l'artiste lyrique roucoulait un petit couplet. Il s'agissait de faire croire qu'il y avait seulement les malheurs individuels et que c'était aux chers auditeurs de les repousser grâce à quelques élans de générosité.

Le peuple de cinéma, celui du Grand Soir.

Le petit courant sentimental, il fallait l'élargir à toute force jusqu'à ce qu'il fasse un bruit de grosse caisse. Eva Duarte mettait tant de feu et de flamme dans l'exposé des avanies infligées au petit peuple qu'en quelques semaines elle remporta plusieurs victoires strictement personnelles. Elle obtint tout d'abord de faire elle-même le tri des lettres qu'elle commenterait devant le micro. Puis elle évinça ses deux partenaires de l'émission : le vieil acteur et l'artiste lyrique.

Elle est désormais seule à chanter la misère. Peu importe le cas particulier dont elle doit faire part aux auditeurs ; qu'il s'agisse d'obtenir une poussette pour un nouveau-né survenu dans une famille démunie de tout, ou une chambre pour des ouvriers qui logent dans un camion déglingué en bordure d'une route, Eva Duarte semble toujours s'emporter pour son propre compte, exiger pour elle-même. Le cri du peuple éraille sans pitié sa gorge, passe par elle aussi facilement et inéluctablement que si elle avait connu toutes les misères du monde. Or la pauvreté l'a toujours fait fuir. En fait, elle n'a jamais vraiment manqué de rien.

L'émission sociale de Radio-Belgrano est devenue très vite le théâtre unique d'Eva Duarte. Un seul grand rôle : Eva Duarte. Des milliers de figurants assez loin d'elle pour ne pas gêner ses effets : les misérables. Et des milliers de spectateurs : le peuple ; elle les accroche après dîner, les cloue et les bouleverse avec une sorte d'allégresse, sans l'intermédiaire d'aucun administrateur de théâtre, d'aucun imprésario. Elle devient tout à coup *la voix*, quelque chose de plus fort et de plus inquiétant qu'une actrice à succès.

Cette voix se glisse, s'insinue, s'impose en jonglant avec toutes les catastrophes d'autrui, comme si elle était seule dans le pays à pouvoir y remédier, en ameutant le grand cœur populaire.

Parfois Eva Duarte transforme le cérémonial en une sorte de duo d'amour. Elle fait venir devant le micro un vagabond, un chômeur, un homme de peine qui chuchote et se trouble. Mais c'est Evita qui, ensuite, lance l'anathème.

Les collaborateurs de Radio-Belgrano prétendent très vite que l'émission d'Eva Duarte est ridicule. Ils exigent le renvoi de cette mauvaise comédienne qui a trouvé enfin un placement pour son enflure.

Ceux qui préconisent le renvoi de la señorita Duarte critiquent sa voix et ses attitudes désaxées. Mais Yankélewitch répond en souriant :

– Lui enlever son émission, ce serait lui enlever son enfant !

Eva Duarte fait du pauvre un héros.

Elle veut être le porte-parole de cet héroïsme de la soupe quotidienne. Non seulement elle s'impose comme la conseillère de ceux qui ont la chance de s'exprimer par sa voix, mais elle finit par croire qu'elle est leur providence. Elle est loin de se mortifier pour ce qu'elle est en fin de compte : une speakerine qui prend ses aises.

Elle fait tous les soirs, à vingt heures quinze, à Radio-Belgrano, un travail qui ressemble à un sacerdoce. Les cinq minutes qui lui ont été dévolues deviennent dix minutes, puis une demi-heure. Son but : obtenir tous les soirs une heure de confiture sociale. Elle peut ainsi prouver son goût pour le peuple sans en faire partie. Elle le tient à bonne distance, tout en le serrant dramatiquement sur son cœur. Elle le hisse jusqu'à elle, ce peuple, pour le jeter à la face du riche, non seulement comme un reproche, mais bientôt comme une menace.

Eva Duarte ne se mêle plus à la gent débile de la Boca Gorda en amateur, en voyeuse. C'est maintenant devenu pour elle une fonction, la petite promenade prolétarienne dans le port. On dirait presque une vedette qui se rend à une première pour se montrer à ses fidèles ; elle ne distribue pas encore d'autographes, mais note des noms sur un petit carnet et fait des promesses avec un sourire énigmatique.

Le peuple est devenu pour elle une sorte de maternité hors mesure, hors nature. Cela lui donne droit à un petit bureau, à une clé à elle, et à des salutations.

Elle n'est pas restée, comme tant d'autres provinciales accourues à la ville, une triste proie perdue dans la foule. Au contraire, cette jeune fille blonde a trouvé sa proie ; ce n'est pas un homme comme le voulait maman Duarte, c'est une multitude : le peuple humilié.

PREMIÈRE PARTIE

LES MOUTONS ET LES CONDORS

1

Un concours de beauté se déroule sur la plage. Les filles en maillot de bain s'avancent sur un tremplin, bombent leur poitrine. C'est alors qu'une nuée d'avions à cocarde rouge fonce sur les quatre-vingt-seize navires alignés dans la rade, flanc à flanc. Les marins américains saluaient de la main les avions fous. Ils croyaient à des manœuvres très réalistes.

Brusquement, le bras de miss Hawaii qui esquissait une salutation orgueilleuse s'envola en tournant vers la mer comme une hélice perdue. La couronne de fleurs qu'on venait de lui poser autour du cou s'effeuilla en pétales brûlés. Les joueurs de golf s'étaient affalés, leurs cannes à la main. C'était le dimanche 7 décembre 1941 et l'aumônier qui installait son autel en plein air pour dire la messe vit le Christ s'éparpiller en échardes entre ses doigts. Les plus belles unités de la marine américaine coulaient dans la rade de Pearl Harbor...

Lorsqu'ils apprirent le massacre de Pearl Harbor, la plupart des Argentins furent heureux. Ce massacre prit à Buenos Aires l'aspect d'une victoire du tango sur le jazz.

Huit jours après le désastre, l'Argentine eut l'impression d'entrer dans une épopée pour la simple raison que les Yankees venaient d'être frappés au cœur. Le président argentin Ramón Castillo déclara l'état de siège à Buenos Aires. Il orientait ainsi son pays vers l'Axe, poussé dans cette direction par la tête de l'armée dont presque tous les officiers se trouvaient acoquinés à une société secrète qui attendait les événements : le G.O.U. Les officiers du G.O.U. sablaient le champagne, ce 8 décembre 1941, au lendemain de Pearl Harbor. L'attaque japonaise les faisait vibrer comme l'annonce de leur propre victoire. Ils attendaient que les Etats-Unis fussent mis à genoux, qu'ils disparussent. Ils avaient adopté l'idéal hitlérien non pas seulement parce que c'était le plus beau chant de la virilité, mais aussi parce qu'ils espéraient un jour anéantir l'Amérique du Nord, ces U.S.A. dont le prestige, l'insolence et les lumières leur donnaient des complexes de cireurs de bottes et de danseurs pour vieilles dames riches. Au fond de leur cœur romantique, il y avait cette frustration dont ils rêvaient de tirer vengeance. Ils étaient *américains* et pourtant ce mot n'évoquait que les fanfares des autres, de ceux de l'étage au-dessus.

Depuis 1889, date où naquit le mot panaméricanisme et, à travers ce mot, la volonté des Etats-Unis d'imposer leur civilisation et leur conduite au continent sud-américain, ils se heurtèrent partout à l'Argentine, que leurs volontés fussent civilisatrices ou égoïstes. L'Argentine brandissait sa force militaire et sa propre théorie, l'*americanismo*, théorie visant à créer un bloc sud-américain conduit au pas par l'Argentine.

Lorsqu'en 1940, les Etats-Unis offrirent leur assistance militaire au Brésil, les bretteurs argentins furent vexés. Depuis 1940, l'élite militaire argentine attendait impatiemment la victoire d'Hitler pour prendre, grâce à lui et sous son égide, la tête du continent sud-américain, qui servirait ainsi de couloir et de plate-forme lorsque Hitler se jetterait à la conquête du pays de l'oncle Sam.

L'homme qui devait déclencher cette opération, et qui fourbissait dans l'ombre son uniforme de *gauleiter* d'Hitler, était un grand garçon doux et mou, extrêmement épris de bonnes manières. C'était un colonel qui n'avait rien d'un soudard et encore moins d'un garde-chiourme. Il professait les pires théories avec les doigts ailés d'un maître d'hôtel qui présente le sucrier comme il donnerait son cœur. L'homme secret de l'armée nazie secrète en Argentine, le G.O.U., se nommait Juan Domingo Perón.

Les militaires argentins avaient toujours été les serviteurs zélés de ces paysans endimanchés qui possédaient des millions de bœufs et des pâturages aux dimensions démesurées. L'Argentine, c'était ces terriens. Leur patriotisme pouvait s'évaluer au nombre d'hectares qu'ils possédaient.

Le parti radical, venu au pouvoir pour la première fois dans l'histoire argentine en 1916, représentait la revanche de la grande ville sur une centaine de fermiers aristocrates qui n'avaient cessé d'administrer la nation sous l'étiquette de « conservateurs ». Malheureusement, l'homme de la nouvelle puissance, l'homme nouveau à la Casa Rosada, Hipólito Yrigoyen, chef du parti radical, qui avait promis de gouverner le pays en opposition totale avec les anciens marchands de bœufs, glissa aussitôt dans les délices du pouvoir et s'y enferma.

Ce vieillard maniaque devint le prisonnier de ses secrétaires qui exigeaient mille pesos pour accorder une entrevue avec le président.

Ce barbu de la corruption prit le surnom populaire de *Peludo,* la Taupe.

Il professait pour toute philosophie : « Les bonnes places sont à tous ! » – et il y avait là de quoi enthousiasmer une nation joyeusement tournée vers l'unique conquête d'un « standing ». Le radicalisme était devenu un bureau de placement, une ruée vers les portefeuilles qui jusque-là étaient chasse gardée des terriens aristocrates.

Les conservateurs mirent alors l'armée en marche en vue d'un nettoyage qui s'avérait indispensable. En 1930, la Taupe, le vieillard des combines et des passe-droits, vit un buste en plâtre de sa propre personne atterrir en force à travers un carreau de la Casa Rosada.

La « révolution » enfonça des portes ouvertes. Un vieux portier, aussi débile que le président déboulonné, se contenta de remettre la clé de la Maison du Gouvernement aux militaires qui l'exigeaient impérieusement du haut de leurs chevaux.

Le général José Uriburu prit la place de la Taupe.

Mais les conservateurs, de nouveau au pouvoir, agirent comme s'ils n'avaient pas quitté ce pouvoir pendant seize ans. Ils retrouvèrent tous leurs tics à cette place d'où la voix populaire les avait chassés. La mauvaise gestion d'Yrigoyen ne les poussait en rien à un examen de conscience, à un rajustement de leurs méthodes surannées de bouviers sans complexes.

Ayant posé comme chien de garde national le général Uriburu, glorificateur des fascismes, puis un autre général, Justo, pourvu des mêmes idées, les conservateurs décidèrent, pour éviter d'être rejetés de nouveau par un mouvement de masse, d'installer volontairement un radical au pouvoir en laissant dans son ombre un vice-président conservateur. Ortiz, avocat riche et radical, devint alors président avec le conservateur Ramón Castillo, vice-président. Mais Ortiz, ayant rencontré pendant sa campagne électorale des enfants dont les parents ne pouvaient jamais acheter de viande et vu des huttes de terre servant de logement à des familles nombreuses, déclara à son retour à Buenos Aires qu'il fallait changer tout cela et jeta la panique parmi tous ceux qui, pour en faire leur instrument, l'avaient aidé à se hisser au pouvoir.

Les conservateurs obtinrent sa tête – non pas en le

faisant tuer, ce qui était impossible, ou en provoquant de nouveau la promenade militaire sur la Casa Rosada –, mais en lui offrant banquet sur banquet. Ortiz aimait trop la table. Le diabète le força à se retirer en 1940.

Castillo prit alors le pouvoir. Le tour était de nouveau joué.

Mais, en 1943, la classe possédante commençait à se poser des questions devant le gâchis hitlérien. Elle se préparait aussi à polir quelques amabilités à l'adresse des futurs vainqueurs, pour cette palpable raison que, n'ayant pas été anéantis et remplacés par les Allemands, ils restaient les bons vieux clients...

Le parti conservateur, bien que nazi de cœur, faisait passer les affaires avant tout. Castillo fut contraint de modifier ses déclarations publiques et de ne plus commencer ses discours par un appel à la virilité intégrale. Sur sa carte d'état-major reproduisant le champ de bataille européen, les épingles noires représentaient l'Allemagne face aux épingles rouges et bleues – la Russie et les Anglo-Saxons –, épingles qui, à force d'être tripotées, commençaient à lui picoter les doigts.

Après tant de rodomontades en faveur des Allemands et de leur croisade, il déclara en public que la neutralité ne pouvait que faire du bien à l'Argentine.

C'était le moment pour le G.O.U. – sur ordre de Faupel, général allemand débarqué secrètement par sous-marin à Buenos Aires – d'entrer en scène, de durcir la situation, de prendre les leviers de commande envers et contre tous...

Pour la première fois dans l'histoire de l'Argentine, les militaires prenaient le gouvernail sans la pétillante approbation des gros propriétaires terriens, cette aristocratie qui se voulait non seulement la plus ancienne, mais la plus élégante et la plus puissante des temps modernes...

2

Ce 4 juin 1943, le général Arturo Rawson commandait l'Ecole de cavalerie. Il fut chargé par le G.O.U. de marcher vers la Casa Rosada.

Rawson est un taciturne au regard bleu et aux fines moustaches. Rawson passe en revue les chevaux et les hommes.

C'est un jour de grand froid. Les épées brillent. Rawson saute en selle, donne le départ à la colonne. Les chevaux battent le pavé, piétinent.

Le général est applaudi sur son passage. La morne lenteur du défilé inspire confiance.

Rawson, émoustillé par les acclamations, ne presse en rien le pas de son cheval, s'incline à droite et à gauche. Et lorsqu'il s'avance enfin avec ses cadets le long de l'avenue de Santa Fe et qu'il aperçoit dans le fond la Casa Rosada, il s'estime exactement à la hauteur d'un Alexandre le Grand. Au départ, il n'y avait qu'Arturo Rawson, général, auquel un directoire secret avait confié un petit rôle de parade et d'exécution. A l'arrivée, c'est Rawson le Grand qui saute de cheval avec la pesanteur d'un Scipion l'Africain au retour de ses conquêtes. Il demande le portier de la Casa Rosada et se prépare à marteler d'une belle voix l'ordre de se soumettre à Ramón Castillo.

Mais le portier de la Casa Rosada, sur ordre de Castillo, apporte les clés du palais gouvernemental avec l'empressement d'un groom bien stylé. Rawson apprend alors que le président s'est déjà réfugié sur une canonnière. Rawson, déçu sans doute par cette absence d'électricité, par la facilité avec laquelle les portes s'ouvraient, grimpa sans gaieté les escaliers qui conduisaient au balcon de la Casa Rosada. Mais il ne pouvait guérir sur-le-champ des applaudissements qui avaient accompagné sa marche. Il ne pouvait se débarrasser si aisément de l'approbation de la foule qui s'était pressée des deux côtés de la route, avide de tout spectacle, fût-il dangereux.

Rawson s'avança sur le balcon de la Casa Rosada. Il devait simplement annoncer – c'était sa mission – que Ramón Castillo était tombé et qu'il avait cédé sa place aux hommes neufs et dynamiques du G.O.U. Mais, grisé de gloire, il but d'abord à longues lampées les applaudissements qui crépitèrent à son apparition. Enfin, la foule noire continuant à clamer, Rawson fit un grand geste pour se désigner comme le successeur de Castillo. Il n'y avait pas pour lui d'autre solution.

Rawson disposa ses troupes autour de la Casa Rosada. Il se promena en maître à travers le palais. Son ivresse fut de courte durée. Une fois la foule turbulente dispersée, il restait seul face à sa splendeur muette. Le règne d'Arturo Rawson totalisa vingt-huit heures.

Puis on lui ôta le commandement de son régiment de cavalerie et il fut expédié dare-dare comme ambassadeur au Brésil. On lui expliqua qu'il devait s'estimer heureux de cette gratification et que, si on ne le jetait pas au cachot, c'était pour ne pas gâcher la beauté de la *révolution* !

3

Ce fut le général Pedro Ramírez, ministre de la Guerre et l'homme sur lequel à l'origine s'était porté le choix du G.O.U., qui devint président, pendant qu'il nommait Perón au ministère de la Guerre.

Ramírez déclara, à peine investi de la plus haute fonction argentine, que seuls l'Argentine et le Brésil pouvaient prétendre à la direction du continent sud-américain. Œillade au Brésil qui ne cachait pas sa sympathie pour les Alliés.

Les nouveaux hommes du jour de Buenos Aires ne

cessèrent plus de clamer que l'Allemagne donnait à la vie une signification héroïque. L'Axe, qui n'avait rien à apprendre sur la personne de Ramírez et sur les intentions de ceux qui le poussaient, avait, dès son accession à la présidence, expédié un télégramme de félicitations et reconnu cette prise de pouvoir. Quelques mois après seulement, l'Angleterre et les Etats-Unis apprirent que l'Argentine avait été désignée depuis des années, avant même le 1er septembre 1939, pour devenir le premier pays hitlérien de l'hémisphère austral.

Le *castelazzo*, révolution de palais, du 4 juin 1943, n'était qu'une paisible mise en place du dispositif axiste. Et on connut alors le nom de l'architecte par délégation : le colonel Perón.

L'armée argentine préférait s'encanailler sous le drapeau d'Hitler plutôt que de demeurer aux ordres de l'oligarchie, des deux cents familles terriennes, impertinentes et moroses. La secte militaire du G.O.U. avait fait tomber en Castillo non pas seulement le président qui commençait à douter des nazis, mais aussi le porte-parole obéissant des aristocrates terriens.

Perón discourait de plus en plus à la place de Ramírez.

« Camarades, disait-il, les nations ne peuvent plus se défendre seules. A l'ère des nations se substitue celle du continent. L'Allemagne unifie le continent européen. A nous la superbe tâche d'unifier le continent sud-américain... »

Tout cela eût provoqué quelque exaltation et peut-être une flambée nationale, si les Allemands avaient réussi. Mais les griffes sciées, ils abandonnaient déjà de larges morceaux de la Russie et de l'Afrique. Les appels de Perón et de Ramírez à la pureté et à la grandeur tombaient à plat. Le cœur populaire argentin battait pour les exploits des résistants des pays occupés, pendant que Perón dispersait toujours les mêmes fleurs de rhétorique à la radio officielle de Buenos Aires.

On se rendit compte enfin, à la tête du G.O.U., qu'il fallait d'urgence changer de tactique. Si on ne pouvait pas soulever, ou tout au moins charmer la masse en exaltant l'Allemagne, comment la tenir en main ? Le plus simple, n'était-ce pas de la posséder en l'exaltant elle-même ? Depuis 1942, il y avait eu un vaste courant des provinces, vers Buenos Aires, l'apport extérieur étant en sommeil, l'immigration morte. Buenos Aires, à l'instar des grandes villes qu'elle avait copiées, était devenue une capitale d'industrie et non plus une villégiature de riches. Brusquement, l'armée au pouvoir mit une sourdine à sa glorification des surhommes nazis.

Elle entreprit de faire un surhomme du médiocre, de l'humble travailleur de l'épouvantail-potiche.

Les militaires décidèrent du nombre d'heures de travail et aussi de la longueur des jupes féminines. Si on ne vantait plus l'ascèse nazie, on ne renonçait pas à un guignol implacable de purification.

Il fallait de la vertu et ce depuis les bancs de l'école. Un nonce du pape avait été jadis expulsé d'Argentine pour avoir prôné l'instruction religieuse à l'école. Parler aux écoliers du Christ et de ses enseignements était considéré comme un délit depuis 1884. Les officiers décrétèrent que l'instruction religieuse serait désormais obligatoire à l'école et dans l'armée. L'amour pour l'Axe devint platonique et, pour rendre manifeste la modification de la morale et des mœurs, on décida de graver sur les timbres-poste la nouvelle devise : *Honnêteté, Justice, Devoir.*

4

Eva Duarte a décidément abandonné son rêve de devenir vedette de théâtre ou de cinéma. Elle s'accroche à son micro et à ses pauvres hères. S'il lui est interdit d'incarner les héroïnes – à cause de la conspiration des imprésarios, pense-t-elle –, eh bien, elle s'arrangera pour en devenir une elle-même. Pour le moment, elle est un héraut d'armes. Elle clame à Radio-Belgrano les beautés du peuple opprimé. Elle n'a pas trouvé le grand rôle digne d'elle, elle a l'intention de le créer de toutes pièces. Elle abandonne l'ambition d'être un travesti pour devenir un personnage.

Brusquement, ses plaidoyers radiophoniques pour la classe opprimée coïncident avec le son de cloche que fait entendre un gouvernement hitlérien qui, ne pouvant plus s'appuyer sur la victoire nazie, croit habile de feindre de s'émouvoir du sort des travailleurs.

Le nouveau gouvernement s'est empressé de graver au fronton du tout neuf sous-secrétariat du Travail : « Nous cherchons à supprimer la lutte des classes... »

La croix gammée se fendille. Il faut un autre emblème. A la place de l'aigle, le vilebrequin et la serpette.

Eva Duarte joue l'appartenance au peuple tout en se voulant aristocrate. Elle va ainsi à la rencontre d'un autre aristocrate qui joue sur commande le même rôle qu'elle.

Deux acteurs vont se lier, s'entretenir de leur sublime préoccupation : le bien du peuple. Ils veulent chacun le rôle principal de cette pièce et chacun pense que l'autre n'est qu'une utilité, un marchepied dont il faut se servir sans hâte.

La pièce est toute nouvelle. Il y a de la place pour deux dans ce ballet mondain au-dessus d'un plat de lentilles. Un regard ému devient prétendument complice d'un autre regard ému, posé sur un taudis sans eau, si ce n'est celle du ciel qui s'abat là où il ne faut pas, sur les lits des enfants. Et le public de cette représentation est toujours là, il est immense. C'est celui qui écoute sa propre histoire, la gorge nouée.

Cette masse que les oligarques considèrent comme dégoûtante, vile et sans courage, se rengorge quand on lui parle de son âme. Le peuple écoute son éloge, sa glorification. Ce qui était hier suspect, un vêtement en loques, une chambre ouverte au vent, soudain prend une allure sacramentelle. Les maux du peuple deviennent les plaies du Christ. On ne se détourne plus, on se prosterne.

Ce public, plus dense et plus respectueux que le public des boîtes de nuit qui continue à fumer et à boire du champagne pendant que vous poussez votre chansonnette, c'est vraiment celui qu'il faut à Eva Duarte.

L'Argentine, empire colonial de l'Espagne, était d'abord une succession de plaines sans limites parcourues par une multitude de chevaux et de bêtes à cornes. Le peuple de la pampa n'avait pour raison d'être que de dresser des chevaux sauvages et d'abattre des bœufs.

Pour être roi, il suffisait alors de posséder un cheval et un coutelas.

Dans une Argentine qui n'était que le pays du cuir, le gaucho possédait la stature d'un tueur d'abattoir. Il était devenu plus cruel que le maraudeur indien qui traversait désormais son ancien espace vital en paria, à la recherche de ses dieux et de ses marmites.

Les animaux gambadaient dans la nature. Rassembler des peaux était une fonction nationale.

Lorsque la domination espagnole prit fin, et que chaque province se gouverna elle-même avec un caudillo à sa tête, apparurent des chefs qui n'étaient que des gauchos suractivés. Ils conservaient la mentalité de l'homme au couteau. Aussi facilement qu'ils tranchaient la langue des bêtes, ils décapitaient les récalcitrants. Ainsi, les premiers maîtres du pays libre furent des chefs de bande.

Dès qu'un des chefs de cette nation d'égorgeurs avait besoin d'argent, il décidait de vendre quelques morceaux de l'immensité qui n'était le bien de personne.

Ainsi, le pays se divisa en lopins du diable. On pouvait les payer en nature. Pour quelques chevaux, on acquérait un terrain qu'il fallait une heure de marche pour délimiter. Et, un siècle après, ce terrain devenait, pour les descendants du premier propriétaire, un royaume. Un siècle encore, et l'Argentine était entravée. Les bêtes dans les enclos et hommes et femmes sous la coupe des fermiers qui administraient leur empire personnel...

5

Perón est né à cent kilomètres de Buenos Aires, dans la riche pampa. Ce sont des fermiers potentats pour la plupart que ceux de la ville de Lobos, les Loups, mais lorsque Juan Domingo y vient au monde en octobre 1895, les Perón sont à leur déclin. Mario Perón, le père, demeure un paysan, désormais au service de plus riches que lui.

Il ne s'est pas ruiné par dissipation. Au contraire, Mario, dont les ancêtres se nommaient Peroni, qui a du sang italien dans les veines, n'est qu'un travailleur, borné peut-on dire, borné par le ciel et le temps, par ses animaux, par son champ. La jeune femme qu'il a épousée, et dont on dit qu'elle a du sang indien, est une mélancolique. Rien ne peut la distraire de ses rêves. Tout, pour elle, est prétexte à sublimations :

une photographie, une étoffe, une feuille d'arbre qui tombe. L'ennui, elle ne peut le détruire d'aucune façon. Mario a beau accabler sa femme de cadeaux, de plus en plus imposants, Mme Perón demeure absente. A peine un battement de paupière. Devenue mère, ses deux fils demeurent loin d'elle, abandonnés. Des évanescences circonstancielles.

Mario Perón garda toute sa vie l'impression que cette femme n'était pas conquise. D'où les cadeaux ruineux qu'il fit pleuvoir sur elle dans l'espoir de recueillir un sourire de plus. Mais sa femme appartenait aux limbes et aucun diamant n'eût pu l'en arracher. Mario Perón y laissa pourtant ses terres et ses bœufs.

Chassés par la faillite, les Perón et leurs deux enfants, Mario l'aîné et Juan le cadet, se réfugièrent sur le territoire de Santa Cruz, à l'extrémité sud du continent américain.

*

Les moutons de la ferme Perón sont châtrés d'un coup de dents, les veaux, eux, à la tenaille. Le soir, dans les cuisines de l'estancia, les ouvriers dégustent le fruit de leur travail, pendant que les agneaux ensanglantés bêlent lamentablement dans les corrals. Si les enclos sont proches, souvent une brebis cherche à lécher à travers les fils de fer un agneau gémissant. Des milliers de moutons voyagent plusieurs jours dans un nuage de poussière. Les chiens se nourrissent de bêtes blessées, égorgées en bordure de route. Ils boivent l'eau boueuse d'un *río*, pendant que les gauchos remontent à cheval, plus déséquilibrés que jamais, hurlant des ordres aux chiens. Ces derniers aboient derrière cette marée animale qui roule lentement vers les frigorifiques. Dans les bâtiments bien rangés flotte l'odeur du meurtre précis et interminable. Des jets d'eau balaient sans fin le sang qui coule.

Autour des abattoirs, les masures ouvrières sont imprégnées de l'odeur de mort.

Sur la côte, les mouettes foncent avec de terribles cris, se battent pour attraper les déchets qui roulent sans fin à la mer. Et dans les faubourgs de la mort, pendant que partent d'un côté les barils de suif et les moutons éventrés et gelés, enveloppés de gaze, continuent d'un autre côté d'affluer les troupeaux qui frémissent et s'affaissent au bout de longs couloirs de planches où la poussée générale les force à avancer, les jette soudain sous l'éclair du couteau...

Les condors assènent dans le vide des coups de leurs ailes massives. Ils s'attaquent aux lapins et aux chats, en même temps qu'aux charognes. En géants troupeaux aériens, ils volent indéfiniment, se rapprochent et s'éloignent. Les grands cercles se rétrécissent et ils planent longtemps avant de se décider, piquant, flairant, rôdant, s'élevant de nouveau, et alors tous ensemble, dans un furieux ouragan d'ailes, dans une bataille de cous décharnés, de cimiers rouges et de becs sanglants, ils attaquent les petits des animaux.

Frappant de leurs larges ailes pour isoler leur victime, ils l'aveuglent, l'éventrent et la dépècent, s'acharnant sur ses plaies, la vidant par sa blessure. Puis ils reprennent de l'altitude, élargissent leurs cercles, s'élèvent de plus en plus loin de ces cimetières, de ces dépouilles que le vent agite comme pour les remplir d'une macabre vigueur.

Le petit Juan Perón vit ces spectacles sans frémir ; ils sont quotidiens, au milieu de ces rochers disloqués, arrachés de terre et qui, parfois, déboulent sur des centaines de mètres sans rien écraser d'autre que des vestiges de verdure...

*

Ses affaires rétablies dans un pays de cruauté où le gain exige un effort spartiate, Mario Perón entraîne vivement les siens vers une région moins sinistre.

Il acquiert un ranch près de Buenos Aires.

Le grand-père paternel de Juan jouait dans son village un rôle de rebouteux. On l'appelait « le médecin ». Ce terme flatteur avait été longtemps la fierté de la famille. Pour chasser de lui l'humiliation de sa défaite temporaire, de cet intervalle où il avait dû se placer au service des autres, Mario Perón, ayant décidé que l'aîné de ses deux fils garderait le ranch, voulut faire de l'autre « quelqu'un ». Il pouvait se permettre maintenant, sa fortune retrouvée, d'ennoblir le cadet par l'étude.

Mais Juan possède surtout du muscle. Sa seule fête, ce sont ses biceps. C'est dans son hérédité paysanne. Parfois naît dans son regard cette fuite dans le flou qu'il tient de sa mère ; mais son poing garde la bonne consistance osseuse du calibre paternel. Enfant, il a déjà une tête plissée de vieille femme indienne. Lorsqu'il est attaqué au collège, il réagit des pieds et des genoux comme lorsqu'il voyait planer sur sa tête en plein champ l'oiseau noir ou lorsqu'il devait fuir, les bras serrés au corps, la tempête de sable dans laquelle tournoient les condors.

6

A dix ans, Juan Domingo changea d'école. On décida de le pousser dans la carrière militaire. Il n'avait aucune disposition intellectuelle, mais il était imbattable en gymnastique. La Patagonie l'avait durci.

Juan Domingo fut un adolescent fermé, entortillé dans son âme. On lui inculqua le luxe des mots. Quelques-uns, les plus ronflants.

Les enfants, dans les rues provinciales, servaient souvent de commissionnaires gratuits aux adultes. Perón ne servait personne. Les rêves ruisselaient doucement en lui, comme d'une blessure ouverte. Il ne se confiait à personne. Il n'avait pas d'autre emploi, d'autre rôle terrestre, que d'absorber la science de ses maîtres d'armes, sans y trouver peut-être aucune saveur particulière, mais sans avoir non plus le moindre désir de la réfuter.

A dix-huit ans, Juan Domingo Perón est second lieutenant à l'Académie militaire argentine. Que ce soit à l'Ecole d'officiers ou à l'Ecole supérieure de guerre, Juan Perón a des maîtres allemands et ne révère que la stratégie allemande, l'avenir allemand. Dès que naissent en Allemagne les fanfares de la croix gammée, le défilé de colonnes noires et brunes munies de torches et de flambeaux, le cœur de cet élève de la guerre commence à battre. Le jeune homme trouve dans l'apprentissage des guerres allemandes un aliment à son adoration.

L'utopie couleur de sang.

Lorsque Juan vient en permission dans le ranch paternel, Mario Perón se montre dur avec lui. Le fils Juan possède les traits doux, efféminés de sa mère, et la stature de bûcheron de son père. Sombre chez les siens lors de ses courtes visites, Juan retrouve dehors sa seule arme : un sourire de vedette de cinéma.

En 1927 – il avait trente-deux ans –, Juan Perón était secrétaire privé du général de division Francisco Medina, ministre de la Guerre. Mais il déplut à ce dernier par une excessive mollesse qui n'avait rien de militaire. Trop doux, trop poli, il finit par excéder. Medina congédia cet équivoque ersatz de guerrier.

Alors Juan Perón devint professeur d'histoire militaire à l'Ecole de guerre. Il égrena les mérites de César, de Napoléon, fut lyrique avec Clausewitz, von Moklte, Schlieffen et ce von Seeckt qui reconstitua une armée allemande au nez des vainqueurs.

Perón, populaire à l'Ecole de guerre par ses manières précieuses, féru des théories de Clausewitz, ne perdait pas la guimauve de son regard en les exposant. Il était doux avec ses élèves, expliquait posément, sans se lasser, les tactiques d'anéantissement avec un sourire hygiénique de *prima donna*.

*

Perón est invité à dîner chez un de ses maîtres de l'Ecole de guerre. Belle maison avec terrasse, vestibule encombré de tableaux de batailles.

La fille du maître de maison est grande et belle, mais cette grande fille est clouée dans un fauteuil. Juan Perón devient un hôte assidu. Il est troublé par le chuchotement qui règne dans la demeure, par la grande intelligence du père, par la douceur grise de sa fille. Souvent Juan Domingo se précipite, devance le geste du père et fait rouler le fauteuil vers la table, verse à boire à la jeune fille, demande la permission de couper sa viande.

La scène se déroule en 1935. Perón vient de fêter ses quarante ans. En fait, il est impossible de lui donner un âge. Un éphèbe chenu.

Il n'est pas encore marié à quarante ans, mais ne cache aucune tare, ne trahit aucune infirmité. La femme, pour le colonel Juan Perón, n'est ni une grâce ni un idéal. Elle encombre la vie quotidienne.

Mais cette attitude d'éloignement vis-à-vis de la femme risque d'épaissir certaines rumeurs. Et il faut avoir tout le monde avec soi, ne désobliger personne, saisir l'occasion, plonger dans l'amère volupté du mariage sans en être contaminé. La belle infirme, voilà le moyen d'accéder à une honorabilité plus complète. Cet ami généreux qui l'invite, ce maître qui l'a formé, Perón se dit qu'il ne lui coûte rien de lui accorder une joie.

Quand, un soir, le colonel communique son projet à son maître, ce dernier bondit :

– Je ne vous laisserai pas faire cela !

Le colonel rayonne d'un sourire apaisant et murmure :

– *Amigo.*

Enfin, le père se calme. Et le colonel, lui, est lancé. Il parle, rêve à haute voix, évoque le charme de celle qu'il revendique. Jamais un amoureux n'a mieux loué une femme. Pour lui, cette jeune fille prisonnière d'un bloc de granit est plus réelle que n'importe quelle jeune et ardente compagne. Clouée et souriante, à la merci de l'homme. Objet de rêve que l'on véhicule d'une fenêtre à l'autre. Une femme qui ne peut vous suivre, que l'on n'a pas de remords à abandonner dans sa prison, qu'un baiser furtif comble autant qu'une orgie sensuelle.

La jeune femme qu'il ne convoite pas – ce serait un crime de la convoiter –, la jeune fille au fauteuil roulant promène sur le colonel un doux regard. Et lui, chaudement, lui offre l'amitié d'un monde lointain et généreux.

Cette jeune femme rivée à sa chaise flatte moins en vous l'amoureux que le père.

Il faut la protéger. En échange, elle ne vous imposera rien de compromettant. Rien que des regards affectueux. Cette terrible fraternité ne porte pas à conséquence. Arminda Férquez ne constituait pas un danger pour son prétendant, le colonel. Avec elle on pouvait, d'une pierre, faire deux coups. Perón faisait plaisir à son professeur et devenait au regard des autres un stoïque.

La cérémonie de ce mariage confidentiel a lieu dans le salon où la jeune fille a toujours vécu. Juan est désormais marié. Il peut faire taire les rumeurs malveillantes.

7

« L'épouse » attendait avec impatience le retour du colonel. Les souffrances provoquées par cette attente n'étaient pas moindres que celles d'une femme sur le point de se délivrer. Le colonel avait longuement expliqué comment se fixerait son choix. Il voulait un petit diable. Une fillette pleine d'enjouement et de caprices.

Les papiers pour l'adoption étaient prêts. Il n'y avait plus qu'à y mettre un nom.

L'orphelinat se trouvait à dix kilomètres de la capitale et il fit de nouveau cette promenade, mais cette fois dans une voiture mise à la disposition des officiers.

Il avait trouvé ce qu'il désirait dès sa première reconnaissance. Pourtant il avait fait semblant d'hésiter, de longuement soupeser les sourires et les mérites. Celle qu'il avait choisie avait l'aspect d'un jeune garçon monté en graine. Elle n'avait que huit ans. Pendant que, dans le bureau de l'orphelinat, les formalités s'accomplissaient et qu'on mettait la petite fille au courant, lui, Juan Perón, faisait les cent pas dehors. La fillette apprit calmement la nouvelle, comme si on lui annonçait une promenade.

Elle eut un grand sourire. Rien d'autre.

Une heure après, le colonel la laissait entrer toute seule dans la maison de la jeune femme au fauteuil roulant. Il attendit discrètement dehors la fin des effusions.

Il était enfin pourvu d'une femme et d'un enfant sans avoir eu à payer le moins du monde de sa personne.

*

Quand sa femme expira entre la fenêtre et le lit, le colonel fut affligé et soulagé. Il avait perdu sa couverture d'honorabilité. Arminda Férquez n'avait pas eu le temps de comprendre ce qu'elle représentait pour le colonel. Elle s'était honteusement enivrée de sa présence, de son ombre.

Le colonel devint soudain le veuf Perón. Et le mot fut aussi étrange pour lui que celui de mari.

Veuf et solitaire, il gardait son éclat d'éternel jeune premier...

8

Le 13 décembre 1939, le corsaire nazi *Admiral Graf Spee* était surpris dans le Río de la Plata par des croiseurs britanniques. Il fallut quinze heures de combat pour obliger le corsaire, qui avait déjà coulé nombre de bateaux alliés, à chercher refuge dans le port neutre de Montevideo. Pendant cinq jours, le consul allemand lutta pour obtenir un droit d'escale prolongée, le temps que les réparations fussent faites. Mais comme l'Uruguay ne voulait en aucune manière sortir de sa neutralité en faveur des nazis, Hitler lui-même donna l'ordre depuis Berlin de faire saborder le *Graf Spee* que la flotte britannique attendait au large pour le couler.

Le 17 décembre au soir, en plein Río de la Plata, à l'heure où la vie nocturne s'éveillait dans Montevideo et où les cabarets lançaient leurs éclairs bleus et rouges, on entendit les explosions et l'on vit la danse des flammes. Les croiseurs britanniques n'avaient même pas eu le temps d'expédier une seule torpille. Avec une rapidité extraordinaire, le navire transformé en brasier se coucha sur le flanc.

Les neuf cent cinquante hommes de l'équipage du *Graf Spee,* conduits par le commandant Langsdorff, seul maître à bord, furent débarqués le lendemain à midi dans Buenos Aires. Le 20 décembre au matin, la presse annonçait en gros titres que le capitaine de vaisseau Hans Langsdorff s'était suicidé. Le commandant, qui n'était pas resté à bord pour sauter avec son navire, s'était pourtant décidé à défendre l'honneur allemand *in extremis*. Il s'était fait sauter la cervelle dans une chambre d'hôtel. Avec un peu de retard, certes. Mais ce détail ne faisait qu'ajouter au romantisme d'un acte destiné à impressionner les foules.

La grande scène s'était déroulée à l'Hôtel des Immigrants de Buenos Aires. Wieg, le gérant de cet hôtel, était un Allemand établi en Argentine depuis 1936 et qui n'avait jamais demandé sa naturalisation. Il fréquentait beaucoup le consulat allemand et, quand on lui demanda si c'était lui qui avait trouvé le cadavre du commandant, il déclara que c'était le matelot d'ordonnance Fischer.

L'ambassadeur d'Allemagne von Thermann séquestrait Fischer. Personne à l'hôtel, ni à l'extérieur, n'avait été autorisé à pénétrer dans la chambre où Langsdorff s'était tué.

Seuls Fischer et l'attaché naval allemand avaient assisté à la mise en bière du suicidé. Le commandant Langsdorff était entré dans cet hôtel avec deux chemises et un nécessaire de toilette. Où avait-il trouvé l'uniforme de parade tout or et neige immaculée dans lequel il s'était définitivement allongé, comme le signalait le service de presse de l'ambassade allemande ? Il n'y avait pas eu de médecin légiste pour constater le décès. Von Thermann avait exercé une forte pression sur les autorités argentines. Il avait demandé que l'on montrât au moins quelque courtoisie envers le malheur et qu'on laissât les Allemands eux-mêmes s'occuper pudiquement de ce hara-kiri d'un héros national.

Langsdorff fut enterré comme un roi. Un bataillon de marine argentin rendit les honneurs. Plus de cinq mille badauds suivirent le char couvert de fleurs. Le cortège comptait plus de trois cents automobiles.

Le cercueil plombé du commandant à la cervelle arrachée fut renvoyé en 1941 en Allemagne à bord d'un navire suédois, et ensuite officiellement enseveli dans le caveau de famille de Gurlow en Prusse orientale. Mais, lorsqu'à la fin de la guerre des officiers alliés, respectueux, se rendirent sur la tombe de Langsdorff pour un hommage au vaincu, ils y trouvèrent un cercueil vide qui n'avait servi qu'à une formidable mise en scène. Cette mise en scène avait joué un rôle capital dans la propagande en faveur de l'Allemagne à Buenos Aires.

Seul un Argentin, le colonel Perón, avait connu la fausse mort de Langsdorff. Il l'avait hébergé dans son appartement de la calle Posadas. Pendant quelques jours, il avait écouté avec passion l'imperturbable pirate raconter, avec de simples allumettes disposées sur une table, comment il expédiait par le fond l'Anglais.

9

La thèse de Juan Perón suivant laquelle la défaite allemande de 1918 avait été provoquée par l'absence d'un bloc sud-américain formé par l'Argentine, le Chili et le Brésil, se portant à l'aide de l'Allemagne, cette thèse avait attiré l'attention du général Faupel, officier allemand qui encourageait de sa présence Franco lorsque ce dernier conduisit au succès sa guerre civile.

Dans l'entre-deux-guerres, Faupel était devenu le chef des officiers allemands chargés de servir d'instructeurs à l'armée argentine.

José Uriburu avait fondé en Argentine sa Légion civique dont les membres étaient vêtus de chemises brunes. Ils prenaient part aux manœuvres militaires. Ils étaient armés, éduqués et engraissés pour servir d'appoint un jour aux nazis sur le sol argentin. La plus grande opposition à l'encasernement de l'Amérique latine, à sa mise au pas à l'intérieur d'un bloc austral à la solde des nazis, venait du Chili et de l'Uruguay. Telle était la situation en 1936.

C'est alors que Perón se prépare à exécuter sa première mission au service de ses maîtres qui n'ont eu aucun mal à passer du rang de maîtres d'académie au rang de maîtres tout court.

Il faut que l'Argentine, le Brésil et le Chili puissent s'unir pour créer un bloc sud-américain dénommé le bloc austral, qui jouera pour commencer le rôle d'une menace suspendue sur l'Amérique du Nord, dans le but de l'empêcher d'intervenir contre Hitler le jour où elle en aurait la tentation. Alors Hitler aurait les mains libres en Europe. Un conflit mondial n'entraînerait pour l'Argentine qu'une vague de prospérité et, pour l'armée argentine, une occasion de gloire, vainement espérée depuis plus d'un siècle.

Juan Perón partit donc pour le Chili, chargé d'une mission d'infiltration et d'espionnage. Mais la richesse agressive de l'Argentine déplaît au Chilien, qui se demande toujours si l'Argentin ne souhaite pas s'accroître du blé et des moutons chiliens. Le Chili, malgré une armée et une marine qui comptent, est pauvre et isolé. L'association A.B.C. a duré de la première Grande Guerre à 1925. Ce n'était pas une alliance, mais une sorte d'entente à l'amiable.

L'Argentine, qui prenait alors l'initiative de mouvements politiques sud-américains, avait inspiré l'entente A.B.C. à seule fin de contrebalancer l'influence grandissante des Etats-Unis.

*

A la frontière de l'Argentine et du Chili, sur la cordillère des Andes, se dresse une statue géante du Christ. Elle a été érigée là comme un signe d'amitié, de liaison entre l'immense Argentine et l'immense Chili.

Pedro de Valdivia, le conquistador espagnol, ne parvint pas à subjuguer les Indiens qui occupaient le Chili à l'origine. Les Araucans gardèrent, jusqu'à la fin du dix-neuvième siècle, le désert cuit et venteux, les forêts vierges et les vallées balayées de pluies.

Juan Perón trouva à Santiago du Chili un climat qui lui convenait : une ville européenne, des collines, des arbres, des vignes.

L'atmosphère de Santiago, pour lui, était émolliente par son modernisme et sa douceur, mais il était venu là pour tisser des liens entre des gens durs. La statue sur les Andes, bien que ce fût un Christ, symbolisait l'amitié entre guerriers.

La découverte des nitrates dans le désert d'Atacama en 1839 avait fait naître une fièvre, non seulement au Chili, mais aussi en Bolivie et au Pérou. Le jour où ces nitrates signifièrent richesse, la guerre éclata. Elle dura quatre ans et, en 1883, le Chili sortit vainqueur du conflit. Cette victoire le fit respecter des militaires argentins. D'où le Christ de pierre sur la cordillère, hommage de militaires à d'autres militaires.

Mais le Chili avait défendu son bien. Ce que les conjurés du G.O.U. et leurs inspirateurs refusaient de considérer. Ils avaient aussi fait effort pour oublier que le Chili avait été le seul pays producteur de nitrate naturel jusqu'à la première Grande Guerre, ayant la possession absolue d'une matière qui servait à la fois d'engrais aux paysans et d'explosif aux militaires. Ce fut un Allemand qui vint détruire cette euphorie ; le docteur Haber inventa un procédé pour extraire l'azote de l'air et fabriquer ainsi les nitrates synthétiques. Cette découverte amena le Chili au bord de l'abîme, lui qui vivait en rentier parmi les nations, laissant les autres pays gratter son sol moyennant un loyer enviable. Cet Allemand demeurait comme une pierre sur l'estomac de la nation chilienne.

Maintenant Perón venait prôner en secret la Sainte-Alliance avec l'Allemagne. Mais les Chiliens ont appris à tenir tête à la nature sur les versants des Andes dont ils fertilisent la terre. Ils ne s'atrophient pas comme les Argentins dans leurs riches et vastes espaces, leur grande plaine débordante. Ils ne cherchent pas de dérivatifs.

Perón rencontra von Marée, qui avait fondé le parti nazi chilien. Ses hommes, les Nacistas, en attendant d'imposer au Chili une aventure, se carraient dans des chemises grises, arboraient pantalon bleu, casque à visière et bâton. L'insigne du mouvement était un éclair brisé, un seul bec de croix gammée. Von Marée avait trente-six ans, les yeux enfoncés, les cils très fournis et, en parlant d'une voix forte et aiguë, il tapait des pieds tout en écrasant ses mains comme s'il jouait d'un accordéon invisible. Sa mère était allemande et il avait vécu six ans en Allemagne. Il refusait de s'exprimer autrement qu'en espagnol. Son grain de beauté près de sa bouche entachait même ses jurons d'une mollesse équivoque, malfaisante.

– Nous n'attendrons pas longtemps, dit von Marée à Juan Perón. Nous prendrons les devants, si l'Allemagne hésite... La force est notre devoir.

Von Marée était si nerveux qu'en effet, deux ans après, en 1938, avant même que le signal d'une action lui eût été donné de Berlin, il décida de libérer un peu de cette drogue que sa troupe exigeait. Un agent de police en faction devant la Moneda, le palais présidentiel de Santiago, fut abattu par un Nacista, surgi d'un groupe qui passait : l'agent s'était permis une moue de désapprobation.

Alessandri, le président du Chili, de la fenêtre de son bureau avait suivi le drame. Au lieu de jeter l'alarme dans la garde présidentielle en appuyant sur un bouton de sonnette, il se précipita dans la rue et, sans l'aide de personne, il tira le policier mourant sous une voûte du palais. Puis, alors seulement, il fit sortir ses *carabineros*.

Les Nacistas s'étaient réfugiés dans un gratte-ciel voisin où se trouvaient les bureaux de la Sécurité sociale. Le gratte-ciel fut pris d'assaut et les soixante Nacistas qui s'y étaient barricadés furent massacrés.

Juan Perón était au Chili, non pas en mission itinérante, mais comme attaché militaire. Il voyait souvent Alessandri qui maugréait en passant dans son bureau devant la grande photographie d'Hitler. Le président se promenait avec un bâton et un chien, seul, renfrogné, et lançait à son interlocuteur, qu'il recevait tout sec, dans la stricte intimité, qu'il n'y avait pas de raison de « faire plaisir au plus méchant ». Il parlait d'Hitler.

Juan Perón pensa emporter une promesse décisive d'Alessandri qu'il avait mis face à face avec von Marée. Et ensuite, continuer sa mission d'infiltration au Brésil.

Il n'avait pas fait attention à une remarque d'Alessandri :

– Nous sommes un mélange d'Ecossais, de Basques, d'Anglais, d'Italiens, d'Allemands, d'Espagnols. Et vous, Argentins, également. Ce mélange n'est-il pas plus heureux que les races d'origine ? Les Allemands, chez nous et ailleurs, voudraient tirer à eux toute la couverture.

Au Chili, les Allemands vivaient, en effet, en corps étranger. Ils y possédaient leurs clubs, leurs écoles, leurs magasins, se faisaient photographier avec des appareils allemands et enterrer sous des pierres allemandes. Les officiers de l'armée chilienne étaient pro-allemands comme les officiers argentins, pour la bonne raison qu'eux aussi avaient été formés au métier des armes par des officiers allemands.

Alessandri, sentant avec quel succès Juan Perón menait sa campagne de propagande pour une union entre les deux pays sous l'égide de la croix gammée, décida de se débarrasser de lui.

Perón, à quarante et un ans, se montrait trop paternel et trop amical avec les adolescents des deux sexes. Cet homme imprégné du prestige des armes aimait les salles de gymnastique pour les jeunes, qu'il s'agit de troublantes jeunes filles en courtes culottes blanches ou de jeunes garçons bronzés aux muscles tressaillants. L'homme au fusil cherchait de manière suspecte le sourire de cette jeunesse, ne cachait pas une gourmandise radieuse chaque fois qu'il approchait garçons et filles de quatorze ans.

Le motif était tout trouvé.

Le gouvernement chilien exigea du gouvernement argentin que l'attaché militaire Juan Domingo Perón fût rappelé pour cause de *mauvaises mœurs flagrantes.*

10

Avenida Santa Fe, à Buenos Aires, coincé entre un tailleur pour dames et une laiterie moderne, se dresse un immeuble vieillot où logent fonctionnaires et avocats. C'est là que Perón, à son retour du Chili, fut convoqué par les chefs de la pénétration allemande en Argentine.

Au troisième étage, le tribunal offre l'aspect d'une assemblée de gens graves qui se morfondent dans un salon. Mais ici il n'y a jamais de belles hôtesses, jamais de conversations mondaines. Perón y retrouve les généraux Faupel et Frédéric Wolf, plus l'inévitable Saudstede, représentant de la Gestapo.

Perón pensait que cette rencontre était destinée à réajuster la tactique, après son retour précipité du Chili. On allait sans doute maintenant lui proposer de continuer ses pourparlers secrets au Brésil.

Wolf posa les questions habituelles sur les déplacements de Juan Perón. Il s'agissait pour l'instant de rapport et de rien d'autre. Perón répondait avec douceur. Jamais il ne manifestait d'humeur. Seule la fatigue d'un long voyage, ou d'une longue veille, rendait son visage moins bienveillant.

Lorsque, par leurs questions et leurs approbations, les trois hommes eurent redonné à Juan Perón toute sa confiance en lui, et qu'il en eut oublié jusqu'au motif de son rappel de Santiago, Frédéric Wolf se leva et se mit à hurler comme un hystérique, insensible à sa propre clameur.

A chaque cri que Wolf poussait, il abattait sur la table ses deux poings. Tout ce que Perón put saisir dans ce torrent cacophonique, ce fut sa condamnation. On le traitait en fils indigne. On lui reprochait d'avoir fourni un motif à son renvoi du Chili.

Le quartier général nazi en Argentine n'aimait pas employer des maladroits. Juan Domingo Perón fut rayé de ses listes.

11

En disgrâce auprès des services hitlériens, Juan Perón pensa tout naturellement à retrouver un emploi auprès de Mussolini. Il réussit à se faire envoyer à Rome à la fin de l'année 1938 comme attaché militaire.

L'air européen est alors chargé de miasmes et de foudres. Hitler envahit l'Autriche. Mussolini déclare au Sénat le 30 mars que l'Italie compte quatre millions de combattants de première ligne et huit millions de mobilisables. Chacun agite ses troupes, ses chars et son Dieu. Les usines fabriquent partout la mort avec entrain.

Le 2 mai 1938, Hitler arrive en Italie en visiteur et

son compère Mussolini lui présente à Naples un spectacle naval. Quatre-vingt-dix sous-marins surgissent des flots à un signal. Quatre mille trompettes sonnent à Rome pour le départ du Führer. Toute cette farce monte à la tête. Juan Perón connaît pour la première fois l'enthousiasme. Il y a là des hommes, des armées, du danger, la seule pâture qui puisse convenir à un estomac musclé.

En Espagne, déjà, triomphe la vie dangereuse. Franco se bat. Hitler se bat. Mussolini piaffe. Seule l'Argentine s'engraisse et se disperse.

Le 22 mai 1939, Rome et Berlin signent le pacte d'acier. Chaque fois qu'Hitler prend un pays, il envoie un message d'amitié à Mussolini qui commence à se fâcher. Il voudrait lui aussi saisir, déchirer. Hitler jette sur le monde une horde qui tremble de volupté à chaque mot qu'il assène du haut de la tribune. Mussolini vocifère : « Il faut envoyer le peuple au combat à coups de pied au derrière... Peu importe qui gagnera... »

Perón est électrisé par cette vitalité. Il ne manquerait pas une seule exhibition de Mussolini, qui l'a reçu et lui a dit que l'Argentine aurait la première place dans le grand concert des nations vitupérantes.

Aussi Perón étudie – peut-il faire autre chose qu'étudier ? – le comportement du Duce au balcon du palais de Venise. Mussolini prend des attitudes de ténor au dernier acte. Il gonfle son poitrail, avance le menton, jette les bras en avant, les lève, secoue le ciel au bout de ses poings. Le Duce embrasse la foule, la rapproche de son cœur, la rejette avec rage, assomme et pourfend. Juan Perón observe. Il serait beau de vivre soi-même ces scènes de balcon. Cette foule noire hurle, reprend son silence, vertige qu'il faut dominer.

Parfois, sur son carnet, Perón saisit dans un croquis un geste du Duce... comme il copierait la proue d'un vaisseau... Il se sent un peu ingénieur en sublime. Cette personnalité tropicale et ces grandes ruines romaines ! Perón admire, exulte, reconnaissant : il n'aura pas besoin de talonnettes comme le Duce pour obtenir plus de prestance face aux foules, pour atteindre d'emblée leur cœur.

Perón voit défiler devant lui une armée à la démarche saccadée, dévalant vers l'abîme avec des chants et des fleurs. Vivre dangereusement !

Perón est attaché à une troupe dans le Tyrol, à une division d'infanterie dans les Abruzzes. Mais, s'il apprend que Mussolini doit parler, il quitte immédiatement son poste pour rejoindre Rome. Il fait son anthologie mussolinienne. Il suit les manœuvres de l'Ecole alpine de ski dans la vallée d'Aoste. Il a oublié l'affront du Chili et la désaffection des Allemands à son égard. Mussolini a promis d'intercéder pour lui. Ce ne peut être qu'une brouille momentanée.

Juan Perón se rend populaire parce qu'il participe, convaincu, à tous les exercices, les suit jusqu'au bout, ne se contente pas de lever et d'abaisser les jumelles comme font les autres attachés militaires.

Dans les réceptions d'ambassades ou les petites sauteries militaires, Juan Perón, l'Argentino, se fait remarquer par sa constante bonne humeur. Le principal, c'était de se convaincre que l'on vivait un jeu exaltant. Il y avait de la conspiration dans le monde et lui n'en était pas absent. Dans cette forte marée guerrière, comment demeurer passif ? Juan Perón avait choisi, reconnu, adopté et applaudi la voix de son maître d'école, depuis le premier jour.

Juan Domingo ne pensait pas que son jeu pût comporter le moindre risque. Les Allemands étaient trop forts, leur coalition trop puissante, leur poussée trop irrésistible ; ils ne gagnaient pas le terrain, mètre par mètre, ils fonçaient comme l'éclair, mus non par un savant ou par un génie, mais par un médium. La guerre avait enfin trouvé une nouvelle dimension. Les cartes d'état-major, avec lui, s'effeuillaient aussi vite qu'un calendrier.

Cela réconfortait de jouer avec la vie des autres sans risquer la sienne. Pour Perón, le mot conspirateur brillait de tous ses feux, mais il conspirait avec la prudence d'un fonctionnaire...

12

Le long des avenues interminables, bien que coupées aux croisements par des généraux statufiés, la foule argentine, en ce septembre 1939, est toujours aussi allègre. Les petites maisons bleues, jaunes et rouges de la Boca sont toujours fleuries de linge blanc, et des réunions élégantes continuent à se donner sur des terrasses où la cuisine de plein air voisine avec la piscine, pendant que le maître de maison passe en souriant parmi ses invités, en leur tendant au bout d'une longue fourchette le *churrasco*, où sont collées les unes aux autres d'épaisses grillades de bœuf, de mouton et de porc.

Pourtant, ce 2 septembre 1939, la Pologne vient d'être envahie, sans déclaration de guerre. Une petite offensive française sur le front de la Warndt fait à l'Allemagne l'effet d'une piqûre de moustique.

Pour l'armée argentine, c'est la foudroyante surprise. L'Allemagne dégorge son torrent de fer, l'Allemagne balaie la Pologne, l'Allemagne vaincra le monde. A ce moment, Perón est attaché militaire à Berlin. Il a vu Hitler, deux semaines auparavant.

– Je trouve vos rapports très intéressants, lui a-t-il dit. Je veux que vous continuiez à nous les faire parvenir.

Vivre dangereusement ! Juan Perón assiste à la chute de Paris en observateur poli, avec l'état-major allemand qui s'est installé à Clermont, non loin de la ligne la plus avancée, devant les grandes forêts et les vastes parcs de l'Ile-de-France.

13

Perón est revenu en Argentine en automne 1940. La guerre est un peu d'encre au bout de sa plume. Mais le revolver, pour le sémillant colonel, demeure moins un instrument d'intimidation qu'un accessoire d'élégance.

Au retour de ce voyage parmi les nations dictatoriales – il a été aussi en Hongrie, en Espagne, au Portugal –, on l'envoie dans un régiment des Andes. Les bataillons de chasseurs s'y entraînent sous un soleil éclatant. Le général Edelmiro Farrel, qui commande cette garnison de montagne, devient l'ami de Perón. Celui-ci l'introduit dans le G.O.U.

Sous prétexte d'une « visite d'étude », Juan Perón parcourt l'Argentine en tous sens, pour y rencontrer les divers éléments de l'armée. Sous prétexte de vivre avec les conscrits, de partager leur pain, de connaître leurs ennuis, Perón lie la pâte explosive. Il voyage en compagnie de son vieux camarade d'école, Filomeno Velasco, sorti de la même promotion que lui à l'Ecole militaire, en 1913.

Le G.O.U. parlait de « croisade », de « rénovation spirituelle ». Il y avait trois points dans sa charte. L'armée est la chose la plus pure, la plus noble. L'armée est le groupe le mieux constitué pour assumer le pouvoir. L'armée est l'instrument même du destin du pays. Et la conclusion de Juan Perón venait d'elle-même : « Le combat d'Hitler dans la paix comme dans la guerre sera notre guide... »

Les initiales G.O.U. désignaient le groupe des officiers dont le slogan était : gouvernement, ordre, unité.

Même des officiers de marine et d'aviation rejoignirent l'organisation. Bien qu'elle comptât des généraux et des amiraux, c'était le colonel Perón qui était à la tête du mouvement, ainsi que l'avait finalement décidé Hitler.

Dès qu'un officier rejoignait le G.O.U., il laissait entre les mains de Perón une démission non datée dans laquelle il déclarait devoir quitter l'armée argentine dont les silences et l'inactivité ne correspondaient plus à son idéal. Ainsi, Perón pourrait inscrire une date sur ce papier : celle du soulèvement qui deviendrait un jour nécessaire pour empêcher les Argentins de déborder vers la liberté.

La Banque allemande de Buenos Aires possédait un compte secret au nom de Juan Perón, qui permettait de gratifier immédiatement ceux qui se déclareraient solidaires du G.O.U. C'est ainsi que l'armée argentine devenait, grâce à un papier signé et une gratification, une armée mercenaire sur son propre sol. Simple colonel, Perón, un jour, devait surgir de terre avec le titre de *gauleiter* d'Argentine.

Il était au pouvoir sans être sorti encore de la clandestinité.

Cependant qu'à la même époque, aux Etats-Unis, l'ambassadeur d'Allemagne n'a pour mission que d'entretenir l'esprit isolationniste en répandant des poèmes dédiés à la paix, à Buenos Aires, l'ambassadeur d'Allemagne, von Thermann, a reçu pour mission principale d'organiser à son domicile privé des parties de poker entre officiers argentins et allemands. C'est au domicile de von Thermann que le G.O.U. a trouvé son enthousiasme de départ, non par l'endoctrinement ou des discours, des projections de films légers ou de la drogue. Rien de plus simple : il y avait de courtoises parties de poker, mais le jeu était pipé.

Les officiers allemands étaient là en service commandé. En ce sens qu'ils avaient reçu l'ordre de perdre, de perdre à tout prix. De fortes sommes, en une seule soirée, passaient ainsi des poches des officiers allemands dans celles des officiers argentins.

C'était un spectacle peu banal que de voir, avant chaque réunion intime, von Thermann faire passer ses officiers devant un coffre-fort, à la queue leu leu, pour leur remettre le paquet de pesos qu'ils perdraient dans la soirée !

DEUXIÈME PARTIE

LES HALLUCINES DE BUENOS AIRES

1

C'est en Argentine que réside en 1940 l'organisation allemande la plus forte de l'Amérique du Sud. Trente mille tracts allemands sont distribués chaque jour à Buenos Aires. Il y a là une chambre de commerce allemande, un hôpital allemand, des mouvements de jeunesse et un parti national-socialiste qui lance des appels au peuple : « Attention ! attention ! Allemands qui avez à cœur le bien de votre pays ! Argentins qui en avez assez d'une patrie faible et défaillante et voudriez voir votre pays aussi puissant et aussi respecté que le nôtre ! Ecoutez notre chant de victoire. Aujourd'hui, l'Allemagne est à nous et demain le monde entier sera notre gâteau... » L'ambassade allemande dépense en Argentine six fois plus de dollars que l'américaine. La promesse mielleuse et la menace crue s'enchevêtrent dans les tracts allemands. Les agents allemands sont les meilleurs camarades des marins américains qui font escale.

Les Allemands établis depuis longtemps en Argentine sont les représentants des marques américaines : les exportateurs américains financent ainsi la cinquième colonne allemande.

L'Argentine entraîne cinq mille pilotes alors qu'elle ne possède que quatre cents avions de combat. Le film allemand *Victoire à l'Ouest* passe en permanence sur les écrans. On y voit les beaux soldats et les tanks allemands foncer dans la pourriture occidentale.

Les Allemands d'Argentine ne s'étaient jamais assimilés comme les autres immigrants. Ils demeuraient touristes en instance de guerre.

Sur un million trois cent mille nationaux allemands éparpillés en Argentine, quarante-trois mille seulement étaient effectivement nés en Allemagne. Depuis les enfants à la crèche jusqu'aux vieillards au repos, cent trente et une organisations nazies englobaient tout ce qui était allemand, et, sous prétexte d'entraînements sportifs ou de concerts, les Allemands ne cessaient de se réunir, de se congratuler chaque fois que Londres avait été bombardé la nuit. Ils dressaient le bras sans défaillance devant la morose photographie du caporal fou qui encombrait leurs salons, leurs bureaux, leurs chambres. Deux cent trois écoles de Buenos Aires étaient ouvertement allemandes, et la croix gammée se dressait comme une double tenaille, seule auréole des professeurs lorsqu'ils montaient en chaire.

Leur fierté d'être allemands en Argentine devenait frénétique loin du champ de carnage.

« Ce sont des pays qui soupirent après un maître », dit Hitler, parlant de l'Amérique latine, merveilleux champ de développement pour le trop-plein allemand. Les Allemands en Argentine demeurent une troupe disciplinée qui n'attend qu'un uniforme pour révéler le fond de son cœur.

Le chant de la race rencontre là un favorable écho. Les intellectuels de Buenos Aires parmi les moins exaltés traitent le Vénézuélien de sauvage et le Brésilien de négro.

La vraie blancheur est argentine.

2

La petite lampe rouge s'allume. Eva Duarte prend la parole au micro de Radio-Belgrano. Les cinq minutes puis le quart d'heure sont devenus aujourd'hui l'heure sociale. Il y a changement de climat. La voix d'Eva Duarte, cotonneuse, presque féminine, n'est plus un long cri de colère. C'est plutôt une complainte, une litanie, qui se développe non plus sur la peine des hommes, mais sur le mérite d'un seul d'entre eux.

Au départ, c'était assez normal. M. Juan Perón, colonel, était devenu sous-secrétaire d'Etat au Travail. Le quart d'heure social de Radio-Belgrano pouvait lui accorder un hommage en passant. Mais ce quart d'heure s'étire, se complique, s'enrichit. Il s'accroît sans fin du fait de l'existence de M. Perón. On dirait que la petite speakerine blonde a perdu le fil de son émission, a oublié son but, qui était de s'attendrir sur les misères du peuple. Le peuple s'efface d'un coup et à sa place apparaît une sorte de grand sportif souriant dont Evita chante la louange sans que l'on sache pourquoi. Cela finit par ressembler à une déclaration d'amour par l'entremise du microphone.

L'interlocuteur auquel s'adresse Evita n'est jamais là. Il est immense et diffus comme le peuple lui-même. Il flotte de toute sa chamarrure dans le brouillard de sueur qui pèse sur les docks. Il surgit dans la cheminée des humbles comme une fumée parfumée. Il passe entre les rangs des ouvriers qui s'échappent d'une usine pour les aider à redresser la tête, pour leur accorder son sourire de confiance et d'apaisement.

Dans l'incantation de la speakerine de Radio-Belgrano, il y a des mots et aucun fait. La voix revendicatrice se fait tendre et voluptueuse. La fougue d'Eva Duarte se cache. L'homme dont elle claironne la beauté et la ferveur, c'est l'homme du peuple, dit-elle, mais elle en parle comme d'un charmeur de serpents. La passion d'Eva Duarte pour le peuple semble avoir bifurqué définitivement vers l'homme du grand bureau officiel et lambrissé, qu'elle encense comme s'il était enfin celui de sa vie.

Elle explique Juan Perón aux travailleurs, comme maman Duarte entretenait sa fille de la nécessité d'un époux.

Toujours tremblante, toujours exaltée et au bord des larmes, cette jeune femme que son passé secoue fait passer son tremblement et son exaltation sur ses auditeurs. Juan Perón devient l'ange des foyers dont on entend battre vigoureusement l'aile à l'heure sociale.

La voix d'Eva Duarte n'a jamais été celle d'une simple speakerine. Une speakerine, elle ! Ce n'est qu'une étiquette, un camouflage qui lui fut imposé par les autres. Elle ne saura jamais égrener d'une voix claire et gentille des banalités, le texte des autres, comme l'exigerait son métier sous toutes les latitudes. Elle ne saurait rester une voix, une voix anonyme, séparée du corps ; sous sa langue, le moindre mot flambe. Celle qui savait injurier, à leur arracher la peau, les malotrus qui l'écrasaient dans les *colectivos* ou qui se permettaient de lui adresser la parole dans la rue, de lui faire une remarque obscène sur sa démarche, cette femme, dressée sur une défensive hargneuse, demeure tout entière au micro de Radio-Belgrano.

Elle disait qu'une ère nouvelle s'ouvrait pour les opprimés qui vivaient à la petite semaine. L'homme qui leur apportait la clé d'un monde meilleur était un magnifique soldat. Il allait conduire cette conquête d'une vie meilleure pour les pauvres avec la fermeté d'un soldat.

Malheur à celui qui s'opposerait à cette marche au paradis.

Si Eva Duarte de Junín n'avait pas réussi à faire du

grand public-peuple la proie de ses images multipliées par l'écran, elle en ferait la proie de ses mots portés par le vent !...

3

Le 4 juillet 1943, Eva Duarte se dirige vers la loge de Radio-Belgrano qu'elle partage avec d'autres actrices du micro. Elle saisit le téléphone et cligne des yeux vers ses collègues qui sont toutes rassemblées autour d'elle, émues et incrédules. La petite actrice compose un numéro après avoir froidement conseillé à ses collègues :

– Ecoutez donc !

Alors, elle lance dans l'appareil :

– Casa Rosada. Je voudrais parler à Monsieur le Président.

Puis :

– Allô, *Présidente* ? C'est vous, Pedro ? Ici, Eva Duarte !

Elle écoute. Elle tend un écouteur à ses camarades. Stupéfaites, effrayées, elles entendent une voix rocailleuse inviter la señorita Duarte à dîner.

Haïm Yankélewitch, mis au courant par la rumeur de ses studios, double dans la soirée même le salaire d'Eva Duarte.

Pendant ce temps, Juan Perón va prendre ponctuellement ses ordres à l'ambassade d'Allemagne. Tous les jours, comme le planton fait un rapport à l'adjudant de service, le colonel argentin se rend auprès du général nazi. Bien que Perón soit fidèle sans restriction et sans arrière-pensées, dans le salon où on l'introduit incognito on lui offre à peine le thé. Plus l'Allemagne se trouve en difficulté, et plus elle se durcit avec ses séides. On laisse à peine au bon colonel le temps de s'asseoir et on le soumet aussitôt au feu roulant des questions et des ordres. Perón, de son côté, ne doute pas de la victoire allemande. Il se montre toujours plus aimable avec ses maîtres, plus convaincu de l'heureuse issue de leurs affaires.

L'amabilité de Perón paraît suspecte au général Faupel. Il pense qu'elle cache une envie de se dégager de l'orbite où rayonne impétueusement la plus grande Allemagne. Il y a quelqu'un qui mène Perón désormais encore plus sèchement que Faupel, c'est Evita. Depuis qu'elle est entrée – avec l'aide de Juan Perón – dans les bonnes grâces des militaires, tous devenus ministres par la mise en place du système G.O.U., Eva se persuade qu'elle a enfin brisé l'infâme barrière qui la séparait de *l'autre monde*.

Elle pénètre comme une bombe dans le bureau de Yankélewitch et lui lance au visage :

– Savez-vous qu'un jour vous pouvez devenir ministre ?

– Je ne le sens pas, dit Yankélewitch, amusé par cette nouvelle chimère.

– Le colonel et moi ferons un beau nettoyage dans ce pays.

– Que voulez-vous dire ?

– Nous ferons de la Boca un quartier résidentiel. L'ouvrier a droit aussi à l'élégance. Nous donnerons l'Opéra aux ouvriers.

– Très bien, dit Yankélewitch. Et, en attendant, que puis-je faire pour vous ?

– En attendant, répond Evita sans se démonter, vous donnerez l'ordre à Juan Cossío de me confier les rôles qu'il me refuse depuis trois ans !

– Catherine la Grande ? suggère Yankélewitch avec un bon sourire.

Mais Eva Duarte n'entend pas l'ironie.

Ses traits se durcissent. Elle pose alors son poing sur le bureau du patron. Et, à chaque nom qu'elle énonce, ce poing se lève et s'abat comme un petit marteau qui finira bien par enfoncer le clou. Elle égrène sérieusement :

– Oui, Catherine la Grande... Et Lola Montes... Et *lady* Hamilton... Et l'impératrice Charlotte...

Ce fut ainsi qu'au mois d'octobre 1943, pendant que l'Europe ensanglantée et affamée attendait sa libération, Eva Duarte connaissait la sienne.

Son rêve d'incarner les grandes dames de l'histoire s'échappait enfin du cocon gluant de la mythomanie.

Les auditeurs de Radio-Belgrano furent surpris, un soir, d'entendre soudain sortir de leur poste la voie aiguë et hachée. Celle qui martelait habituellement tout au long de l'heure sociale les malheurs et les revendications ouvrières, cette voix, sans abandonner pour autant son registre de rage jamais contenue, se mettait dans tous ses états historiques...

4

Les Américains ont bondi de l'Afrique du Nord en Sicile. Au mois d'octobre 1943, le pied de la botte italienne est nettoyé des Allemands qui s'y accrochaient. Le port de Tarente grouille de navires alliés. Le roi Victor-Emmanuel s'installe à Brindisi avec son Premier ministre Badoglio. Tout le monde est compromis dans la grande débandade du fascisme. Cependant, en Argentine, le G.O.U., au pouvoir, est d'autant plus sûr de lui et attend que les Alliés se soient profondément aventurés dans le piège. Car les nazis argentins ne disent pas : « Les Anglo-Américains ont débarqué dans la forteresse hitlérienne... », ils affirment : « Les Alliés ont mordu à l'appât en débarquant... Maintenant, ils sont perdus... » Hitler va sortir son arme secrète. Elle replongera dans la mer tous les ennemis de l'Allemagne.

Cependant, à Radio-Belgrano, Yankélewitch commence à s'enorgueillir de la petite blonde Duarte qui fréquente les colonels au pouvoir. Un jour, cela peut être utile.

Grâce à la maigre speakerine au style aboyeur, supputait Yankélewitch, Radio-Belgrano deviendrait sans doute la station radiophonique la mieux placée auprès des gens qui tenaient le pouvoir. Alors qu'Evita se faisait ostensiblement remarquer avec le président Ramírez dans les boîtes de nuit où ses grattements de guitare avaient jadis été méprisés, et que les patrons des cabarets l'accueillaient désormais avec une hébétude dans le regard, Yankélewitch, ne sachant pas, dans ce panier de colonels, lequel possédait le sceau secret d'une future gloire, faisait la cour à un certain colonel Guilbert. Perón restait toujours dans l'ombre. Perón était toujours un inconnu pour la masse.

Mais le président Ramírez, qui tient en plus le poste de ministre de la Guerre, joue en fait avec les plaques d'un jeu dont il n'est pas le maître. Ramírez n'est qu'un pion pour Perón qui ne fait qu'exécuter l'ordre de placer les hommes du G.O.U. aux postes-clés, tout en demeurant provisoirement effacé. Perón distribue les cartes du grand jeu avec la placidité de quelqu'un qui se sent couvert.

Les amis d'Eva Duarte se demandent ce qu'elle fait en compagnie du colonel et les amis du colonel s'interrogent sur cette étrange collusion entre un militaire et une ex-fille de music-hall. Après tout, il est connu que les militaires ont toujours entretenu des relations avec les filles de théâtre et cela dans toutes les armées du monde. La fille de théâtre est faite pour le colonel et le colonel pour la fille de théâtre. Tous deux aiment l'éclat, et les paillettes brillent sur le costume de scène de l'un, comme les médailles sur l'uniforme de l'autre.

Pourtant, les amis du colonel Perón ne cachent pas leur mécontentement de voir se former un pareil couple.

Une fille de théâtre n'apporte aucune dignité supplémentaire à un dignitaire de l'Etat. Le colonel et l'actrice : cela présente au seul énoncé un aspect pitoyable, un goût de volupté honteuse et clandestine.

Or, rien de plus ascétique que la rencontre Juan-Evita. La femme, dans ce duo, jouerait parfaitement le colonel, que son utilisation tempérée du charme apparente beaucoup à une actrice.

Le colonel, le voilà. Il pénètre dans la salle d'armes. Il troque sa tunique contre un plastron d'escrimeur. Le professeur s'incline bas devant Perón. Les deux hommes saluent, garde au menton. Le professeur attaque d'emblée. Perón, avec des mouvements de vedette qui fait attendre ses salutations, esquive. A trois minutes de la fin, une touche partout. Trois minutes d'escrime vous font palpiter pendant cent quatre-vingts secondes et vous font espérer cent quatre-vingts coups. On se fend. On rompt. On se rue, corps à corps. Perón transpire sous le grillage noir de son masque. Le professeur relève son masque d'un coup de pouce. Il s'avance, la main tendue :

– Colonel Perón, vous avez encore gagné !

Perón se tourne avec un grand sourire vers Eva qui assiste au combat, les traits crispés, les bras croisés.

Alors que, durant sa longue errance à travers le Broadway argentin, Eva Duarte n'avait rencontré que des gens essoufflés comme elle, elle se trouve enfin devant cette sorte de phénomène que l'on appelle *un homme d'avenir.*

Elle se cramponne ferme au sous-secrétaire du ministère du Travail. Le colonel Perón, ce veuf de quarante-huit ans, lui inspire une sorte de frénésie.

Elle lui sert d'agent de liaison.

Elle amène Perón au peuple et le peuple à Perón. La scène désormais ne se trouvait plus dans l'Avenida Corrientes, mais à la Casa Rosada. Le grand imprésario qu'il fallait convaincre se nommait aujourd'hui Perón. Et le rôle qu'il fallait obtenir coûte que coûte était celui d'associée. Yankélewitch avait de nouveau augmenté le salaire d'Evita.

Elle quitte enfin la Boca Gorda, son port et son grouillement infect. Elle laisse derrière elle un flot de figurants aux visages ravagés et monte dans le quartier résidentiel, calle Posadas. Dans une riche maison meublée, le studio A sera le sien. Le studio B, le voisin, est celui de Perón.

5

La chambre sordide n'avait jamais « existé » pour Eva. Elle n'avait plus le temps de la voir, d'en souffrir, occupée qu'elle était par sa recherche de la renommée. Les huit années passées dans la chambre du port ne comptaient pas pour elle. Cette chambre n'était pour elle qu'un quai de gare sur lequel elle attendait l'avenir. On ne s'afflige pas d'un quai de gare mal balayé, on ne le voit pas. On est rivé sur l'horizon.

Evita surgit dans cette demeure luxueuse de la calle Posadas comme si elle y était chez elle depuis toujours. Elle y avait toujours vécu en rêve. Le changement était minime. Le brouillard rose était percé. De son rêve, Eva Duarte n'avait jamais délogé, même sous les attaques les plus cruelles de la réalité.

Ce qui comptait désormais pour elle, c'était moins la volupté d'un confort rarement connu par une provinciale que la gloire que signifiait cet appartement aux yeux de son entourage. Un simple mur la séparait du colonel Perón, du sous-secrétaire au Travail ; un mur franchi en deux secondes. Ce n'était pas une victoire sur la misère, ce beau studio, mais avant tout une victoire sur l'anonymat.

Toute la ville en parlerait un jour, peu importe comment ! Elle en discuterait. Cela suffisait. Elle parlerait d'elle et de lui, séparés par un petit écran de respectabilité.

Ils se retrouvaient, elle et lui, tantôt chez l'un, tantôt chez l'autre. Comme on passe d'un bureau à l'autre, dans une même entreprise.

Puis, c'était un long, un interminable bavardage. Fastidieux, grandiloquent.

Il s'expliquait à peine.

Elle discourait tout le temps.

Perón ne cessait pas d'être flatté par l'exaltation d'Evita qui avait pris sa personne pour objet. L'excitation d'Evita leurrait au fond le colonel Perón. Il la tolérait, cette exaltation, parce qu'il croyait alors contempler en face de lui une adolescente. Seule l'adolescence excuse ces exagérations, ces illuminations, ces invocations !

Juan Domingo ne put remercier Evita de son admiration pour lui autrement qu'en lui révélant ce qu'il n'avait fait qu'effleurer jusqu'alors : son importance dans le système G.O.U.

Il fit cet aveu. Il lui devenait en effet insupportable d'entendre l'éloge, de plus en plus fou, qu'Evita faisait de lui à longueur de présence. Il fallait bien – par une révélation à la fois mystérieuse et sensationnelle – faire coïncider quelque peu, enfin, le « géant » Perón d'Evita avec ce Perón fade, réservé et poli qu'elle ne cessait d'avoir devant elle.

6

Le concierge du bel immeuble où loge le couple – ici, c'est l'homme qui a été conquis par les flatteries délirantes – est un grand garçon maigre et obséquieux qui se nomme José Espejo.

Il passe son temps à faire marcher l'ascenseur et à courir à travers les rues avoisinantes. Il fait les commissions de la señorita Duarte. Il a la grande gloire d'être le premier domestique d'Eva. C'est le premier homme auquel elle commande enfin, sans équivoque possible. José Espejo s'acquitte diligemment de toutes les courses. Il se démène pour des riens avec une parfaite distinction.

Maman Duarte se réjouit enfin à Junín de savoir que sa fille fréquente un monde digne. Ce Juan Perón, pour maman Duarte, c'est le type même du pensionnaire d'honneur.

A Hollywood, on avait eu de la peine à faire admettre à la petite *girl* argentine la nécessité de s'accrocher au bras d'un homme réputé, non pas un compagnon de vie, mais un mannequin qui vous conduit au succès, un homme en vue, un homme du jour qui vous imprimera l'élan. Et puis s'effacera.

Evita est maintenant d'autant plus fière de son homme du jour qu'elle ne le regarde pas d'en bas, elle se pense son égale. Et puis cet homme l'a mise au courant de ses « espoirs ». Sa gloire commencera au moment où les Alliés capituleront devant Hitler. Mais Evita n'attend pas aussi placidement que Juan la victoire de l'Allemagne. C'est avec une impatience folle qu'elle attend le moment où son colonel prendra le pouvoir absolu.

Une semaine seulement après sa rencontre avec Perón au micro de Radio-Belgrano, Evita s'était montrée avec le colonel sur la plage mondaine de Buenos Aires : El Tigre.

Elle ne se faisait plus bousculer dans les rues, dans les bus, n'avait plus à réprimander les frôleurs.

Son corps s'est arraché à la foule.

Evita se rend désormais chaque jour à Radio-Belgrano dans une Rolls du ministère de la Guerre.

Comme un général se rend aux grandes manœuvres.

Ils rôdaient tous deux dans les cafés et les bars des quais. Avec une aisance singulière, Perón s'assied, boit et fume, parle de la pluie et du beau temps avec les braves gens épuisés. Il les écoute. Il absout leurs colères, enchaîne sur leurs petites joies. Il leur apporte le bonjour d'un gouvernement qui s'intéresse enfin à eux.

La blonde est accrochée aux basques du colonel. Les militaires pensent qu'il s'agit là d'une toquade sentimentale. La petite Eva Duarte les amuse. Le colonel a bien droit, après tout, à une fantaisie. La speakerine ne durera guère dans sa vie. Un mois ou deux, quelques mois au plus !

Cependant, cet homme et cette femme, qui se prennent parfois la main comme des amis, se dévisagent à peine car leur regard est implacablement fixé sur le but à atteindre. Ils attendent de sortir de l'ombre, d'attraper la vedette. Evita, prête à tout pour devenir une star, a échoué. Mais elle reste prête à tout pour accéder aux places d'honneur. Les modestes et médiocres rôles, au lieu de décourager son orgueil, n'ont fait que le tremper. Radio-Belgrano fut pour elle un tremplin. Son second tremplin, c'est Perón.

Evita attend avec impatience que le colonel mette le feu aux poudres. Et la poudrière se nomme désormais : le peuple.

Cette petite femme a eu quelque peine à pénétrer dans la chambre du trop pudique colonel. Mais elle n'en sort plus. Elle s'installe chez lui, elle s'incruste, elle est son succube.

Elle paraît n'avoir pour mission que de faire accéder Perón au grand poste. Elle attend en humble servante, pourrait-on croire, qu'il devienne général. Une simple petite femme amoureuse, dirait-on. Mais amoureuse de qui ou de quoi ? Evita tire des plans pour renforcer son mythe encore embryonnaire.

Sur la porte, il y avait une plaque : *Juan Atilio Bramuglia, avocat...*

– Entrez, dit la grosse voix.

Evita entra, penchée, silencieuse, comme une

malade qui vient demander du secours à un homme de science. Elle tenait trois roses à la main, rien que trois roses dans un papier transparent.

Elle avait déjà rencontré l'avocat Bramuglia. Il était venu, sans enthousiasme, au micro de Radio-Belgrano. Il avait refusé d'être interrogé par Evita. Il avait lui-même débité un petit texte. Bramuglia était le chef spirituel, en tant qu'avocat, du puissant syndicat l'Union ferroviaire.

Evita posa les trois roses dans un petit vase qui se trouvait sur le bureau de l'avocat. Elle lui faisait la cour. Il le sentait et cela le gênait. Il attendait de savoir quel jour elle voulait le traîner devant le micro. Evita ne lui plaisait pas. Mais il se disait qu'il y avait avant tout son travail, sa mission au syndicat des cheminots, et que ses antipathies personnelles n'avaient plus le droit de jouer lorsqu'il s'agissait d'efficacité. Parler à Radio-Belgrano, c'était efficace, même si cela se faisait sous l'égide de cette femme nerveuse, dont la fixité de regard le troublait, dont la douceur lui paraissait encore plus inquiétante, parce qu'elle était travaillée, fausse, morbide.

Les hommes qui, en Amérique latine, rêvaient de libérer la classe ouvrière n'étaient pas des ouvriers, ils sortaient de la classe moyenne. L'ouvrier sud-américain ne peut mener d'autre lutte que celle pour le pain quotidien qui borne son horizon.

Les mouvements ouvriers de l'Amérique du Nord et de l'Europe se battaient pour faire de l'ouvrier un maître. En Amérique du Sud, il s'agissait seulement – et c'était là un but presque héroïque – de supprimer chez l'ouvrier un réflexe de perpétuel agenouillement.

A la fin du XIXe siècle, les masses en Argentine ne comprenaient pas que les prophètes socialistes pussent leur promettre la puissance à eux qui ne possédaient pas un lit. Pendant des années, anarchistes et socialistes exilés d'Europe se cherchèrent des troupes ouvrières. Il n'y avait pas de syndicats en Amérique latine, mais seulement des associations corporatives qui n'étaient en fait que des listes d'ouvriers à la disposition des patrons : l'association des dockers de Montevideo datait de 1809 et n'admettait que des nègres.

Le premier vrai syndicat d'Amérique latine fut fondé à Buenos Aires en 1878. C'était l'Union typographique. Ce syndicat imposa aux patrons la journée de huit heures dans les ateliers de journaux. Dans les années 1880, il y eut une série de grèves, en raison de l'inflation. Les ouvriers exigèrent d'être payés en or. C'était la première grande manifestation du syndicat.

Bakounistes, qui prêchaient la force de persuasion des grenades, et marxistes, qui préconisaient le mouvement de masse, commencèrent à se quereller à l'intérieur du socialisme argentin.

Le 1er mai 1890 fut, en Argentine, la première fête des travailleurs. Mille cinq cents personnes assistèrent à la manifestation. Le journal *La Nación* déclara le lendemain : « Il y avait peu d'Argentins à cette fête burlesque. Nous nous en félicitons. L'ouvrier sera plus acclamé à son établi que dans la rue avec un drapeau à la main... »

En décembre 1890, le comité international ouvrier, établi à l'occasion du 1er mai, créa son journal : *El Obrero,* l'ouvrier. Alors que la session du premier Congrès de la Fédération allait se terminer, le délégué français Charles Mauli arriva hors d'haleine. Il s'excusa de son retard. Il venait de lui naître une fille. Il l'avait aussitôt affligée du nom encombrant de Socialiste Marxiste Mauli... Ce nom en béton armé lui interdirait à jamais l'entrée des salons. Lorsqu'il l'annonça, ce fut dans la salle une explosion d'enthousiasme. C'était comme le symbole de la naissance d'un nouveau monde. La grande cause avait accouché d'une gentille souris.

La Fédération dura deux ans et disparut, affaiblie

par le départ des anarchistes et les discussions byzantines des socialistes européens. A part le paiement en or et la journée de huit heures, les syndicats argentins des années 1880 avaient exigé des facilités pour la naturalisation et de plus justes dispositions fiscales. Mais tout cela ne faisait toujours pas une grande aventure, un rêve propre à soulever les masses.

*

« Le riche disparu, le pauvre obtiendra ses dépouilles... » Ses idées sociales simplistes, Evita les expose à Bramuglia. Il a beau hocher la tête devant ce qu'il pense être un tissu de niaiseries, il ne peut rester insensible à la violence que dégage cette petite femme, et il ne peut refuser non plus de rencontrer, par son intermédiaire, le colonel Perón du département du Travail et du Bien-Etre.

L'échiquier est posé là, entre l'avocat Atilio Bramuglia et le colonel Perón. Entre eux, des boissons fortes. Les pions de l'échiquier : les ouvriers. Bramuglia estime que la C.G.T. manque d'idées politiques, manque de fanatisme. Evidemment, le radical Yrigoyen était pourri, mais lorsqu'il est tombé, en 1930, la C.G.T. a manqué à son serment, elle n'a pas lancé la grève générale. La C.G.T. n'a pas de nerf. Elle existe, certes, elle existe de plus en plus, mais par le vain nombre et non par le feu que dégagerait ce rassemblement.

Perón hoche la tête, laisse enfin transparaître sa pensée.

– Vous parlez comme un chef, dit-il à Bramuglia.

Il ajoute :

– Vous êtes d'ailleurs un chef. Cinq cent mille soldats... Je veux dire cinq cent mille syndiqués, sous vos ordres !...

– Sans compter leurs frères, beaux-frères, femmes et enfants, dit Bramuglia.

– Oui, une armée, approuve Perón, planant.

– Peut-être plus importante que la vôtre, dit Bramuglia.

A ce moment Evita, qui se tient entre les deux hommes avec un visage tragique, se secoue et pousse une sorte de cri.

– Si vous vous entendez, si vous acceptez de devenir amis, vous pourrez faire à vous deux ce que vous voudrez. L'armée devra marcher avec le monde du travail...

Bramuglia remue la tête, décontenancé :

– L'armée a toujours foncé tête baissée contre nous. Nous gardons encore sur nous les marques... de son amitié !

Perón saisit dans une main le coude de son interlocuteur :

– Le temps n'est plus à la haine...

Il s'agit là d'une de ses phrases favorites.

– Vos soucis seront les miens à partir d'aujourd'hui, monsieur Bramuglia, dit Perón.

Perón et Evita se regardent alors gravement comme deux camarades d'un même parti. Ils ont abandonné leurs familles. Ils ont abandonné le monde. Ils sont libres, dans leur île déserte, et Bramuglia, dans cette île secrète, est leur premier hôte, c'est-à-dire leur premier complice, qu'il en soit conscient ou non. Ils ont tous les trois alors comme un regard amoureux, tourné vers la même rivière qui brille au-delà des maisons, au-delà de la ville : la puissance.

Les deux hommes trinquent ensemble. Evita, la gorge sèche, les regarde. Costume bleu ciel du colonel, vêtement triste et sombre de l'avocat syndicaliste. Le colonel s'essuie soudain les lèvres du revers de sa main comme pour démontrer à quel point il pourrait se sentir proche de la masse laborieuse, tandis que l'autre, l'avocat ex-socialiste, avec un petit mouchoir, tamponne précieusement sa bouche – comme pour se montrer digne de l'intérêt fantasque que lui porte un colonel, secrétaire du Travail.

Un syndicat, soutenir un militaire ! On n'a jamais vu cela. Sans doute un beau complot, une utopie de fraternité. C'est Evita qui vient de sceller cette alliance, les bras durement croisés, toute blanche de fatigue, debout entre les deux hommes écrasés dans leur fauteuil par la perspective nouvelle...

7

Trois mois après la « révolution » du 4 juin 1943, il y eut une grève meurtrière dans les puants abattoirs de Berisso, près de Buenos Aires.

Depuis la fin de la Première Guerre mondiale, les troubles sociaux prenaient toujours leur départ dans les abattoirs. Les ouvriers de l'industrie des viandes congelées étaient pour la plupart des étrangers, savamment travaillés par les communistes et les anarchistes. Les entraîneurs les chauffaient à blanc pour les arracher à leur docilité.

Dans l'aigre flot de sang qui ne cessait de remplir les caniveaux, dans l'âpre atmosphère de mort brutale, les ouvriers de la conserverie étaient des êtres doux et modestes. Leur tâche les portait à un tel degré d'épuisement qu'il ne leur restait plus une étincelle à consacrer à la lutte contre les patrons.

Ils quittaient les abattoirs à la nuit, gorgés du sang des bêtes, engourdis par la chaleur que dégageaient tant d'agonies à la chaîne, et ne rentraient chez eux que pour s'endormir du sommeil lourd des égorgeurs. Les patrons comptaient sur cet épuisement général pour maintenir des salaires ridicules. Ils estimaient non sans raison que les hommes au merlin assouvissaient suffisamment le peu de bestialité qu'il y avait en eux dans l'exercice de leur métier, pour garder l'esprit de se retourner contre autre chose que des bêtes à cornes. Le sang coulait donc dans les rigoles de Berisso et les patrons vivaient en paix.

Mais, en 1943, le vent tournait en Europe en faveur des Alliés. A l'Est, les assauts allemands se brisaient sur des barrages d'artillerie. La Wehrmacht perdit en juillet trois mille chars et mille cinq cents avions. Elle effectua une retraite massive sur cinq cents kilomètres. Les défaites d'El-Alamein, de Stalingrad, de Tunisie, la capitulation de l'Italie, obligeaient Hitler à défendre sa folie en l'entourant d'une muraille. L'Europe devenait ainsi une forteresse nazie.

Les tueurs de Berisso étaient frôlés par ce vent épique. Les esclaves européens se soulevaient. L'Europe était encore prisonnière, mais déjà triomphante. C'était leur patrie, à ces travailleurs de la conserverie. Aussi, le soir, ils s'endormaient près de leur poste de radio. Une mesure ou deux de ce lointain clairon continuaient à se presser dans leurs oreilles. Ce combat parlait à leur cœur !

Les travailleurs pacifiques de Berisso passaient pour redoutables. C'était à cause de leurs bras sanglants, qui jouaient un rôle psychologique dans le monde ouvrier argentin.

Quand un mécontentement se manifestait dans la masse laborieuse, elle comptait sur les rudes gars de Berisso pour incarner sa révolte. Les mains rouges obligeraient les patrons à céder. Leur force physique, à ces durs, était un gage de réussite.

Il y avait fort à faire, pourtant, pour les sortir de leur apathie, mais quand ils étaient enfin ébranlés par les appels qui montaient vers eux, plus rien ne pouvait les arrêter. Ils fonçaient absurdement devant eux. Ils finissaient même par oublier leurs revendications, comme dans ces cafés surchauffés où il suffit qu'une bouteille se brise pour que naisse de l'ivresse une bagarre générale.

Les patrons de Berisso, quand ils se heurtaient à un mouvement de grève de leurs troupeaux humains, avaient pris l'habitude d'appeler l'armée à la rescousse, la police leur semblant dérisoire. L'armée tuait la grève et les patrons n'avaient pas un sou à débourser en fin de mascarade.

L'armée avait brisé invariablement, au cours des années, toutes les grèves parties de Berisso. Jamais on n'avait pensé qu'il pouvait y avoir d'autre remède aux fièvres périodiques du monde du travail. Les patrons n'accordaient pas d'augmentations, sous prétexte qu'elles risquaient d'anéantir leur industrie. Et les tueurs retournaient à leur abattage, le front décoré de sparadrap. Chancelants et satisfaits, ils s'étaient libérés d'un geste de fraternité, souvent onéreuse pour eux.

Il en avait toujours été ainsi. Rien ne semblait devoir transformer la vie des abattoirs. Bêtes et hommes agonisaient avec la même discrétion. Cela ne faisait jamais d'autre bruit que celui d'une chute, chacun s'écroulait dans sa travée, homme ou bête. Le sang même ne faisait pas plus d'effet qu'un pot de peinture qui fuit.

Le mugissement des bêtes impatientes, abandonnées entre la vie et la mort, retentit sous les voûtes des conserveries. Un délégué vint annoncer aux patrons que le travail avait cessé partout. Il ne reprendrait qu'une fois accordée une augmentation de vingt pesos par semaine. C'était dérisoire, mais accepter eût été s'avouer vaincu. Aussi fut-il répondu au délégué syndical que le travail devrait d'abord reprendre, et qu'alors seulement les patrons verraient quelle suite ils pouvaient accorder à cette étrange demande.

Les égorgeurs, qui connaissaient la vieille musique, se mirent tranquillement à jouer aux cartes.

Ils ne paraissaient nullement distraits par l'appel éperdu des bœufs que l'on refoulait de temps à autre dans le parcage, près des halls d'abattage.

C'était le 4 septembre. Un lundi à deux heures. Deux heures plus tard, les hommes jouaient toujours aux cartes, presque gaiement. Ce repos forcé les illuminait. Ils entendirent alors un bruit. C'était une sorte de bourdonnement, comme celui d'un insecte qui se débattrait quelque part sous un bol renversé sur lui par un enfant oisif. Puis ce fut un gargouillement de lances en action comme s'il y avait quelque part un incendie.

En effet, les pompiers étaient là. On voyait briller martialement leurs casques. Ils avaient presque des visages d'enfants, absorbés par leur jeu. Mais il n'y avait nulle part de feu. Il n'y avait que des travailleurs qui lançaient paisiblement leurs cartes. Les boutons de culotte leur servaient de mise.

D'abord, lorsque les lances d'incendie se pointèrent vers eux, les hommes de Berisso crurent à une plaisanterie, à un pari idiot. Mais ils furent aussitôt frappés par de longs jets d'eau glacée. Les bœufs, lorsque les jets les atteignaient par mégarde, caracolaient sous cette pluie maudite comme des taureaux à la fiesta.

Aveuglés par les trombes d'eau, les égorgeurs se ruèrent sur leurs assaillants. Les chemises plaquées au corps, ils semblaient sortir d'une rivière.

La cavalerie les attendait derrière le rang des pompiers qui sous une grêle de pierres commençaient à reculer.

Finalement, ils durent abandonner les lances qui pissaient lamentablement dans toutes les directions, vaines fontaines dont le nez cognait à ras de trottoir. Ce ruissellement, sous leurs talons, précipita les grévistes. Ils atterrissaient entre les sabots des chevaux.

Un homme se dressa parmi les ouvriers. Il leur demanda de réfléchir. Mais c'était exiger de noyés qu'ils murmurassent une prière au lieu de vomir l'eau salée. Les hommes de Berisso avançaient, bondissaient, copieusement matraqués. Puis un coup de feu fut tiré, un autre et encore un autre. Alors on vit les égorgeurs, armés de leurs instruments de travail, se lancer au-devant des militaires, trancher les jarrets des chevaux sans effort, frapper sur les jeunes soldats de cavalerie comme des bouchers qu'ils étaient, sans le moindre emportement. En techniciens du néant.

Le sang humain gronda dans les caniveaux de Berisso aussi furieusement que celui des bœufs.

Les gaz lacrymogènes n'arrêtèrent pas la bataille. Pleurant à chaudes larmes, aveugles, les hommes de Berisso ne cessaient pas de trancher. Pleurant et titubant, ils collaient leurs visages contre celui de l'homme dont ils se saisissaient dans la cohue, pour reconnaître, prunelle contre prunelle, s'il s'agissait d'un des leurs ou d'un ennemi.

Ce fut le lendemain seulement que le sous-secrétaire d'Etat au Travail fut informé de l'échauffourée. Les morts des deux partis furent rapidement escamotés. Les soldats tombés dans l'expédition furent passés aux profits et pertes du drapeau...

8

Perón vint à Berisso et fut mis en présence du chef syndicaliste des abattoirs, Cipriano Reyes, un géant aux mains soigneusement parfumées. Perón promena un sourire étincelant dans les allées sanglantes, entre une double haie de bêtes écartelées, ouvertes et suspendues au croc. Outrageusement amical, il posa enfin sa main sur l'épaule de Reyes.

Les patrons des abattoirs n'en croyaient pas leurs yeux. Un représentant du gouvernement, un militaire, un colonel, traitait langoureusement celui qu'ils considéraient comme un dangereux apatride : Cipriano Reyes. Il n'y eut aucun discours, rien que des politesses. Perón évita de faire des recommandations, aussi bien aux ouvriers qu'aux patrons.

Mais ces derniers, stupéfaits devant son attitude, pensèrent que le représentant du gouvernement était tout à fait d'accord avec le syndicaliste Reyes.

Cette visite de courtoisie constituait une menace muette pour les maîtres de Berisso. Du moins, ce fut ainsi qu'ils interprétèrent la promenade du colonel. Aussi s'empressèrent-ils de composer avec les agitateurs.

L'augmentation demandée fut accordée, sans le moindre marchandage. Les veuves de la grève furent indemnisées. Ce fut, dans l'histoire tumultueuse des abattoirs, le premier arrangement amiable.

De cette visite naquit un puissant syndicat : la Fédération des industries de la viande. Et la plus formidable armée de partisans pour Juan Domingo Perón : les égorgeurs.

La politique de la poignée de main et du sourire s'annonçait foudroyante là où elle n'avait jamais été pratiquée par un gouvernant en civil, et encore moins en uniforme.

Berisso fut l'expérience politique qui allait déclencher le système. Perón fit des apparitions de plus en plus fréquentes dans les réunions ouvrières. A Rosario comme à Santa Fe, le couple Duarte-Perón vint faire des grâces aux damnés de la terre.

Juan Perón fumait avec les réprouvés leurs cigarettes ordinaires. Il trinquait abondamment avec le vin trop rêche qui enflammait les gorges. Il ruisselait d'innocence et de sincérité, faisant alterner la plus franche gaieté avec la plus douloureuse gravité lorsqu'il s'agissait d'énumérer les coups bas des capitalistes.

Les pauvres gens se goinfraient à Radio-Belgrano des mots outrés qui engendraient l'espoir.

Les pauvres aiment entendre crier leur drame sur les ondes. Ils se sentent magnifiés. A sept heures du soir, ils avalent de grosses bouchées devant leur poste, s'étouffent pour faire moins de bruit. Les enfants sont sommés de se taire, les cuillères cliquettent à peine. La blonde de Junín parle. A sept heures du soir, le programme d'Evita à Radio-Belgrano prend désormais une allure de grand opéra prolétarien. Le peuple-roi est loué à pleine volée de cloches. L'histoire entièrement faussée du beau colonel est transformée en pâture romantique pour les masses, pour ces sempiternels immigrants qui voudraient s'arracher à l'ornière. Le seul luxe de leur vie est la radio à portée de leur oreille, cette radio qui domine la moindre masure, le plus lointain grabat. Chaque trémolo d'Eva Duarte frappe directement au centre de la nostalgie des auditeurs.

Perón se rend dans un faubourg misérable de Buenos Aires pour inaugurer un programme de bien-être. Evita le félicite. Une vieille dame baise la main de Perón. Ce baiser claque dans le micro comme une balle. Evita se hausse devant le micro et clame : « Voici un nouveau génie qui deviendra le père des pauvres !... »

Personne ne rit. Tout le monde à l'écoute soupire et essuie une larme. Les immigrants qui sont venus en Argentine à la recherche du paradis l'attendent toujours. Et voici que ce paradis, on le fait désormais miroiter à leurs yeux non pas comme un mensonge, mais comme une réalité en marche. On pleure sur soi des larmes abondantes et satisfaites. Les *golondrinas,* travailleurs saisonniers, sentent bondir leur cœur parce qu'on leur promet non du travail, mais une guerre contre le riche.

Aucune émission distrayante, aucune retransmission de music-hall, n'a désormais autant d'auditeurs que l'heure sociale à la sauce Duarte...

Evita porte désormais un nouveau sceptre : celui de madone des abattoirs.

9

Juan Perón s'enferme invariablement à sept heures du soir dans son bureau du secrétariat à la Guerre. Il branche son poste de radio. Puis, seul dans cet immense bureau, bien calé dans son fauteuil, les bras croisés, un stock de cigarettes à portée de la main, il se recueille, il écoute.

« Chaque jour, je dirai ce qu'il a fait pour améliorer votre vie... »

La voix d'Eva Duarte claque impérieusement dans la jolie boîte sonore. Elle clame l'existence de Perón, l'annonce inlassablement au pays. Elle révèle Perón, le roule dans la farine, le fait grésiller dans la graisse, elle perd le souffle sur ce sommet : Juan Perón. Perón sourit. Et il se décide enfin, claquemuré dans son bureau, avec des gestes très lents et des sourires secrets, à allumer une cigarette.

L'éloge retentit dans le bureau vide. Perón n'en peut plus, il se sent fondre. Comment peut-il exister en lui un pareil puits de bonté ? Il voudrait bien se voir, se rencontrer, s'embrasser. Le Bienfaiteur. Il est donc un inconnu pour lui-même ? Juan Perón tombe amoureux de Juan Perón par l'entremise de la voix de Belgrano. Surtout qu'il arrive à la cinquantaine, l'âge sans pitié, où il faut essayer d'oublier sa mort en marche.

La dévotion qu'Evita lui apporte publiquement, Perón la lui rend en privé, devant quelques témoins. Il semble obéir à toutes ses suggestions. Mais le respect absolu qu'accorde Eva Duarte à Perón, à l'extérieur, sur les ondes, change du tout au tout lorsqu'elle le retrouve à la maison. Elle ne montre alors, dans le studio B, qu'une sorte d'ennui et de mépris, comme si son adoration peroniste n'était que marchandise destinée à la consommation publique et qui lui eût, à elle, soulevé l'estomac.

La voiture du sous-secrétaire d'Etat au Travail sinue devant la muraille des Andes. Le moteur s'essouffle jusqu'à quatre mille mètres d'altitude.

Cette montagne sur trois mille kilomètres vit et remue. Parfois une pierre tombe dans le vide, une paroi s'éboule, un ravin fait entendre un grondement.

San Juan s'adosse à la pierraille sous un ciel limpide. Le soleil baigne une vallée embellie d'oliviers et de vignes. Mais sur ce paysage au charme biblique ne courent plus les chants vifs et scandés des Andes, percutants et dansants, si éloignés de la mélancolie des chants de la pampa.

Ces gens de San Juan qui, parfois, vendaient un morceau de leurs terres pour pouvoir se rendre à une lointaine procession, n'ont plus rien à vendre maintenant. Et les processions commencent à leurs portes mêmes.

Tout ce mouvement de peuple dans les rues de San Juan, ce n'est pas pour élire la reine des vendanges, mais pour inventorier le désastre, en ce 15 janvier 1944.

En quelques secondes, le tremblement de terre a fait plus de quinze mille morts.

Perón s'avance au milieu des ruines, des blessés, passe en revue les victimes qui, sous les bâches, forment comme des montagnes de sable. Perón prend un enfant dans ses bras. Il n'hésite pas à se salir parmi les gravats.

La terre s'était partagée comme pâtisserie friable. Les objets et les animaux semblaient possédés, jaillissant des maisons et des étables. Les agents poussaient du pied les tuiles, les éclats de verre, des fourchettes, des couteaux et, de leurs bras tendus, ils maintenaient la foule à distance.

La matraque ne tenait plus à leurs doigts que par la force de l'habitude. D'un camion éventré surgissait une main, qui semblait appeler à elle le monde.

Cette catastrophe fournit à Juan Perón le décor

d'un grand spectacle publicitaire. Même Hollywood n'aurait pu fabriquer une aussi vaste toile de fond.

Evita, à Radio-Belgrano, ne se tient plus. Le tremblement de terre, voici son seul sujet. Le soubresaut de la nature a de quoi effacer les coups de main montés contre les quartiers juifs à Buenos Aires, et les inscriptions qui apparaissent sur les murs : « Il faut tuer aujourd'hui un Juif et demain un Uruguayen... »

*

Alors que le président Pedro Ramírez était absent pour un long congé de Noël, Juan Perón a fait un grand discours, le 5 décembre 1943. Il a dit que les patrons et les ouvriers doivent s'entendre avec l'Etat et qu'il faut empêcher le suicide de l'énergie.

Ce discours exaspéra Ramírez. Il supportait déjà difficilement la popularité fabriquée à Juan Perón par la petite intrigante de Radio-Belgrano.

Ramírez, par téléphone, somma Perón de ne plus prendre la parole en public sans en référer d'abord à lui, président. Il avait déjà oublié que c'était la conspiration du G.O.U. qui l'avait mis à sa place. Bien qu'il fût son subordonné en apparence, Perón demeurait son chef occulte. De toute façon, le mal était accompli. La terre avait tremblé. Et Juan Perón venait d'achever sa promenade à San Juan, encourageant les blessés, lançant l'idée d'une caisse de secours alimentée par la solidarité nationale. Ramírez avait perdu de nombreux points.

En vingt-quatre heures, grâce à Radio-Belgrano et à la voix mélodramatique d'Evita, le colonel Perón, qui n'était connu que des auditeurs de l'heure sociale, devint pour le grand public *le sauveur de San Juan.*

L'orphelinat indien de San Juan que Perón avait mis sur pied ressembla bientôt à un home où se fussent trouvés engrangés ses propres enfants. Les petits Indiens avaient perdu leurs guenilles dans le tremblement de terre. Ils étaient soudain sauvés des hautes montagnes, des huttes où fumaient des excréments de lama, éloignés de leurs pères humbles et impénétrables, de leurs mères en chapeau melon, pourvues d'un châle et d'une pipe. Ils n'avaient plus, ces enfants, à faire paître d'immenses troupeaux de lamas dans les vents glacés. Les fillettes enveloppaient désormais les poupées offertes par le colonel dans un poncho et chantaient des cantiques. Les enfants indiens comme leurs parents dessinaient l'objet qu'ils convoitaient, pour lui donner une première réalité. Parfois ils enfermaient le dessin dans une amulette qu'ils fixaient à leur cou : bœuf, maison ou bijou.

Le peuple indien qui ne pouvait plus se vautrer sur sa terre que lors des enterrements, collant alors une chique qu'il s'arrachait de la gorge à un monticule de pierres en pleine campagne, ce peuple avait laissé à ses enfants le goût de la révérence devant les forces impalpables, implacables.

Les enfants indiens traçaient sur les murs de l'orphelinat un rond à la craie, et à l'intérieur trois petits traits qui étaient censés représenter des yeux et une bouche. C'était la face débonnaire du sauveur, Papaíto, ce Juan Domingo Perón dont s'inquiétait Ramírez en ce début de 1944.

10

En février 1944, lassé et écœuré par la popularité du couple Eva Duarte-Juan Perón, Ramírez décida de rabattre le caquet de son subordonné. Le tremblement de terre ne devait pas constituer son bien personnel.

Il n'avait pas l'exclusivité des catastrophes à exploiter.

Ramírez s'insurgea aussi contre le fait que le G.O.U. ne ramenait pas Perón à l'ordre, ce qu'il n'avait pas à faire puisque Perón était son chef clandestin. Bref, la rancœur de Ramírez, encouragée par certains membres du G.O.U. qui cherchaient à se détacher du serment nazi au moment où l'Allemagne commençait à sombrer, cette rancœur arriva au point où il se résolut aux grands gestes. Il déclara, le 23 février 1944, le G.O.U. dissous. Des émissaires de l'armée lui avaient demandé de destituer Perón de son poste gouvernemental.

L'armée argentine, sur ordre venu de Berlin, décida alors de liquider Ramírez. Un coup d'Etat dont l'organisation partait de Buenos Aires venait de s'accomplir en Bolivie au profit de l'Axe.

Ce ne fut pas long. Dans la nuit du 23 au 24 février 1944, six officiers du G.O.U. traversèrent les corridors de la Maison Rose. Ils écartèrent d'un geste portier et domestiques. La garde s'était dissoute d'elle-même dans la nuit. Ils pénétrèrent alors dans le grand bureau du Président où ils étaient sûrs de le trouver à cette heure tardive. Ramírez, en effet, travaillait fort tard à sa séance de signatures.

D'un simple geste, les officiers « gouistes », le revolver au poing, montrèrent à Ramírez la bouche des canons. Sans le moindre commentaire, l'un d'eux rapprocha un fauteuil, s'assit auprès du Président et se mit à dicter.

Ramírez ne se souleva même pas de son bureau, ne changea même pas d'encre. Il signa le papier par lequel six bouches de canon déclaraient à sa place qu'il était malade. Epuisé par trop de responsabilités, il abandonnait de son plein gré le pouvoir au général Edelmiro Farrel.

Un soir, découragé, le colonel déclara à Evita :

– On me traite en haut lieu de proxénète des sans-chemises !

Evita répliqua :

– Tout ce qui est digne de vivre dans ce pays est

traité vilainement par les riches. De chaque injure, il faudrait faire un drapeau...

Le visage fatigué de Juan Perón s'éclaira. *Descamisados !* Aussitôt son esprit didactique découvrit l'usage fabuleux de ce mot, rejoignant dans un tiroir de la mémoire le terme prestigieux de sans-culotte. Un mot de fortune, un mot qui valait son pesant d'or et qui avait claqué au vent de la Révolution française.

Descamisados, sans-chemise. C'était un de ces mots éclairs, un de ces mots manipulateurs qui font lever la pâte humaine.

Perón saute sur le mot *descamisados* comme un faucon. Puisqu'on lui reprochait de s'intéresser aux sans-chemises, ce qui était une moquerie deviendrait son titre de gloire. Déjà, quelques phrases-clés se déroulent et s'enchaînent dans son cerveau bien compartimenté. « Je vous préfère, vous et vos poitrines nues, aux oligarques pourvus de cent complets. »

Descamisados ! Le mot maudit, merveilleux, est enfin lancé au public. C'est un délire tout neuf. Ce mot scelle plus fort le couple Duarte-Perón que la découverte en commun d'une nouvelle terre. Ils agrippent enfin un bien à eux, un mot tout à leur service et sur lequel personne ne pourra venir les chicaner, en les accusant d'en usurper l'emploi, le prestige. Ils ne veulent pas prendre la tête des prolétaires, des ouvriers, des miséreux, des vagabonds, des proscrits, des maudits. Mais ils veulent devenir les saints patrons des sans-chemises.

Pour la foule, un mot nouveau semble toujours une solide promesse, la garantie d'une ère nouvelle...

Ceux qui ont lancé le mot contre Perón peuvent s'en repentir. On leur a volé une boutade pour en faire une bombe.

11

Evita ne manifestait aucune joie devant les nouvelles robes, les nouveaux sacs que lui offrait Juan Perón... C'étaient des accessoires qui lui étaient dus de tout temps.

On ne pouvait pas dire qu'Eva Duarte eût confiance en elle. Elle vivait, durement installée dans son mythe.

Elle avait fermé son cœur à toute autre intrusion. Elle recevait son premier succès avec Perón comme un sacrement. Elle rêvait d'un succès tellement démesuré, que ce succès elle ne pourrait l'avoir volé à personne. Aucune actrice en vogue ne pourrait se sentir dépossédée par les couronnes de la mauvaise actrice Duarte. Mais chaque succès d'actrice en vogue à Buenos Aires resterait tout de même une épine pour Evita.

La campagne d'Italie est devenue un long calvaire qui aboutit à Rome, ville ouverte, kermesse sanglante et démente où les héros sont attendus par le tréponème pâle. Qui est ennemi ? qui est ami ? Hitler sort de l'attentat, le visage plissé par une gaieté blafarde. Il porte un bras bandé et il flatte de sa main libre la joue des jeunes garçons, dernier carré de soldats du Reich, et qu'il veut jeter dans l'anéantissement. La muraille de l'Atlantique se fêle pendant que les conjurés – tous des nobles – sont pendus à des crocs de boucher.

Mais à Buenos Aires, quand Paris est libéré en août 1944, les femmes argentines se livrent dans les rues à de folles manifestations. Evita ne participe pas à cette joie qui provoque le mécontentement du G.O.U.

Les policiers ne peuvent rien contre ce flot de femmes qui déferlent dans les avenues en cherchant à siffler convenablement *la Marseillaise.* Le rêve d'Evita s'éloigne, se mite et se noie. Avec les troupes allemandes qui reculent pour se rabattre sur leurs propres ruines, l'homme d'Evita s'affaisse sur lui-même. Ses supporters sont au plus mal. Ses maîtres l'abandonnent, enfant perdu dans le bois noir du pouvoir. Edelmiro Farrel a beau dissoudre tous les partis, pousser les démocrates qui s'éveillent dans la clandestinité, les mesures draconiennes du G.O.U. n'empêchent pas que les militaires argentins tremblent devant leurs couronnes qui se dessèchent avant même d'avoir été sorties de la cachette.

Perón fige son sourire.

Evita ne sait plus comment retenir d'un regard froid tout cet univers qui lui échappe, à peine embrassé...

Un vent de liberté souffle sur le monde, mais les colonels argentins se montrent de moins en moins soucieux d'être au goût du jour. Ils sont les gendarmes de la civilisation, proclament-ils. Ils fouetteront les chiens jusqu'à ce qu'ils deviennent dignes.

« Si nous devons être des tyrans pour imposer la liberté au peuple, nous serons des tyrans !... », proclame Farrel.

Mais au milieu de ces parangons de l'ordre qui cherchent à se réconforter mutuellement en accommodant les mots du jour, Evita ne dort plus, Evita a peur. Le temps travaille contre Hitler et ses séides, chaque minute qui passe vide le sablier des dictatures. Chaque bombe sur Berlin est désormais un coup au cœur d'Evita. Qu'adviendra-t-il de son grand homme du G.O.U., si ses maîtres se couchent en terre ?

Eva Duarte regarde avec pitié Juan Domingo Perón, de plus en plus souple, qui s'affaisse du haut de sa grandeur.

Les cadets argentins défilent de plus en plus souvent devant l'Ecole militaire. Perón qui voit les Alliés se rapprocher de Berlin et s'éloigner de plus en plus le jour où il pourra sortir de l'ombre en chef suprême, en *gauleiter* d'Argentine, gravit rapidement les échelons visibles du pouvoir.

Depuis le 4 mai 1944, il est ministre permanent de la Guerre, et depuis le 7 juillet 1944, vice-président de l'Argentine. Il conserve en outre le poste de ministre du Travail et du Bien-Etre. Il sait que sa belle situation occulte est largement compromise. Il ne se cache plus dans son coin, il rafle ce qui s'étale devant lui. Cette boulimie s'accroît avec les jours, et l'espoir des « gouistes » devient de plus en plus fou. Le maître ne donnant plus de ses nouvelles, le maître étant en train de disparaître corps et biens, les fidèles serviteurs n'ont plus d'ordres à attendre et s'installent. Ainsi font Perón, Farrel et leurs coéquipiers en conspiration.

Cependant, leurs yeux se tournent encore du côté de la base secrète des V2. C'est à Peenemunde que bat le cœur secret de la revanche. C'est vers Peenemunde que se tournent les yeux, embrumés du grand rêve, des généraux et des colonels argentins, des Farrel, des Perón et autres « gouistes » en place. Le 3 octobre 1942, une grande fusée avait explosé dans le ciel baltique. La fusée avait laissé derrière elle une sorte d'éclair gelé. Les Suédois s'étaient interrogés sur le phénomène. On ne se doutait pas que cet éclair annonçait une apocalypse scientifique.

Le 6 juin 1944 ce fut le débarquement en Europe et, six jours après seulement, les quatre premières bombes volantes s'envolaient vers Londres.

Evita attend avec une aussi grande anxiété que les gens du G.O.U. Eux, ne doivent pas rater leur destin. Elle, ne doit pas rater le futur chef de l'Argentine et de l'Amérique du Sud. Le voyage au pays de la puissance, Evita ne veut pas le manquer comme celui de Hollywood.

L'Allemagne a beau se défaire sur tous les fronts, Farrel, et derrière lui Perón, installent à Buenos Aires le nazisme. Les hallucinés de Buenos Aires ont décidé de renverser la réalité. Ils font comme si Hitler avait gagné. Et, pour protéger leur galère, ils font appel à la C.G.T.

12

Ces Argentins de la plèbe qui suivent le numéro de haute voltige d'Eva à Radio-Belgrano ne sont pas des Indiens pittoresques, ni des *pongos* qui mâchent de la coca, ce sont des blancs moins misérables que bien des misérables prolétaires d'Amérique latine. Ils ne sont pas des bêtes de somme sur la terre du maître, mais ils possèdent, malgré tout, la mentalité des Indiens, des *pongos*, des serfs, des gens loués. Les gratte-ciel, les cabarets et les somptueuses voitures de la ville sont un paradis dont on dit carrément qu'ils doivent être écartés, par la force des armes s'il le faut. Or Juan Perón et la speakerine prétendent soudain que ce paradis leur est injustement dérobé. Cet ouvrier-là voudrait posséder le prestige de l'ingénieur ou du curé.

Une émancipation qui fasse d'eux des maîtres à leur tour ? Ils se délivrent déjà individuellement par le rêve, la danse, la chanson ; on ne peut leur offrir d'affranchissement plus résolu que celui que promet Evita.

Ce ne sont pas des élections et des lois que désire ce peuple, ce sont des miracles...

Eva Duarte et Juan Perón ne vivent plus que pour les rencontres avec les chefs des syndicats.

La C.G.T. argentine comportait deux branches : l'une à tendance intellectuelle, l'autre à tendance communiste. Cette division aida Perón dans sa manœuvre d'enveloppement. L'un des premiers actes du nouveau gouvernement Farrel fut de dissoudre la C.G.T. numéro deux, à tendance communiste.

Puis la C.G.T. numéro un, qui demeurait en place, protégée par Perón, prit sous sa coupe les nouveaux comme les anciens syndicats. Les syndicats héroïques vinrent s'y noyer : l'*Unión Ferroviaria*, le syndicat des cheminots, et la *Fraternidad*, celui des conducteurs de locomotives.

Perón avait abandonné son milieu naturel : l'armée. Angel Borlenghi, le chef du syndicat des employés de commerce, et Cipriano Reyes, du syndicat des travailleurs des conserveries, ne quittaient plus le couple Duarte-Perón.

On passait de l'heure sociale au colonel camarade et du colonel camarade à l'heure sociale.

Perón offrit des postes gouvernementaux aux leaders ouvriers. Ils commencèrent par décliner ces cadeaux.

Ils ne demandaient pas grand-chose, eux et leurs troupes prolétariennes : un ministère permanent du travail, un système de sécurité sociale à l'échelle de la nation, une assurance contre les accidents du travail, des pensions pour les vieux travailleurs, la liquidation des taudis. Perón leur promettait tout cela pour bientôt et aussi ce qu'ils ne demandaient pas. Les honneurs de la guerre... L'Opéra, un soir par semaine, toutes portes ouvertes...

Juan Perón confondait les désirs de la classe ouvrière avec ceux d'une petite provinciale exacerbée par le passé de servitude de sa mère.

Enfin, les projecteurs éblouissaient Eva Duarte.

Juan Perón vice-président, elle se voyait déjà vice-présidente. Ce fut alors qu'elle entra dans le vif du sujet : le mariage. Pour arrêter court Eva Duarte, sans la perdre, Perón se déroba en parlant mystérieusement de tactique. Epouser Evita alors qu'il était vice-président ? Non, disait-il, il fallait attendre qu'il fût président. C'était compromettre ses chances de le devenir que de précipiter le mariage. Evita s'inclina tout de suite devant cet argument. Il ne s'agissait que d'attendre un peu.

Et, pour meubler cette attente, voilà qu'on lui offrait enfin sur un plateau, sans qu'elle eût rien demandé, le rêve radieux qui l'avait fait courir adolescente vers la capitale...

Elle reçut en même temps deux propositions de contrats cinématographiques que Perón lui conseilla vivement d'accepter, pensant ainsi en son for intérieur écarter Evita de la politique, la rejeter dans son bain théâtral où elle s'enliserait sans doute à jamais...

Les deux propositions venaient, l'une de la Compagnie El Tigre, l'autre de la Société sud-américaine de films. On donnait à l'occulte vice-présidente le seul rôle à sa mesure désormais : celui de la vedette...

13

Brusquement, Eva se retrouve sur le chemin de ses débuts. Elle abandonne les ouvriers, néglige Perón, fuit le portier Espejo et ne pense plus qu'au cinéma. Son vieux rêve se déchaîne en elle.

Le premier film, *la Cavalcade du cirque,* raconte l'aventure d'une fille de cirque. Elle fait un beau mariage. Parmi les spectateurs, il y avait un noble, épris de piquante jeunesse. La fille de cirque trahit alors le chapiteau. Elle l'abandonne à la grande tristesse du personnel humain et animal. Mais la fille de cirque ne peut tout à fait se résigner à fuir le clown qui, désormais, pleure en sautant à travers des cerceaux crevés. Déçue par la cage dorée du mariage, dégoûtée des Cadillac et des palaces, elle revient à la roulotte des gens libres.

Dans ce film à grand spectacle tourné par Mario

Soffici, spécialiste de films de salon, on découvre Evita en tutu. Ses cheveux blonds bien tirés sur son crâne sont devenus mousseux. Son regard paraît naïf, comme si elle était magiquement redevenue la petite fille de Junín explorant le pays des merveilles. Le cinéma la dépouille de tout le fatras de sa vraie vie de 1945, de sa froide nature de femme aux portes du pouvoir. Elle redevient à l'écran la vieillotte fillette, gauche et triste, qui ne sublime pas le mariage avec un vaniteux à cheval comme les autres fillettes de la pampa.

Du reste, peu importe. Ce qui compte pour la production, c'est qu'on a mis la main sur une star politique. On espère monnayer la curiosité publique que suscite « la colonelle », comme on la nomme déjà partout. Il s'agit de vendre la pellicule où Eva apparaît et, pour cela, il n'est pas nécessaire de faire d'elle une actrice. Le sujet du film n'est qu'un prétexte. Il s'agit d'exhiber Eva Duarte, de Radio-Belgrano et amie de Perón : Eva en maillot de bain, Eva riant, Eva pleurant, Eva chez les riches, Eva chez les pauvres, Eva et son grand cœur, Eva revenant à l'humble effigie du peuple.

La notoriété d'Evita lui tient lieu de talent. On s'est emparé d'elle à Buenos Aires en 1945, comme on s'était adjugé à Hollywood, des années auparavant, les phénoménaux bébés Dionne, pour exploiter, dans le premier mélodrame, leur exorbitante notoriété.

A peine Eva a-t-elle terminé le rêve rose que constitue pour elle *la Cavalcade du cirque,* qu'elle commence à tourner aux studios San Miguel, toujours sous la direction de Soffici, *la Pródiga,* histoire d'une jeune femme qui gaspille sa beauté et sa richesse dans des aventures généralement mondaines et canailles.

Mario Soffici traite Eva Duarte comme une star. Elle a enfin un fauteuil avec son nom en grosses lettres. C'est pour ce truisme que s'est tuée sa camarade de chambre, Amparo. Eva Duarte arrive au studio

San Miguel dans la Rolls du vice-président d'Argentine. Tout est ordonné en fonction de son apparition.

C'est à peine si le metteur en scène se permet une réflexion sur son jeu.

Il lui donne parfois une indication avec des égards de majordome. A chaque séquence tournée, il se frotte ostensiblement les mains. Il vient féliciter Eva. Il attend le moment où le colonel, un soir sur deux, apparaîtra aux portes du studio pour raccompagner Eva.

Alors les producteurs sont là pour l'accueil. Acteurs et techniciens sont au garde-à-vous devant le pimpant visiteur.

Enfin, Evita a tourné dans le rôle de la vedette. Le monde autour d'elle s'agite et remue, tremble et se secoue d'angoisse, mais elle garde le sourire immuable et embaumé de la réussite cinématographique. Elle a conquis cette douceur que tous exigeaient d'elle lorsqu'elle se rebiffait à Hollywood. Quand on projette une copie des deux films, personne n'ose avouer que cette nouvelle vedette ressemble à une marionnette grandeur nature, qui vous donne le frisson par le vide de son regard.

Où est la sainte fureur d'Evita, où sont ses imprécations, sa gesticulation ? Devenue enfin star, elle n'est plus que chimère en conserve, un hippocampe drogué, une bizarrerie de la nature. Ni femme ni vedette, elle remue lugubrement son panache. Elle fait semblant de danser, elle simule le rire ou la fâcherie, mais elle ne cesse de regarder en coin la caméra qui lui brouille les idées et lui barbouille le cœur avec son ronronnement de cauchemar industriel. Son rêve d'être star n'est plus qu'un misérable fœtus gonflé, qui a pris des proportions insanes. Ce mirage, il ne reste plus qu'à le tuer.

Les producteurs le savent déjà, avant elle. On offre une copie de *la Pródiga* à Perón et l'on détruit les négatifs des deux films. C'est Evita elle-même qui l'a demandé. Elle ne peut pas concurrencer les vedettes de Hollywood – Greer Garson, Marlene, Dolores del Rio – sur la toile. Alors, elle va les dépasser dans un autre domaine. On ne la verra plus à l'écran que dans les actualités.

TROISIÈME PARTIE

L'HOMME DE MARTÍN GARCÍA

1

C'est la capitale qu'il faut à Eva Duarte.

Et cette capitale vaut bien un autodafé. Elle fera brûler deux films, deux mauvais films où on l'a obligée à s'égarer.

Etre vedette argentine de cinéma en 1945, au moment où la guerre s'achève dans le monde, où l'on parle de tout, sauf de cinéma, c'est une dérision ! Les clameurs de l'actualité effacent tout laurier d'ordre théâtral, fût-il en Technicolor.

Elle a quitté les studios San Miguel avec dans l'âme une haine renouvelée. Le cinéma l'a trahie, comme les riches l'ont trahie, comme elle a été trahie par sa naissance.

Eva Duarte n'a pas trouvé, au studio San Miguel, un rôle à sa taille. Ce n'est pas à elle pourtant que l'on réussira à faire abandonner sa folie de cinéma. C'est l'Argentine plutôt qui deviendra la proie de l'illusion d'Eva Duarte. Elle va transformer ce pays en une nappe d'eau vive destinée à battre ses genoux, à rafraîchir ses petits pieds.

Ce pays tout entier doit devenir un studio de prises de vues où l'on ne s'affaire que pour elle. Elle ne peut accepter que le premier rôle féminin, non pas celui d'une petite séductrice de tréteaux ou de bars à la mode, mais celui de la séductrice du peuple, de l'enchanteresse des pauvres âmes, de la vraie petite fiancée du monde des humbles.

Le cinéma est dépassé.

Evita retourne dare-dare à Juan Perón.

Il faut le modeler en hâte, lui ôter toute envie de s'abandonner au repos, à la fatalité, à la facilité, à l'obéissance, qui sont dans sa belle vocation de premier de la classe. Ce goût pour l'obéissance, il faut le faire tourner au profit d'Evita.

*

Les Alliés ont gagné la guerre. Plus de fonds secrets à espérer des puissances de l'Axe. Aucune aide à attendre non plus de ceux qui viennent de remporter la victoire et que l'on a sans cesse bafoués. Au mois d'août, quand la bombe d'Hiroshima éclate, les étudiants de Buenos Aires s'agitent.

Personne ne veut plus de la vieille musique enrouée des Farrel et des Perón. Partout la dictature s'écroule, face contre terre, n'ayant plus à offrir à ses légions que le rictus harassé de la mort violente.

Perón et Farrel s'efforcent encore de croire qu'ils peuvent asseoir leur avenir sur cette monstrueuse faillite. Le 16 août 1945, le président Farrel proclame l'état de siège, cet état de siège qui permet de remplir les prisons, de brûler les journaux, de fusiller sans procès.

De remettre la sorcellerie du pouvoir sur pied.

La clique allemande qui défilait dans les capitales occupées semble sortir des tombeaux pour se faire entendre dans Buenos Aires ; des hommes casqués frappent en cadence sur des tambours ronds et plats. Les bras et les jambes avancent par saccades. Ce roulement de tambour disperse des sons gelés qui ne semblent s'adresser qu'aux murailles. Elle annonce une conquête par la peur, cette musique des S.S.

Tous les partis, depuis les radicaux jusqu'aux communistes, décident d'établir alors un front commun contre la dictature du G.O.U. Le système mis en place en Argentine par Hitler doit s'écrouler, maintenant que le Führer lui-même gît sous les ruines de Berlin et de son bunker.

Le 19 septembre, à travers les rues de Buenos Aires, plus d'un million et demi d'hommes et de femmes déferlent en exigeant à grands cris la Constitution et la liberté. Le gouvernement Farrel est effrayé. Les militaires se tournent vers Perón et le somment d'agir. Il fut leur chef. L'armée ne veut pas remiser son auréole réduite à l'état de nébuleuse. Une couronne en pâte à modeler.

Perón, bousculé, exhorté, menacé, se résout à fermer les universités. Il commence par ce tour de clé pour boucler la machine à penser, à comprendre.

Les étudiants se dispersent dans les rues sous les charges de la police. Ils réclament la liberté à tue-tête comme ces bœufs qui mugissent plus fort aux portes mêmes des abattoirs.

Dans la rue, meetings et processions sont chargés par la police à cheval, par les chars blindés de l'armée. Le G.O.U. montre les dents. L'armée ouvre le feu sur la foule.

Pendant que Perón, entouré de forces de police considérables, aboie en public des slogans nazis sortis enfin en pagaille de leur boîte de velours, Evita le suit, elle est à son côté, serrant dans son sac une grenade.

Elle a retrouvé sa vraie vocation. Entre le rouge à lèvres, le poudrier et le peigne, la grenade. Oui, une grenade, et ce n'est pas un accessoire de cinéma.

Evita joue encore à retardement cette fois ; elle s'efforce d'incarner la crânerie des partisanes. Elle, partisane ?

Oui, d'un homme.

Non par amour, mais par esprit de conquête.

Et la grenade, Evita la transporte pour défendre moins sa vie que son rôle qui est en danger, que l'on veut lui arracher. Ce rôle pour lequel son cœur a si longuement saigné et dont on lui a toujours offert le piteux, le meurtrier ersatz...

2

Tout se passait en Argentine comme si les Allemands avaient pris Londres, New York, Moscou. Le déchaînement des « gouistes » devenait impitoyable parce que leur rêve était cassé. Perón tenait à son poste de *gauleiter,* lui et le G.O.U., non plus portés en avant par la victoire allemande, mais par le dépit que leur inspirait cette défaite qu'ils n'avaient jamais envisagée et qu'ils ne pouvaient admettre. Perón ne tenait à rien de moins qu'à s'installer dans la plus haute place – et, si le nom de Führer argentin était dévalué, il restait la présidence de l'Argentine. Mais, dans le raidissement provoqué en lui par la retraite hitlérienne, il avait commis l'erreur de s'emparer du poste de vice-président. Il avait fallu alors parer au plus pressé pour colmater les premières brèches dans le système du G.O.U. L'article 77 de la Constitution argentine interdisait au vice-président de poser sa candidature au poste suprême.

Les prisons de Buenos Aires grouillaient. La police torturait. Les rues se réveillaient sous la coupe du G.O.U. L'opinion internationale ignorait le « sursaut microbien » de Buenos Aires. L'Europe en effet se recueillait devant ses propres ruines, et ceux qui sortaient de la guerre avaient peu de place dans les journaux et peu de sensibilité altruiste pour réagir aux convulsions dictatoriales de l'Argentine.

Evita se serrait contre son colonel. L'armée ne considérait cette femme que comme la petite distraction de Juan Perón. Du fait même qu'il ne l'avait pas épousée, les chefs militaires pensaient ne pas devoir en tenir compte. Pour eux, Evita Duarte paraissait non pas une personnalité, mais une passade qui s'attardait.

Ce fut en ces jours noirs de révolte populaire que le señor Oscar Nicolini, vieil ami de la mère d'Evita, fut nommé par Perón directeur des P.T.T.

Cet homme jouerait ainsi le rôle d'un symbole qui appâterait les foules en faveur de Perón. C'était le petit, le faible qui s'était fait lui-même de toutes pièces et à qui l'on offrait une récompense sans précédent. On pourrait dire aux gens : « Les humbles origines de Nicolini ne l'ont pas empêché d'atteindre, grâce à son travail et à sa sobriété, les plus hauts postes de l'Etat. » Il fallait un grand exemple de cet ordre pour frapper l'esprit populaire en même temps que l'on ouvrait le feu sur la foule. Ceci ferait oublier cela...

Perón possède toujours son pouvoir tricéphale, mais cela ne satisfait plus Evita. Les Allemands ont perdu, il n'y a donc rien à espérer d'eux. Il faut de haute lutte conquérir le pouvoir.

Perón *doit* être président. C'est l'ultimatum d'Evita, et non plus celui du G.O.U.

L'Argentine, malgré ses importantes réserves d'argent, a perdu son prestige dans le monde du fait que, nation isolationniste, elle a attendu jusqu'au dernier jour pour répudier les nazis.

Le G.O.U. cesse d'être le ciment, la force unique au sein de l'armée. Il demeure évidemment une clique nazie dans l'âme, gaucho dans le sang, prête au pire. Mais il y a aussi des officiers qui craignent par-dessus tout le désordre. La présence de Farrel et de Perón à la tête du pays n'a plus aucun sens. Ectoplasme d'Hitler, ils ont été épargnés par le jeu de massacre que ce dernier a déclenché. Il suffirait d'une chiquenaude pour les faire choir dans le panier de son.

Mais Perón, l'homme obéissant, se soumettait maintenant à Evita qui le poussait en avant de toute la force de ses nerfs incurables.

L'impulsion d'Evita, il cherchait à la faire passer pour celle de son idéal prussien ; c'était la seule façon de conserver la face vis-à-vis de lui-même comme vis-à-vis de l'armée. Bousculé, tarabusté, gigotant un peu en coulisse, mais raide en scène, il dévalait comme un acteur timide qui, arrivé devant son public, finit par ruer avec entrain pour cacher à la fois son trac et son manque de conviction.

Il caracola donc, caracola avec une ardeur qui ne venait plus du cœur.

L'armée comprenait mal que le chef courtois du G.O.U. s'accrochât avec tant de hargne – et sans hésiter à faire couler le sang argentin – à sa place injustifiée, que ses prétentions flambassent à ce point au moment même où plus rien ne les soutenait à travers le monde et à travers le pays.

Des officiers qui voulaient éviter le gaspillage inutile des futures chances de l'armée décidèrent d'abattre cette marionnette déréglée.

On décida de tirer prétexte de la nomination d'Oscar Nicolini. Deux jours donc après cette promotion hâtive et provocante à plus d'un titre, le général Eduardo Ávalos appela dans sa résidence de Campo de Mayo le vice-président Perón.

Le colonel Perón se sentit obligé d'obéir, bien qu'Evita l'eût adjuré de ne pas se déplacer.

Dans une grande salle encombrée d'armures, de canapés, de lustres et de bouteilles effilées, Ávalos invita Perón à s'asseoir.

– La garnison que je commande a vu d'un mauvais œil la nomination du señor Nicolini. C'est un ami de cette actrice à laquelle un homme comme vous, colonel, doit tout au plus une galanterie honnête.

Perón paraissait indécis.

– Mais pas plus... Pas plus..., ajouta Ávalos.

Comme Perón ne répondait pas, Ávalos crut bon de prendre un ton paternel :

– Vous dépendez de nous. Nous vous adjurons d'y voir clair...

Cette soudaine faiblesse d'Ávalos réveilla Perón.

– Je suis responsable devant le peuple, mon général, dit-il d'une voix qui sonnait faux.

Le mot historique à tout prix lui tenait lieu d'ossature.

– Hier, vous étiez responsable devant le Führer et ses agents. Aujourd'hui vous êtes un homme libre, dit Ávalos avec des précautions de nourrice.

– Je suis et je reste responsable devant le peuple.

– Vous ne remplacerez pas Hitler devant le peuple.

– Le señor Nicolini est un homme plein de talent... On ne peut lui tenir grief de ses humbles origines.

– Nous ne le connaissons pas.

– Je dois *aussi* obéir au peuple, mon général.

– Eh bien, dit Ávalos en se levant, en ce cas je vous donne exactement deux heures pour renvoyer le señor Nicolini.

Les pieds claquent. Perón s'éloigne, transi, débordé, humilié.

Il est pris dans un dilemme stupide et pourtant infernal. Les ukases d'Evita et les ordres de ses supérieurs hiérarchiques. Il va faire un assaut d'escrime dans l'espoir de se délasser, de retrouver son calme. Pour une fois, son maître d'armes le blesse à la main. Il saigne, trois gouttes de sang. Mais cela suffit. Il a peur, il tremble. Il veut bien céder, mais à qui ? A l'armée ou à Evita ?

– Je dois obéir au peuple, rumine tout bas Juan Perón, récitant son texte sans entrain.

3

Les étudiants, les médecins, les *políticos* et l'armée se retrouvent brusquement unis pour renverser le fantoche qui se durcit. Ils comprennent enfin que la petite speakerine de l'heure sociale, Eva Duarte, pique son homme aux reins, le pousse à l'abîme. Elle amorce une crise d'hystérie chaque fois qu'il hésite, fait demi-tour ; elle terrifie Perón lorsqu'il annonce qu'il faut destituer Nicolini, en attendant mieux.

Mais deux heures après l'ultimatum d'Ávalos, c'est-à-dire à son expiration, Nicolini est toujours là, au poste où il a été nommé.

Eva Duarte, pour vérifier son prestige, court à Radio-Belgrano, entre sur la pointe des pieds dans le bureau du directeur. Mais elle sent que le vent tourne contre elle de plus en plus vite. Yankélewitch présente à Eva un visage de pierre. Plus aucune fantaisie, plus aucune sérénité dans son accueil. Il demande à Evita ce qu'elle désire sans même lui avancer un fauteuil.

Evita demande froidement à Yankélewitch de prêter sa station de radio à la campagne de Juan Perón pour la présidence.

– Je dois ? Au nom de quoi ?

– Au nom du peuple.

– Votre ami tiendra encore vingt-quatre heures, dit Yankélewitch.

– Nous verrons.

– Cela suffit ! Je vous demanderai de ne plus entrer dans ce bureau sans en avoir été priée !

Ce 8 octobre, le bruit court avec de plus en plus d'insistance que Perón a été sacqué du gouvernement et que Farrel, rompant avec toutes les réminiscences du G.O.U., gouvernera désormais en renversant la vapeur, en tenant compte des nouvelles tendances de l'armée.

Yankélewitch appelle dans son bureau Juan Cossío,

le responsable de l'émission théâtrale de Radio-Belgrano.

– Faites-moi le plaisir de supprimer tous les rôles de la señorita Duarte. Son colonel perdra ses trois postes cette nuit même. Demain matin, il sera un véritable sans-chemise. Alors, c'est une occasion à saisir. Nous ferons aussi l'heure sociale sans Eva Duarte...

– C'est une actrice de quinzième ordre, approuve Juan Cossío. Ce n'est pas trop tôt de lui signifier son congé.

Une joyeuse agitation s'empare de Radio-Belgrano à cette nouvelle. Le poste émetteur se croit enfin débarrassé de la petite provinciale au salaire de star. On se frotte les mains. On fait déjà des gorges chaudes de la rage qui déformera les traits d'Evita lorsqu'elle apprendra la nouvelle. Et en effet, le soir même, lorsque du ministère de la Guerre Eva téléphone à Cossío pour savoir si tout a été mis en place pour l'émission du lendemain, si l'équipe théâtrale a été rodée, Cossío lui répond qu'elle ne devra plus se déranger, qu'elle n'appartient plus à Belgrano.

La voix étouffée demande au bout du fil :

– Et ma compagnie théâtrale ?

– Ni vous, ni votre compagnie théâtrale ne sont plus désirées ici ni ce soir, ni demain soir, ni aucun autre soir.

Et il raccroche.

Immédiatement, Eva Duarte téléphone à Borlenghi et à Cipriano Reyes. Son renvoi de Radio-Belgrano est arrivé dans la soirée de l'anniversaire de Perón qu'elle fête avec lui presque joyeusement, comme s'il s'agissait de l'accession au fauteuil de la présidence. Eva convoque les chefs syndicaux, et lorsqu'ils arrivent, elle leur met aussitôt un verre en main.

Pour le public tout autant que pour les patrons de Radio-Belgrano, il semble ce soir-là que c'en est définitivement fini des nombreux postes lucratifs de Juan

Domingo Perón. Mais mille cinq cents leaders locaux des syndicats viennent assurer le couple Duarte-Perón, et cela par les voix de Borlenghi et de Reyes, qu'ils tiennent leurs troupes ouvrières bien en main. Et qu'ils attendent.

Perón a sursauté, non pas devant un espoir, mais devant une nouvelle décision à prendre. C'en est trop. Il n'a jamais été aussi fatigué.

– C'est mon anniversaire, dit-il enfin avec un sourire coulant, pour bien signifier qu'il veut s'offrir légitimement un peu de répit et qu'il faut cesser d'exiger de lui des réponses comminatoires.

Il est là, entouré de visages endurcis par l'ambition, impitoyables.

Perón se relâche comme s'il avait pleuré.

– A sa santé et à la vôtre, dit Evita.

Elle ajoute :

– Perón est votre seule chance. Sans lui, il vous faudra peut-être vingt-cinq ans pour reprendre de l'importance dans ce pays. Il faut profiter de la vie, de toute la vie, aujourd'hui même...

De nouveau, elle dirige son index vers Perón et martèle à l'adresse des deux visiteurs :

– *Vous le sauvez et il vous sauve !*

– Il faudrait tout de même renvoyer Nicolini, suggère Reyes, immobile, sa haute stature confondue avec l'ombre d'un lampadaire mauve.

Evita réplique sans une seconde d'hésitation :

– Nicolini restera à son poste comme la preuve concrète de votre présence à la tête du pays !

Perón délace son col.

– La tête du pays, murmure-t-il dans un faux sourire.

Il observe sa fatigue et ses fanons dans une énorme glace ovale soutenue aux quatre coins par des chérubins dodus et dorés.

– Avez-vous l'intention de lui accorder votre soutien ? demande Evita dans un chuchotement.

– Oui, dit Reyes après une brève réflexion sur l'immensité de ce cadre, son luxe, l'épaisseur des tapis qu'il foule. Oui et oui !

Cependant, Perón hésite à tenir tête au général Ávalos tout autant que ce dernier répugne à se montrer brutal avec le colonel.

Au téléphone, Perón annonce enfin qu'il laissera tomber Nicolini d'un moment à l'autre, et, d'heure en heure, l'ultimatum d'Ávalos s'allonge, se prolonge, se dilue, se meurt à n'en plus finir en creuses politesses. Et pourtant rien ne change à la situation. Nicolini disparaît en coulisse et réapparaît aussitôt, et la radio n'annonce toujours pas qu'il ait été chassé de son poste. Nicolini revient toujours comme un diable que l'on ne saurait empêcher de jaillir mécaniquement de sa boîte. C'est que les bourrades qui font rejaillir ce diable, chaque fois que Perón lui ordonne de décamper à l'amiable, ces bourrades sans rémission, viennent d'Evita.

Le grain de sable dans l'engrenage, c'est Evita qui l'a jeté !

4

Perón, tiraillé entre Evita et Ávalos, cherche à gagner encore un peu de temps. Pour réfléchir, pour céder en souplesse, sans hérisser personne.

Mais la roue tourne. L'hésitant Ávalos, poussé en avant par le groupe des officiers qu'il représente, décide de passer à l'action. Un messager d'Ávalos s'en vient d'abord le 9 octobre demander à Farrel d'abdiquer sur l'heure. Farrel est très ému. Il déclare au messager de sa voix la plus ferme :

– Je quitte tout de suite la Casa Rosada. Tout doit se passer entre gens du monde... Montrons notre calme aux autres nations...

Ávalos aussitôt vient trouver Farrel et lui dit à son tour :

– Je ne veux pas de troubles. Je compte sur vous pour céder la place sans aucune insistance. Sans cela, je démissionne !

– Que voulez-vous ? demande Farrel, une heure après, à un second messager de la Casa de Mayo.

– Perón est un danger pour tous, dit le messager. Il faut que Perón s'en aille et que son amie redevienne une actrice au chômage. Le pays s'en portera mieux !

Le messager d'Ávalos retourne à la Casa de Mayo. Chacun reste en attente de la démission de Farrel, promise une seconde fois.

Mais, devant les mouvements de troupes de la garnison de la Casa de Mayo, Perón devient soudain fébrile et bavard. Il cite des paroles historiques qui montrent la sublimité des grands hommes dans les revers.

Ávalos, patient, revient à la charge :

– Alors ?

Perón, qui sort d'un nouvel accrochage avec Evita, murmure sans conviction les paroles qu'elle vient de lui dicter :

– Mon général, la première et la seconde divisions sont avec moi. Sans compter un bataillon de gardes motorisés et même la troisième division de l'armée stationnée à Paraná. Je ne leur ai pas encore donné l'ordre de marche...

Cette fois Ávalos hurle, exaspéré :

– Partez ! Partez sans plus hésiter un instant !

– C'est bon. Je vais signer.

A ces mots, comme sous la poussée d'une bombe, la porte s'ouvre. Evita surgit. Elle prend le papier, le chiffonne dans son poing.

– C'est bien, dit Ávalos.

Il quitte alors le bureau du ministère du Travail sans un mot.

Perón murmure, sans se fâcher, tourné vers Evita,

les bras ouverts comme pour affirmer l'impossibilité de faire mieux :

– Il ne m'est plus possible de rester ici après votre geste. C'est la mort pour moi. Vous voulez donc que je disparaisse ?

– Vous vous devez au peuple !

– Le peuple ne sait pas se battre. La guerre n'est pas le métier du peuple.

Et il entraîne Evita au pas de course vers la Packard qui attend au bas de l'immeuble. C'est la voiture d'un ami de Perón qui jouit de l'immunité diplomatique. Et c'est vers l'appartement de cet ami que le chauffeur de la Packard conduit Perón et Evita.

– D'ici je discuterai mieux, dit Perón en entrant dans le luxueux appartement.

Et il établit la liaison téléphonique avec son chef de la police, son vieux camarade d'école Velasco. Mais, une heure après son arrivée, ce n'est plus Velasco qui répond au téléphone. Il vient d'être déboulonné et remplacé à la tête de la police par Aristóbulo Mittelbach. Ce dernier, d'ailleurs, à peine nommé, est déjà en route pour se saisir de Juan Perón dans son bel appartement. Perón n'a plus le temps de se sauver. Il s'affaisse, cherchant des yeux un papier à signer, une plume. Il veut signer et s'en aller paisiblement. Ses prédécesseurs, chaque fois qu'il y avait un remous, s'empressaient de signer pour garder la vie sauve.

– Vingt-quatre avions Glenn Martin sont avec vous !

– Vous croyez ? demande Perón.

– Le peuple est avec vous !

Perón sourit lorsque la porte s'ouvre.

Il se lève, écarlate :

– Messieurs, je ne veux pas de sang. Nous ne donnerons pas au monde, après tant de malheurs, l'image d'un pays qui verse le sang pour rien.

Les généraux Von der Becke et Pistarini, plus fermes qu'Ávalos et son représentant, martèlent :

– C'est le moment... Allons !

Ils aperçoivent alors Evita. Elle se tient dans une encoignure, le dos rond.

Les gardes s'avancent vers Perón.

– Je ne veux la mort de personne, dit-il, très sombre.

Et il remet son revolver avec sa gaine de cuir.

Mais cette femme aux bras croisés qui se tient dans un coin de la pièce s'avance, devenue furie. Elle hurle, insulte soldats, généraux, armée, police, le monde entier. Rien n'échappe à sa malédiction.

Elle trépigne, glapit, sans verser une larme.

Non, non et non ! Radio-Belgrano fermée pour Evita, l'Avenida Corrientes interdite, la gloire du chef secret du G.O.U. si absurdement dissoute. Evita ne voit pas Mussolini pendu par les pieds sur une place de Milan et le bunker de Hitler, monceau de cendres. Elle ne voit que la rampe qui s'éteint et la salle vide. Et pas de rôle !...

Les deux généraux se regardent, consternés. Ils n'ont jamais de leur vie fait violence à une femme ailleurs que dans l'alcôve. Ils sont muets devant cette force en délire.

Ils n'osent ni la gifler ni lui passer des menottes. D'ailleurs, ils n'ont pas d'ordre en ce qui la concerne. C'est une femme. Donc, quantité négligeable, repos du guerrier mais non pas guerrière...

Ils entraînent Perón. Ils laissent derrière eux, dans le superbe appartement, la folle hurler, hurler à la mort de ceux qui veulent l'empêcher à jamais de monter sur les planches.

5

Perón, délivré de son angoisse, de cette Evita qui l'acculait à une action-suicide, ahuri de la scène de démence de son « amie », pénètre dans la voiture militaire avec des courbettes.

Le général Ávalos, sans plus attendre, s'est installé à la Casa Rosada et s'est attribué le ministère des Affaires étrangères, de l'Intérieur et de la Guerre. Un de ses collègues, un marin, est devenu ministre de la Marine, des Finances, de la Justice et de l'Education nationale.

Sur la canonnière *Independencia,* le veuf Perón gagne non pas la prison de droit commun – Villa Devoto – qu'il exige mélodramatiquement, mais l'île Martín García, à trente kilomètres au large de Buenos Aires. Perón, heureux comme s'il partait en vacances, se sent désormais simplement consigné et non pas en danger. Il sifflote en contemplant la mer trop bleue. Il n'a pas le destin d'Hitler ou de Mussolini, il n'aura pas leur fin. Il chasse sans effort l'image de ce camion chargé de cadavres qui roule vers Milan en cahotant son ignoble charge de vaincus.

Sur le pont de l'*Independencia,* Perón rêve... Il est d'abord très grave, puis il semble souriant dans cette gravité, souriant du fond du cœur...

Les foules pensaient que tous les militaires se tenaient au coude à coude et le fait qu'Ávalos succédait à Farrel et Perón entretenait la confusion, d'autant plus qu'Ávalos évitait soigneusement de prendre la parole pour expliquer aux gens de quoi il s'agissait. Il eût fallu révéler au peuple trop de trafics où presque tous les chefs militaires s'étaient plus ou moins compromis. Ávalos s'installa donc timidement, presque en franc-tireur, à la Casa Rosada.

Il était moins glorieux que Perón dans sa prison pour hôtes de marque.

La foule rôdait autour de la Casa Rosada. La multitude exaspérée demande un Dieu. N'importe lequel, mais il lui en faut un sur-le-champ. Tous les pays libérés de l'oppression nazie ont leur dieu sous forme de général victorieux : Montgomery, Eisenhower, de Gaulle, Tito. L'Argentine, qui n'a pas fait la guerre, qui n'a versé ni sang ni larmes au service d'une cause, qui n'a connu ni occupation, ni résistance, ni bombardement, qui, pendant les cinq années d'apocalypse mondiale, a fait des affaires plus florissantes que jamais, l'Argentine veut connaître l'exaltation des nations crève-la-faim, effacer une mauvaise conscience collective, élire son mythe, déterrer une effigie redondante, mordre dans une adoration, se fondre dans un sauveur.

Le besoin d'épopée fait hurler les foules dans les rues de Buenos Aires....

Juan Perón redresse la tête. Il fouille dans sa mémoire pour découvrir un geste, un mot, qui exprimeraient son stoïcisme d'homme de guerre. Mais ce foudre de guerre n'est qu'un escrimeur du dimanche. Epris de ses petites jouissances, il ne pense qu'à les conserver.

Il espère être molesté, il espère être affamé. Il ne se heurte qu'à des politesses. Il pense à Hitler qui a épousé Eva Braun dans son bunker, non sans avoir au préalable fait fusiller son frère qui tenait à quitter cette souricière en béton armé. Sa qualité de Führer, avait toujours dit Hitler, lui imposait le célibat. Vaincu, il n'avait plus aucune raison d'hésiter devant le mariage. Les officiers d'état civil avaient été amenés dans l'abri en automobile blindée, sous le miaulement des obus soviétiques. Puis, après le mariage, n'ayant plus sous la main aucun chef à charger d'une mission libératrice, Hitler s'était tiré un coup de revolver pendant qu'Eva s'affaissait sur le divan où elle venait d'absorber du poison. Les cadavres avaient été arrosés d'essence et brûlés.

Tout cela s'est déroulé loin, de l'autre côté du monde. Aussi Juan Perón, dans la chambre-cellule de la forteresse Martín García, palpe son lit, son matelas, sa couverture. Tout cela, soyeux et agréable. Des soldats gardent la porte, empressés comme des ordonnances.

Le matin il retrouve son uniforme brossé, ses souliers cirés. Pas question d'évasion ! Martín García, pour Perón, c'est déjà une évasion. Il demande qu'on remette à Ávalos une lettre confidentielle :

Mon général, je vous demande le droit de quitter cette prison et d'aller rejoindre mon frère. Je serai plus utile au pays dans une ferme que dans une prison. Je peux encore servir mon pays au stade de l'humble travail des mains, du pur sacerdoce agreste...

Pas de réponse à ce poulet.

Il voudrait regagner l'estime de ses chefs. Il souhaite qu'Evita se résigne à retrouver du travail dans l'Avenida Corrientes et il espère qu'elle ne fomentera rien avec Borlenghi et Reyes, les chefs syndicalistes. Il est dégoûté de tous et surtout des ouvriers qu'il a dû, tellement à contrecœur, serrer contre lui. Juan Perón désire la paix. Il ne veut pas crever pour remplir le dessein d'Evita, pour prendre l'allure d'un homme fort à ses seuls yeux. Evita, seule désormais, constitue pour lui une menace.

Il risque, à cause d'elle, de se brouiller à jamais avec son armée. Elle va le transformer en bouc émissaire, alors que lui, Juan Perón, ne demande qu'à suivre l'histoire avec des pirouettes de danseur mondain, qu'à passer bravement aux nouveaux maîtres.

Mais, au même moment, dans le bas quartier de la Boca Gorda, Eva Duarte, dans une arrière-salle, harangue ses troupes...

6

Le 10 octobre, les acacias de Buenos Aires sont recroquevillés ; ils bourgeonnent le 17, et le 24, c'est une explosion de verdure.

De l'hiver on a passé à l'été, sans transition. Avec la même rapidité, Evita doit passer de l'hiver à l'été en cette première quinzaine d'octobre.

Eva Duarte ne veut plus connaître les files stationnant devant des grilles, comme elle les a vues à Hollywood. Rester quinze jours durant déguisée en reine et redevenir une pauvresse à la sortie ! Personne ne regarde les folles de cinéma. Elles deviennent tout juste bonnes à alimenter les magasins en vendeuses maniérées et les boîtes sordides en filles de plaisir. Ou bien à jamais figurantes de publicité, elles se laisseront mouiller par de fausses pluies pour la gloire d'un imperméable, n'auront plus le droit de sourire que pour vanter un dentifrice. Elles ne seront plus que des apparitions d'entracte au moment où les fauteuils claquent et les dos se tournent en masse.

Evita est animée par cette panique lorsqu'elle interpelle Reyes dans un café. Reyes hoche la tête, très calme, et dit :

– Avons-nous besoin de Perón ?

– Avez-vous quelqu'un d'autre ?

– Perón est perdu aux yeux de l'armée et aux yeux du peuple. Pourquoi le ressusciter ?

– Il est plus facile de ressusciter Perón que de créer un nouveau chef, d'en attendre un nouveau dont vous soyez absolument sûr comme vous pouvez l'être de lui. C'est Eva Duarte qui garantit Perón. Je le tuerai de ma main s'il s'écarte du peuple !

Et, peu après, Evita lance :

– Vous ne pouvez pas aller seuls au pouvoir !

– Est-ce que Perón nous mène au pouvoir ?

– Je serai près de lui pour lui faire tenir parole.

– Ce sera la première fois que nous ferons grève pour tirer un colonel du mauvais pas où il s'est mis tout seul...

– Reyes ! Perón est votre seule chance. Il faut agir à présent.

Evita court à la rencontre de tout ce qui est syndicat, se démène, tire le monde à elle par la passion, l'intérêt, le sourire. Elle flamboie, menace, pourfend. Ils sont tous saisis à la gorge par cette furie. Ces syndicalistes qui adorent la discussion, il leur est impossible de discuter avec elle. *Il faut la suivre !*

Si les chefs syndicaux font un signe d'impatience, ou manifestent un doute, Evita menace de soulever la troupe ouvrière par-dessus leurs têtes. Et, en effet, les rues et les cafés de la Boca Gorda grouillent de groupes qui se forment pour l'entendre, l'approuver.

Elle sort échevelée d'un café pour entrer dans un autre, recommençant, ravivant l'indignation facile de ces gens ; elle fait le tour des quartiers de la misère, de ceux où, pour un rien, on est dans la rue, où l'on prend le parti d'un oiseau blessé ou d'un enfant qui pleure. Evita, pour finir, a secoué sa chevelure blonde au visage des géants de Berisso. De leurs mains sanglantes, ils ont serré la petite main nerveuse, froide.

Ils sont d'accord.

Et, quand Cipriano Reyes vient s'enquérir de l'état d'esprit de ses troupes, il sent qu'il risque d'être débordé s'il ne les suit pas.

Le 17 octobre, de bon matin, les travailleurs des conserveries de viande, les hommes forts de Berisso, marchent sur Buenos Aires. Ils suent la peine quotidienne par tous les pores ; à leur peau collent les tabliers rouges. Ils arrivent à pied, par camions, par trains.

Des faubourgs où ronronnent les frigorifiques, une foule noire s'échappe.

Les meneurs musclés, les écorcheurs couverts de sang, marchent en poussant des cris. Ils échappent pour une heure aux normes harassantes. Ils échappent aux mouches et à la poussière de charbon. Il leur semble qu'ils n'attendent plus sur leur grabat le prochain tirage d'une loterie, mais qu'ils piétinent plus fort la terre pour réclamer plus souverainement cette chance, ce bon numéro qui ne vient pas. Ils ne sortent pas dans la rue pour faire de la politique, mais pour déclencher un miracle, par leur nombre et leurs cris.

Ils occupent la ville. L'armée divisée les regarde, sans comprendre, sans savoir quand et sur qui tirer.

De bonne heure, au matin du 17 octobre, Cipriano Reyes a persuadé les employeurs qu'il serait bon d'accorder aux travailleurs leur après-midi libre. Beaucoup d'employeurs avaient mécontenté les ouvriers en refusant de leur accorder un jour de congé payé le 12 octobre, date que Perón avait proclamé jour de la race et fête nationale sud-américaine.

Aussi ce 17 octobre, les employeurs, quelque peu effrayés par le mouvement qui s'annonçait, n'avaient plus hésité à accorder la demi-journée libre, comme si cette libéralité de la dernière heure pouvait les protéger du désordre qui ne cessait de devenir plus menaçant.

Une foule excitée traverse le pont Riacuelo. Elle commence sa démonstration de force devant l'hôpital central militaire. La rumeur publique affirme que Perón doit y arriver.

Evita a poussé en avant les chefs syndicaux avec une énergie, un entêtement démoniaques. Elle a fini par leur communiquer sa rage. Les chefs syndicaux ont prévu le parcours de la foule, ont obtenu des conducteurs de bus, des cheminots et des chauffeurs de taxi qu'ils amènent gratuitement le peuple des faubourgs à cette place. On l'y déverse sans arrêt. Il y a devant l'hôpital plusieurs milliers de manifestants.

La foule s'exalte de plus en plus, sans que l'on puisse prévoir comment cette exaltation va se résoudre. La foule de Buenos Aires est animée par une faim phénoménale de grandeur. Elle n'a pas eu son Stalingrad, ni son Bataan, ni son El-Alamein, ni son débarquement. Elle veut s'en dédommager en réclamant Perón !...

7

L'ambassadeur du Brésil, Lazardo, tend la main à Eva Duarte dans la foule qu'il vient de traverser. Il l'a vue dans un cocktail et rien de plus. Et c'est comme un signal. Un ambassadeur, sans que l'on sache pourquoi, a serré la main d'une fille du peuple, future reine sans doute. Le geste de l'ambassadeur brésilien est aussitôt interprété comme un signe du ciel.

Les troupes en armes sont partout surprises, partout bousculées. Elles esquissent un mouvement pour encercler la foule, puis refluent, débordées. Les soldats ne savent pas pourquoi ils ont été jetés par paquets dans la rue. Ils finissent par piétiner le pavé comme les autres. De gardiens de l'ordre, ils deviennent spectateurs du désordre. La foule englue les militaires. Pour tirer sur les « petits amis » du couple Duarte-Perón, les militaires devraient d'abord disloquer cette foule, s'en débarrasser en la morcelant, écarter d'eux ce vêtement de chair humaine, cette pieuvre géante qui les compresse et les secoue.

Les sans-chemises entendent, reconnaissent la voix qui leur parle. C'est Evita qui les a si longtemps bénis à la radio. Ils marchent enfin. Ils sont sortis de la fumée et des pleurs de l'heure sociale. La populace doit à Evita son prestige poétique. Son aide volubile a fait frémir la masse hétérogène. Aujourd'hui, la speakerine et ses enfants turbulents et encensés se rencontrent enfin pour un pique-nique cascadeur, quasiment amoureux.

Evita dévide des chapelets de promesses outrecuidantes. Elle promet aux pauvres un meilleur sort, même s'il doit leur être acquis à coups de canon. La renarde les domine. Elle leur fait dresser la tête et l'oreille. C'est à elle qu'ils doivent confiance, obéissance.

La stratégie d'Evita est là, en train de naître. En plein creuset, en pleine pâte. Pour un oui ou pour un non, elle fera marcher ses troupes. Elle n'aura jamais d'autre tactique, d'autre force que celle qu'elle éprouve aujourd'hui. A ces mains tendues, ces mains couturées, elle n'accrochera jamais d'autres fleurs que des pancartes qui proclament sa gloire. Evita a expliqué aux sans-chemises que, s'ils gagnent la bataille du 17 octobre, ils ne pourront plus jamais être détrônés.

Sans-chemise : mot-clé. Leitmotiv qui bande l'énergie, souffle l'héroïsme. Les sans-chemises vont fabriquer farouchement non leur destin, mais celui d'une femme, en échange de quelques menues récompenses.

Furieuse et enflammée, Evita leur demande d'exiger immédiatement la libération de leur seul ami, Juan Perón.

Cinquante mille travailleurs sont massés sur la place du palais gouvernemental. Les bouchers, face à une armée sans cohésion qui attend de comprendre, réclament leur chef : Perón. Ils lancent des pierres sur la Casa del Gobierno, la Maison Rose.

« Arriba, Perón ! Arriba, Perón ! » hurlent mille bouches, et les pierres pleuvent.

L'agitation devient si impressionnante que le cabinet, épouvanté, pensant que cette foule jamais vue n'hésitera pas devant le lynchage, décide que seul l'exilé de Martín García pourra rétablir le calme.

Ávalos gigote au balcon de la Casa Rosada, à côté de Farrel que l'on a maintenu provisoirement comme Président. Ávalos se décide enfin à crier à la foule :

« Je ne suis pas le chef ! Je ne suis que l'exécutant des forces de l'armée !... » De telles paroles constituent une erreur psychologique en un pareil moment. La foule veut un chef, une idole, et non pas un vague cuisinier en uniforme qui se retire immédiatement derrière ceux qui l'ont engagé.

De sa prison, Perón, ex-ministre de la Guerre, avait écrit au nouveau ministre de la Guerre, le général Ávalos, une lettre candide. Il lui annonçait qu'il était à Martín García, lui, le colonel Perón. Il demandait à être accusé de quelque chose ; il suppliait qu'on lui imputât un crime précis. Sinon, qu'on le relâchât. C'était la logique même. Il affirmait aussi souffrir d'une grave pleurésie. Il demandait son admission à l'hôpital de Buenos Aires. Pas de réponse. Mais le président Farrel lui avait expédié un médecin militaire, puis deux spécialistes civils. Son successeur Ávalos ayant affirmé à la radio que Perón n'était pas arrêté, ce dernier lui avait envoyé aussitôt un télégramme tout sec :

A Martín García, je me trouve continuellement sous l'œil et les armes de deux gardiens...

Le 17 octobre, à trois heures et demie du matin, Perón, sur ordre de Farrel, avait été transféré à l'hôpital central militaire.

Perón est donc arraché à son hôpital et respectueusement traîné jusqu'au balcon de la Casa Rosada, entre Farrel et Ávalos qui saluent, saluent, saluent, comme au dernier tableau d'une opérette. Perón lui aussi fait des grâces de marquis. Il salue la foule.

– J'ai quitté mon lit de malade pour vous rassurer, dit-il.

Evita est dans cette foule.

Ils ne se voient pas.

Mais ils dialoguent à travers le mur compact de cette foule, récitants aveugles du même compliment au petit peuple.

– Perón ! Perón ! Liberté à Perón ! clame la foule.

Perón s'incline bien bas au balcon de la Maison Rose. Farrel croit bon de s'approcher de Perón et de l'embrasser devant la foule. C'est alors une véritable scène d'hystérie populaire. Ce baiser à Perón, cette galanterie entre cannibales, c'est comme un message d'amour au peuple.

Le colonel Perón se tourne vers la foule et murmure dans un micro :

– Je voudrais vous presser tous sur mon cœur comme si vous étiez ma mère.

Les militaires et la police sont là. A force d'être débordés, tenus à l'écart de la liesse, ils finissent par se fâcher et par joindre leurs vivats à ceux de la foule qu'ils n'ont pas osé matraquer. L'armée du travail absorbe l'armée en uniforme, lui dérobe sa gloriole.

Il est onze heures du matin.

– D'où venez-vous ? hurle la foule.

Et Perón murmure encore au micro :

– Je dois l'oublier...

La foule délire devant un homme à ce point imprégné de beauté antique. Les travailleurs chéris du colonel décident alors de danser dans la rue. La Plaza de Mayo n'est plus qu'un glapissement de joie. Les *descamisados* dansent comme des gauchos autour d'une rôtissoire. Ils sont fiers comme s'ils venaient d'accoucher d'Alexandre le Grand. Un homme, le Bing Crosby argentin, Pedro Cartucci, est porté en triomphe. Il est hissé sur le balcon de la Casa Rosada. Les généraux lui demandent alors, repris par le rêve fou, de chanter leur chanson, le *Horst Wessel lied* du G.O.U. Mais Pedro Cartucci, qui a parfaitement entendu cette demande, fait déferler sur la foule le chant révolutionnaire, *la Cucaracha*.

Trois mois après, Cartucci, pour échapper à la police de Perón, dut s'enfuir en Uruguay déguisé en vieille maman indienne.

8

L'armée ne sert à rien en Amérique latine. Les frontières sont démesurées. Leur garde exigerait des millions de soldats. Tous les différends frontaliers sont d'ailleurs résolus par des tribunaux internationaux, sous la tutelle bienveillante des Etats-Unis qui ne veulent sous aucun prétexte d'une guerre sur le continent frère siamois. L'armée, en Amérique du Sud, pourrait donc se contenter de faire la garde autour de la Constitution. Mais c'est cette armée qui, au contraire, fait trembler la Constitution, veut la mettre à bas, piétiner l'opinion publique, bref manifester son existence autrement que par des jeux de boutons d'uniforme. L'armée, en Amérique latine, est une immense force parasitaire, qui étouffe sous sa quiétude et qui se cherche une raison d'être.

Elle finit par servir d'appui aux dictateurs, parce que ces derniers savent répandre l'or sur les officiers.

Les généraux souriaient sur le balcon de la Casa Rosada. Ils étaient convaincus que le succès de Perón était leur succès, que le G.O.U. venait de ressusciter, que Hitler avait bien débarqué en Argentine par une nuit sans lune, non pas sous forme de cadavre itinérant, de fantôme d'exportation, mais bien sous les espèces d'un triomphateur qui tenait ses promesses.

Avant sa rencontre avec Perón, par le truchement de l'heure sociale de Radio-Belgrano, Evita Duarte a vainement agité son hochet « amour du peuple » afin de s'acoquiner avec des députés socialistes, mais ces gens-là la prenaient pour une petite intrigante et une fille légère qui, n'ayant pas réussi à imposer ses charmes dans le monde du cinéma et du théâtre, essayait de s'imposer dans le monde politique.

Les députés qu'elle avait rencontrés sous l'étendard « amour du peuple » avaient vu en Evita un messager sexuel alors que son ambition était asexuée. Elle ne pouvait conquérir qu'un homme qui, en tant qu'homme, comme elle en tant que femme, méprisât toute sexualité.

L'homme, pour elle, n'était qu'un figurant auquel elle ne permettait pas de s'arracher à sa figuration. C'est pour cela que les hommes épris de femmes finissaient par éprouver à son endroit une haine féroce. L'homme, pour Evita, ne pouvait devenir ni un associé ni un compagnon d'existence. Il restait à jamais un subordonné, un enfant.

C'est à ce subordonné, tellement à l'abri de la magie du beau sexe, à ce colonel triomphant grâce à elle et à sa folie, qu'Evita Perón dicte, le 17 octobre au soir, sa volonté de femme sans amour :

– *Maintenant, il ne te reste plus aucune raison de ne pas m'épouser...*

Après la courte et brûlante euphorie qu'il connut au balcon de la Casa Rosada, Juan Perón retomba entre les mains d'Evita.

Ses supérieurs l'avaient applaudi en public comme pour désamorcer cette machine infernale que constituait la foule glapissante.

Perón, sous l'emprise d'Evita, fut triste, angoissé, affolé.

Eva Duarte exigeait le mariage comme le paiement immédiat d'une vieille dette dont le remboursement n'avait que trop tardé.

Perón, pour se réserver une échappatoire, se montra morose.

Ceux qui le rencontrèrent pendant ces quatre journées de l'infernale décision, le trouvèrent accablé, comme s'il était de nouveau emprisonné.

Il lutta désespérément pendant ces quatre jours comme un homme qui se noie, puis il céda à la fatigue, s'abandonna à la clameur. Il réussit seulement à convaincre Evita de garder le mariage civil secret quelque temps. Pour frapper l'imagination du public, il promit à Evita que le mariage religieux aurait lieu au grand jour, en décembre. Les cloches de Noël sonneraient pour eux. Ils bénéficieraient de ce fond sonore.

Et ce 21 octobre, jour fatidique, il éprouva une sorte de soulagement en se disant que le mariage aurait tout de même cet avantage qu'il l'empêcherait désormais de ronger son frein. Il s'y rendit, compassé.

La froide et dure Evita passa comme une ombre dans cette cérémonie camouflée, insonorisée et pourtant capitale. Ni sensualité ni séduction d'aucune sorte.

Cette scène de mariage, elle la joue aussi mal, aussi crispée que si elle se déroulait sous l'œil de la caméra. C'est un mariage lunaire, mystique. Perón est là comme un mannequin. Evita vient de s'unir à un dieu : la Foule.

9

Evita pénètre dans le bureau de Haïm Yankélewitch, à Radio-Belgrano. Elle tire de son sac un certificat de mariage vieux de quatre jours qui la lie au colonel Juan Domingo Perón, et le brandit sous le nez du patron.

Après la démonstration de masse et l'accolade accordée à Perón par le président Farrel sur le balcon de la Casa Rosada, il était temps pour Radio-Belgrano de récupérer la belle Evita. Mais son retour triomphal à cette place dont elle a été chassée, et les sourires convaincus de ses patrons ne constituent pas pour la fillette de Junín une revanche suffisante.

Elle dit :

– Je veux être payée pour les dix jours pendant lesquels j'ai été absente d'ici...

Pétrifié par l'euphémisme, Yankélewitch non seulement accorde cette indemnité, mais encore propose à Evita une grosse augmentation.

Les syndicats sont le rempart d'Evita, parce qu'ils attendent désormais d'elle une justification à leur attitude insensée. Bramuglia a adopté la fantaisie d'Eva Duarte. Et aussi Cipriano Reyes. Ils attendent impatiemment les premières mesures qui justifieront l'appui qu'ils ont fourni à un militaire.

Un jour de congé refusé par les employeurs aux ouvriers avait plus fait pour souder les manifestants, le 17 octobre, que tous les clairons que l'on eût pu faire sonner en faveur de la libération des opprimés. Ce jour de congé se nommait, dérision, *jour de la race*, et cela après le dernier soubresaut de l'Allemagne. Ce jour de congé récupéré, rattrapé au vol par la classe ouvrière, avait été un atout capital au bénéfice de Juan Perón.

Perón, le fétiche des navrés, le rédempteur des prolétaires, récite en cette fin d'année 1945 ce qu'Evita a improvisé dans le feu et la flamme. Lui, il voulait sa tranquillité. Il se savait fini, hors jeu. Mort avec Hitler et Mussolini. Mais Evita vient de ressusciter le faux condottiere du G.O.U. ; c'est elle qui vient de naître avec le succès de Perón.

Lui, il affiche encore le sourire ambigu de l'homme à qui l'on remet la couronne au moment où le couperet va tomber sur sa tête. Il sourit, sourit largement, un peu atone. Evita, elle, n'a pas encore trouvé le repos.

Il lui faut le mariage religieux – le vrai mariage puisqu'il sera annonciateur de la bonne nouvelle –, l'installation dans la gloire. Juan Domingo est secoué sur ce fil électrique qu'est Eva Duarte.

Elle ne l'aime ni ne l'admire, elle le pousse devant elle, c'est son masque pour le grand carnaval rouge.

Maintenant il faut absolument que Perón retrouve son bel uniforme. Il doit réendosser sa chasuble de Führer, non plus de l'idéologie nazie, mais de l'idéologie ouvrière. Qu'importe le flacon pourvu qu'on ait l'ivresse ! Plus de dieu des guerriers, mais le dieu des ouvriers... Cela sonne encore mieux, plus chaudement...

Le G.O.U. est mort. Vive la C.G.T. ! Le pouvoir, après tout, vaut bien quelques salamalecs devant trois initiales, quelles qu'elles soient... Un acronyme qui annonce la naissance d'un empire.

*

Très tôt dans la matinée du 9 décembre 1945, trois voitures fermées s'arrêtent prudemment devant le building qui jouxte l'ambassade soviétique. C'est, calle Posadas, l'immeuble où la señorita Duarte possède l'appartement A et dont le voisin est le colonel.

Six hommes vêtus de sombre dans les trois voitures. On croirait un convoi funèbre. Deux sortent de la propre Packard de Perón et montent à l'appartement. Perón apparaît peu après, tenant le bras d'Evita. Pour une fois, cette Evita qui avait déjà une belle réputation de coquetterie et qui possédait enfin les moyens d'arborer une tenue ultra-chic, pour une fois, elle est négligée. Elle paraît un peu sombre, et brusquement hagarde.

Les hommes vêtus de noir tiennent une conférence rapide. Les deux Perón entrent dans la Packard. Et les deux hommes qui sont montés à l'appartement pour les quérir suivent dans les deux autres voitures, avec leurs compagnons.

Un chauffeur en livrée conduit la voiture du couple. Le convoi se dirige vers La Plata, capitale de la province de Buenos Aires. Le mariage doit être célébré à Magdalena, vieille église de type espagnol. Ils sont attendus devant l'église par une nuée de cameramen et de journalistes. Evita sourit enfin. La mère d'Evita n'est pas là. Elle est trop grosse, pas assez représentative. Personne de la famille, si ce n'est le frère Juan auquel Evita a offert un beau costume de bellâtre triomphant. Son frère est son seul témoin. Elle n'a pas voulu de ses sœurs. Elle se venge d'elles par l'oubli.

C'est là que les journalistes apprennent que la cérémonie civile a eu lieu quatre jours après le triomphe du 17 octobre. Au repas qui suit la cérémonie, seuls les pontifes des syndicats entourent le couple, comme s'il leur appartenait, comme si c'était leur création. Mais Evita n'est la création de personne. Ses yeux sont cernés par la fatigue. Elle mange trop vite, puis trop lentement...

Pour bien marquer le sens de cette cérémonie, elle a exigé que quatre sans-chemises viennent au buffet qui suit le repas.

Ce sont eux les invités d'honneur, les représentants de l'armée d'Evita, de celle qui a remporté la victoire du 17. Ils avaient fait partie de cette foule des faubourgs à laquelle Evita avait insufflé son énergie et son désespoir, qu'elle avait poussée dans les bras de Juan Perón.

Eva minaude et se dépense entre les délégués *descamisados,* les gave d'olives vertes et de petits fours.

Son public, elle n'a plus à le chercher pièce à pièce, tristement, coléreusement, dans les avenues nocturnes. Son public, c'est la Nation.

10

Leur nuit de noces dut être remplie de projets, débats, consultations, plans de combat, embrassades idéologiques.

Ils n'étaient plus que deux associés dans la course à la présidence, l'un tout sourires et toute douceur : Juan Perón ; l'autre dur et impératif : Evita.

En cette fin d'année 1945, Noël n'est pas pour Evita Perón le premier Noël de paix, c'est son premier Noël de guerre.

Défense absolue aux siens de venir la voir à Buenos Aires : ils risqueraient de la contaminer par la banalité de leurs désirs, de leurs vœux, de leurs ambitions. La contagion de la médiocrité, elle est partout, et surtout dans sa propre famille.

Evita n'y est pour personne, que pour les sans-chemises.

A la Casa Rosada, palais du gouvernement, place de Mai et centre de la capitale, M. Perón arrive à dix heures trente, en pleine matinée radieuse, avec la nonchalance d'un collégien qui n'a jamais perdu la confiance de ses maîtres. En haut de l'escalier d'honneur, une tapisserie des Gobelins. Elle représente le général San Martín, libérateur de l'Argentine, qui s'est éteint doucement en France. La présence du héros national dans la demeure n'est pas seulement tonique, elle finit par s'insinuer en vous, vous finissez par vous représenter sur la tapisserie, drapé dans la même majesté.

Dans le grand vestibule, des grenadiers de San Martín, en uniforme bleu soutaché de rouge, montent la garde. Les visiteurs traversent le cabinet militaire encombré d'uniformes.

Dans un vaste bureau, Perón, en costume prince-de-galles gris. Toujours aussi grand, toujours aussi flexible. Toujours aussi doux, mais sujet à des crises de nerfs féminines.

Il sourit, charmeur, cordial. Il répond sans jamais se lasser aux questions des journalistes étrangers. Il cite des chiffres sans discontinuer, sans s'épuiser des pourcentages et des dates, beaucoup de dates. Parfois, un mot d'esprit, et plusieurs citations qui se suivent. Le parfait enseignant quand passe le recteur d'académie...

Parfois, un clin d'œil à son visiteur pour bien marquer qu'il plaisante. Un homme heureux de vivre, comblé.

Perón demande aux conducteurs de bus, de

camions, aux travailleurs de la route, à ceux du bois et du sucre, de s'unir sous sa bannière. Il leur offrira la Sécurité sociale en guise de remerciement. Il annonce aussi ses désirs. Les syndicats ne doivent en aucune manière œuvrer à des fins politiques. Par fins politiques, il faut entendre tout ce qui est contre Perón.

Les grèves sont déclarées illégales. Les ouvriers doivent placer désormais leur confiance dans l'Etat pour résoudre les problèmes sociaux et économiques.

L'Etat se propose de contrôler les syndicats. Il choisira les chefs syndicaux. Il n'y aura pas d'autre recours que l'Etat dans tout conflit ouvrier. La vie syndicale devra désormais adopter une organisation et une discipline militaires.

Les employés du télégraphe refusent ce programme nommé celui des « Six points ». Ils font grève pour affirmer leur opposition à un Etat qui veut servir d'intermédiaire tout-puissant. Ils ne veulent pas devenir des élèves sous la férule d'un pion qu'ils connaissent à peine ou, plutôt, dont ils ne connaissent que trop les arrière-plans et le substrat.

Des centaines d'employés du télégraphe sont alors arrêtés. Ils sont ramenés à leur travail entre des policiers.

« Nous sommes dès ce jour la justice », dit Perón.

Il est convaincu que quatre millions de syndiqués armés de gourdins sont prêts à devenir sa nouvelle armée, fraîche et docile.

11

Il fume derrière son bureau de très distingués cigares qu'il offre à ses inélégants visiteurs. Il faut bien un geste. Les *descamisados* l'ont choisi pour toréador.

Perón, à Martín García, avait oublié Evita. Perón, à la Casa Rosada, cherche encore à l'oublier, mais, cette fois, sans espoir. Elle est plantée comme une épine dans sa réalité de tous les jours...

Dans le privé, elle le domine avec la rigidité d'une nonne. Et lui, pour se défendre, amorce un demi-sourire libertin. Mais déjà ils commencent à se gêner mutuellement. Ils n'ont ni l'un ni l'autre le goût de l'effacement ou du partage. Chacun donne l'impression d'empiéter sur le domaine de l'autre.

Ayant fabriqué ce Juan Perón, Evita s'arroge le droit d'en tirer au maximum les ficelles.

Elle le menace des pires catastrophes – perdre l'appui des syndicats, s'écrouler – chaque fois qu'il voudrait faire un pas qui n'aurait pas été décidé par elle. Leur collaboration, au départ, est une effrayante mise au pas. C'est Evita qui donne le ton à Perón.

Quand on les voit se tenir par la main, se sourire en public comme des amoureux, il s'agit moins d'une manifestation sentimentale que d'un numéro de duettistes, parfaitement au point.

Il y a toujours une main qui tient ferme l'autre, qui la broie. Et ce n'est pas celle de l'homme.

La romance est finie pour Juan et pour Evita, et cela au lendemain même du mariage.

Au travail !

Il ne faut pas cesser de tenir en haleine les déshérités.

Maman Duarte écrit souvent à présent, et c'est toujours pour pleurer sur la gloire de sa fille. Eva déchire les lettres de sa mère. Peu lui importe que les pommiers de Junín aient souffert du froid ! Ce qu'elle attend, c'est l'élection de Perón, c'est-à-dire la sienne.

Et, après une si longue attente, ce sont les dernières heures qui sont les plus douloureuses. Du reste, Evita est épuisée, malade. Quand elle n'est pas en représentation, elle est au lit, sans sommeil... Elle écoute le mal bourdonner en elle...

12

La foule hurle et applaudit. La Plaza de Mayo, devant la maison du gouvernement, est noire de monde. Sur une plate-forme se tient un homme grand et robuste, en civil. A son côté, une mince et élégante jeune femme blonde sourit et s'incline. Puis elle s'assied gracieusement. Elle attend que l'homme ait fini de parler. Dans la foule il y a des soldats, des policiers et d'importantes forces de civils armés de gourdins pour décourager les perturbateurs.

L'homme à la tribune brandit ses lourds et courts bras pour obtenir le silence. C'est Juan Perón. Il ouvre sa campagne électorale. Il déclame :

– Pour consolider notre avenir, je joins les rangs des sans-chemises...

Il enlève sa veste. Il retrousse jusqu'au coude les manches de sa chemise. Puis il sourit comme s'il venait d'abattre le dragon. La foule s'échauffe, elle hurle son plaisir devant ce viril strip-tease.

– Vive Perón ! Vive Perón !

Ces cris vont lui devenir nécessaires comme l'oxygène. Mais c'est autant d'air pur enlevé à Evita.

Perón de nouveau demande le silence.

– Je viens de démissionner de l'armée après quarante ans de loyaux services. Et cela, à seule fin de m'associer à votre avenir...

Il sourit en camarade des mauvais jours. Son visage tanné est barré par la blancheur de ses dents. Il vient d'exiger, à titre de précaution, la pension de colonel à la retraite. Il n'annonce pourtant pas cette nouvelle à la foule. A côté de lui, Evita sourit comme doit sourire la femme lorsque l'époux est à l'honneur.

Pour développer sa campagne, il ne lui suffit pas de jouer au jeune marié, au joyeux père des pauvres, il lui faut trouver un diable à pourfendre, un bouc émissaire. Et ce diable, ce bouc, ce sera l'Etranger. Il faut pendre les capitalistes aux réverbères qu'ils ont fait surgir de terre. Il faut pendre les banquiers américains. Il faut pendre les Anglais qui font de l'argent avec la peine des autres peuples. Et, bien entendu, les Juifs.

– Nous savons améliorer l'espèce bovine. Nous devrions être capables d'améliorer l'espèce humaine ! proclame finement Juan Domingo.

L'état de siège subsiste à Buenos Aires, l'armée en tenue de campagne occupe la ville.

Les policiers dirigent la circulation avec des revolvers. Les passants, à chaque coin de rue, refluent sous la menace des armes. Les prisons débordent. Buenos Aires est devenue un camp retranché où patrouillent quatorze mille policiers, dirigés par le colonel Filomeno Velasco, l'homme à tout faire de Perón. Cent mille soldats se promènent dans la ville comme s'ils étaient en territoire d'occupation, loin de leur patrie, nonchalants et glorieux. Perón répète que sa force réside dans les quatre millions de syndiqués armés de matraques. Et l'image d'un Buenos Aires en carnaval de guerre, au moment où le monde goûte la paix, suffit à rendre ces chiffres redoutables, car les yeux du monde sont encore éblouis et aveuglés par les éclairs de la destruction et de la mort...

Perón exulte...

Il faut améliorer la race, a-t-il dit. Et ses matamores se mettent aussitôt au travail. Il faut commencer par faire le vide dans la rue juive. « Tue un Juif et prouve de cette manière que tu es un patriote. » Cette inscription couvre les murs de la ville. Le quartier juif a été envahi par de beaux athlètes, avides de faire peur. La rue est livrée aux couteaux de camping qui trop longtemps ont rogné des branches d'arbres. Les policiers aux carrefours regardent avec indifférence. Ils ne protègent que la fantaisie des tueurs.

Le lendemain, Perón condamne les excès et les petits massacres. « Il ne faut pas tuer les Juifs, dit-il, parce que, ce faisant, on s'élimine soi-même de la nation. »

Mais le coup a porté. L'élite tremble. On est toujours le Juif de quelqu'un. L'intimidation étend son voile gris, la ville se tait, se terre, s'essouffle en signe de croix.

Spruille Braden, ambassadeur des Etats-Unis, condamne Perón. Ce dernier trouve aussitôt un slogan qui fait fureur : « Qui voulez-vous comme président d'Argentine, mes amis ? Est-ce M. Spruille Braden, yankee, ou M. Juan Perón, argentin ?... »

Ainsi, voter pour Perón devient un acte patriotique. En votant pour Perón on élira au plus haut poste quelqu'un bien de chez soi. Réhabilitée, consolée, remise à l'honneur, la foule argentine veut du sang et du clairon. Sa crise d'héroïsme est anachronique, mais d'autant plus bruyante.

Braden est sommé de quitter l'Argentine. « Ce prototype nazi d'après le déluge – et qui ne s'est même pas mouillé quand il y avait quelque courage à le faire – me déprime mortellement... », déclare, au Plaza Hôtel de Buenos Aires, Braden qui donne un cocktail d'adieu.

Les grands salons se remplissent des plus fameux noms de la haute société. Braden dit alors à haute voix qu'il fera tout son possible, rentré chez lui, pour accélérer la chute du dictateur qui vient de pousser comme un champignon sur les ruines de la dictature. Les invités qui applaudissent cette déclaration se bousculeront à la réception qu'offrira Perón, quelques heures après son élection...

13

Le train démocratique quitta Buenos Aires le 21 janvier pour faire sa campagne contre Perón dans les provinces. Le départ fut donné d'une certaine manière par les péronistes eux-mêmes, qui déposèrent une bombe à la Bourse de Buenos Aires, afin que cet attentat fût mis au compte des deux chefs du train rouge.

La campagne électorale avait déjà provoqué soixante-huit morts à Buenos Aires, dans les trois premières semaines de janvier. Malgré ce mauvais présage, José Tamborini et Enrique Mosca, les deux leaders du Front démocratique, partirent pleins d'entrain avec leur convoi aux wagons bourrés de tracts, de brochures, d'affiches et de livres appelant à la liberté.

Au premier arrêt, Tamborini et Mosca furent pris au dépourvu par les injures des péronistes, suivies de jets de pierres.

Dans les villages où ils s'apprêtaient à descendre, la bataille entre péronistes et antipéronistes faisait déjà rage. Les péronistes qui, à l'intérieur du pays autant qu'à Buenos Aires, étaient des ouvriers de fraîche date, anciens manœuvres agricoles venus se brûler aux lumières industrielles de la ville, donnaient à cœur joie dans la brutalité. Ils se ruèrent sur les hommes du « train rouge ». Ils infligeaient avec leurs couteaux des balafres sanglantes comme pour dessiner sur des visages de démocrates la mèche et la moustache que ces derniers se contentaient de crayonner sur les photographies de Perón.

Le train de Tamborini et de Mosca fut lapidé, puis arrêté par des troncs d'arbres posés en travers de la voie. Enfin, à Salta, il fut disloqué à coups de grenades, puis brûlé ; il avait duré une semaine. Maintenant il n'était plus qu'un amas de ferraille. A une centaine de kilomètres de Tucumán, la horde qui l'avait assailli avait rassemblé en plein champ les tonnes de brochures et de livres et en avait fait un feu qui suffoquait les bestiaux.

Tamborini, Mosca et leurs partisans furent dispersés dans la campagne à coups de bâton. De leurs millions de littérature volante, il ne restait plus un traître mot. Débarrassés de leurs livres de propagande, portant sur eux l'odeur de l'incendie, ils achevèrent leur campagne électorale à cheval, comme des pèlerins. Les mots qu'ils prononçaient n'étaient plus ceux qu'ils avaient soigneusement coloriés au départ. Las et épuisés, ils déclarèrent à Tucumán et à Córdoba :

– Nous ne voulons pas que chaque bureau officiel en Argentine devienne un arsenal qui fabrique des émeutiers...

Mais les paroles ne pouvaient avoir d'effet contre Perón qui venait d'offrir aux ouvriers un treizième mois payé, et de l'imposer aux patrons.

C'était pour lui l'élection assurée...

Dans les quartiers populaires de Buenos Aires s'était installée une sorte de fête muette. Les ouvriers rôdaient à la recherche d'un plaisir peu coûteux. Les patrons venaient de fermer leurs usines pour lutter contre l'octroi d'un treizième mois. Les ouvriers refluaient, un peu étonnés, car ils n'avaient jamais vu les patrons faire grève. Ils ne savaient pas que leur passivité jouait cette fois contre Perón. Le treizième mois leur était donc acquis, ils refusaient de se battre, ils voteraient pour Perón en guise de merci. Mais Perón risquait d'être balayé par l'initiative des patrons et la soudaine fatigue des ouvriers.

– Il faut envoyer l'armée rouvrir les usines à coups de crosse ! recommandait Evita.

Mais la ville semblait passive après son mouvement hystérique du 17 octobre. Les ouvriers s'asseyaient au bord des trottoirs ou bien jouaient avec leurs enfants, ou bien se dirigeaient vers leur lit, pour une sieste.

Les stridulations des voitures de pompiers remplirent soudain les faubourgs. Pour obliger les ouvriers à se masser devant leurs usines et à y pénétrer de force, au lieu de jouir d'un repos forcé, Perón avait mobilisé les pompiers. Ils arrosèrent les ouvriers en riant, noyant leurs paillasses et les poussant à l'action. Pour une fois, ils cherchaient à allumer un feu, au cœur de ces hommes. Des colonnes se formèrent. On eût dit des prisonniers de guerre. Ils s'ébranlèrent hargneusement, balançant leur tête vide et leurs bras mous...

QUATRIÈME PARTIE

L'INVITATION DE LA REINE

1

Juan Perón s'est déguisé en cow-boy. Il s'est montré comme Goering en uniforme blanc. Ses photographies masquent les façades de la grande ville et ses paroles sont imprimées jusque sur le sable du désert par une chenillette à tampon. Dans son train électoral, sorte de tripot de marins, il mange, boit et sourit en maillot rayé. Ses compagnons de train sont aussi ravis que lui. Il y a là des héros allemands qui ont quitté Berlin à la dernière heure. Ces champions de la pendaison, généraux, colonels, culottes de cuir bavaroises, qui ont fusillé les rebelles à l'héroïsme, manié le revolver contre leurs propres soldats, abusant de leur imagination pour varier le plat de la mort quotidienne, constituent aujourd'hui l'élite des invités de Perón. Ils sont en tenue civile et peuvent tout au plus arborer sur leur veste le signe du condor destiné aux alpinistes de valeur.

Un sous-marin allemand qui a longtemps rôdé sous l'océan après la capitulation de l'Allemagne s'est fait connaître aux autorités argentines. Le monde entier a pensé alors que le U-977 avait débarqué clandestinement Hitler sur un point de la côte argentine.

Les immondices s'entassaient dans le sous-marin. Il aurait fallu mettre les ordures à la place des torpilles, mais le capitaine voulait prouver qu'il n'avait pas utilisé ses torpilles. « Je n'avais pas Hitler à bord », répétait le capitaine Schaeffer, étalant ses cartes et son livre de bord, entouré d'hommes barbus et muets. Mais, depuis ce mois d'octobre 1945, l'Argentine était devenue au grand jour la joyeuse terre d'asile des vaincus qui pouvaient y trouver un renouveau inespéré. Dans le train électoral de Juan Perón, ils étaient à la fête. Les pionniers du génocide. Avec de tels compagnons de virilité, qui revenaient de si loin, Perón ne pouvait qu'affirmer sa poigne.

Un admirateur qui, dans la rue, s'est approché de lui de trop près a été étendu d'un uppercut.

La nuit des élections, le vin et la nourriture sont répandus à flots dans la rue. Des bœufs entiers sont grillés au barbecue dans les parcs. C'est un pique-nique géant. Le peuple danse jusqu'à l'aube.

C'est le 24 février 1946. Personne n'a osé faire campagne contre Perón. La bombe à retardement de Perón a été le paiement du treizième mois. Plaza de Mayo, la foule rassemblée par le Front démocratique, à l'écoute de Tamborini et de Mosca, n'avait obtenu que des paroles honnêtes. Perón, lui, offrait des mots flamboyants.

Le Front démocratique n'était qu'un mariage forcé entre des partis variés et parfois opposés. Ils avaient mis beaucoup de temps pour négocier un accord lénifiant. Mais Perón a eu le renfort passionné, forcené, d'Evita. Ils faisaient à eux deux pleuvoir sur la foule des offres naïves et démesurées. Ils promettaient non pas une vie meilleure, mais, à travers les grenades lacrymogènes de la police, les exactions des partisans, de grandes heures nationales. C'était fumeux et alléchant. Et l'Eglise prenait le parti de Juan Perón : il était hostile à la séparation de l'Eglise et de l'Etat. Le pape n'avait-il pas envoyé en 1943 un message de gratitude à Perón, pour avoir rétabli en Argentine l'éducation chrétienne obligatoire à l'école ? Le cardinal Copello soutient Perón, et Perón est également soutenu par tous les suppôts de l'Axe. Ils jettent dans l'élection de Perón leur argent et leur rancœur.

Quant au peuple, il danse, mange et boit, attendant que son champion apparaisse sur l'estrade, bombant la poitrine.

Les ennemis de Perón, on peut encore les reconnaître, certes, les repérer dans la rue, mais cette fois ils sont muets pour longtemps.

Deux semaines avant les élections, Spruille Braden a fait publier un livre bleu où il dénonce l'hitlérisme argentin. Mais l'opposition elle-même proteste contre cette avalanche de condamnations. L'Argentin est nationaliste comme il est bipède. Ce qui se passe en Argentine est *affaire intérieure.* Ce terme quasi mystique règle tout.

Et puis, il y a kermesse dans les rues. A oublier toutes les fausses notes. Perón, c'est désormais l'homme qui paye la tournée au peuple. Il régale et il enivre. La foule est dans la rue pour applaudir son maître aubergiste.

Perón possède tous les sièges au Sénat. Un million et demi de voix pour Juan, et un million deux cent mille pour le Front démocratique. Quatre mois ont suffi pour imposer Perón sans qu'il soit nécessaire, pour une fois, de truquer les élections. Perón prend possession de la présidence avec le sourire du meilleur élève à la distribution des prix... Il s'avance, éclatant et discret...

Pour la première fois depuis 1905, les socialistes ne conservent aucun siège. Les *descamisados* poussent leur cri de guerre dans l'aube en brandissant une bouteille vide, comme jadis le gaucho ses trois pierres enfermées dans un étui de cuir...

La première loi votée par le parlement-croupion n'est pourtant pas celle qui doit accorder la lune aux sans-chemises. Cette loi concerne le manque de respect. Avec cette loi, dite du *desacato,* Juan Perón ferme à l'avance les bouches qui risqueraient de proférer une interrogation, un doute. Le chef du pays est vénérable, d'abord et avant tout. Toute critique contre lui, son gouvernement, l'un de ses collaborateurs, sera considérée comme une trahison. Cette critique vaudra les travaux forcés ou la mort.

– Je veux l'indépendance du pays ! crie Perón au balcon. En m'élisant, vous l'avez obtenue !...

*

Perón entre en s'inclinant dans la salle de banquet. Evita susurre, sourit, arrondit un peu la hanche, frémit de toute son hermine. Ce banquet, c'est elle qui a décidé qu'il prendrait l'aspect d'une fête romaine.

Sur l'assiette de chaque convive, un présent. Bijou pour les femmes, bracelet-montre pour les hommes.

Tous les yeux se tournent pourtant vers les bijoux d'Eva. Elle est en train de devenir, elle est devenue une châsse. La femme du président de l'Argentine a toujours été habillée discrètement. Mais elle, Evita, apparaît décolletée, une épaule tout à fait nue...

Les yeux des gens assis et rassis la désapprouvent, pensent que sur elle le music-hall et la politique se confondent bizarrement. Evita s'expose. Evita entre tout à fait, cette fois, dans le rôle tant désiré, pour lequel elle a tant souffert.

Le cardinal Copello, en robe rouge, se tient près d'elle. Le protocole l'exige.

Mais, offensé par la vue de cette épaule si indiscrètement dévoilée, il détourne ostensiblement les yeux. Il ne regarde pas une seule fois Evita et ne lui adresse même pas la parole.

L'épaule nue, ce n'est pourtant pas une provocation de la part d'Evita. Elle l'affiche comme un signe de succès. Ce jour-là, elle se veut femme. Le décolleté, tel qu'il se pratique dans la haute société, est un signe d'affranchissement.

2

Evita est enfin installée dans les cent vingt-six pièces et les soixante-douze couloirs du palais présidentiel...

Perón a choisi pour travailler l'ancienne salle à manger de la Casa Rosada. Les grandes fenêtres donnent sur de larges avenues, sur le parc Colón. A l'instar de Mussolini, Perón a installé son bureau tout au fond de cette pièce démesurée, de sorte que le visiteur ait un long chemin à faire avant d'arriver à lui. Cette longue route est un parquet ciré, glissant. Cela aussi est un plagiat de Mussolini.

Il a le dos à la fenêtre et devant lui la carte du pays. Il lui semble ainsi pouvoir jongler du regard avec son propre bien : son blé, sa canne à sucre, son pétrole, son étain, son cuivre.

Le buste de San Martín, le libérateur de l'Argentine, se trouve sur son bureau, toujours éclairé par le soleil.

– Il faudrait que je puisse associer mon nom à celui de San Martín, que l'on fête dans la même journée mon anniversaire et celui du *Libertador*..., dit Perón à Evita.

Il se sent soutenu par cinquante-cinq millions de moutons, quarante-cinq millions de bœufs et de vaches, quatre millions de cochons, sept millions de chevaux et les océanographes qui lui ont assuré que les fonds de Mar del Plata grouillaient de poissons. « Les immigrants, Bretons, Basques ou Portugais, qui préfèrent la terre et qui mangent de la viande, je les ferai aller sur mer et manger du poisson », décide Perón qui se souvient que cette idée de poisson à faire avaler de force, Hitler l'avait déjà lancée.

L'Amérique, cependant, est en train de déverser ses dollars sur le Brésil, et Córdoba, la plus vieille université du pays, est entièrement contre Perón. Mais les tyrans se sont toujours bien débrouillés dans ce pays tellement généreux qu'il semble inciter non à l'exploitation, mais au pillage. Et le *Libertador* lui-même, San Martín, ne savait pas au juste quel serait le meilleur type de gouvernement pour les pays libérés. Il avait conféré avec Bolívar qui voulait créer partout en Amérique du Sud des Etats démocratiques et indépendants. San Martín avait passé mille heures à cheval. Sa chevauchée pour la libération de son pays avait provoqué chez lui des douleurs terrifiantes. Arthritique, il fallait le poser à bout de bras sur sa selle. « Vous aurez de la viande, du tabac et de la toile tissée par vos femmes, et, si nous n'avons rien, nous irons nus comme nos frères indiens... » Voilà ce que disait San Martín à ses troupes, et Perón voudrait ressusciter cette austérité qui rappelle l'épopée. Mais lui, quelle épopée peut-il offrir aux Argentins ?

Le gaucho, Perón veut le faire ressusciter dans son ami, le cégétiste. Les gamins des taudis, il faut qu'ils servent, qu'ils deviennent enragés comme sous le règne de Rosas.

Il faut faire payer aux Anglais l'accord Rocsa-Runciman de 1933 qui fut si dur pour le commerce argentin.

Pour exprimer sa maîtrise, Perón refuse de vendre du blé aux Etats-Unis au même prix que le Canada. Le prix du blé russe est de moitié inférieur au prix du blé argentin. Perón exploite la faim dans les pays qui sortent de la guerre. C'est sa façon de vaincre les vainqueurs.

Il est très optimiste. Tout ce qui lui arrive est un formidable cadeau du destin, un dessert miraculeux. Et, parce qu'il ne craint plus ce miracle usurpé, il vit joyeusement, tout en installant partout sa police.

Tout syndicat qui signe un arrangement avec les employeurs doit tout d'abord obtenir l'approbation gouvernementale. Un syndicat peut s'arranger avec une seule industrie dans un endroit donné. Le syndicat du textile et celui de la chaussure sont puissants.

Mais ils ont eu le malheur de quitter la C.G.T., entièrement entre les mains de Perón. Quand ils veulent négocier des accords avec les employeurs et obtenir ensuite l'approbation gouvernementale, suivant la nouvelle loi de Perón, le gouvernement refuse sa bienveillance.

Quelques semaines après, un syndicat rival du textile et un autre de la chaussure, dévoués à Perón, apparaissent. Ils ont été créés de toutes pièces par lui et pour lui. Ils obtiennent tous les arrangements possibles et rallient dévotement la C.G.T.

Un nouveau Parti du travail avait fait son apparition depuis novembre 1945. Les chefs en étaient Cipriano Reyes et Luis Gay. Ce dernier avait organisé la Fédération des travailleurs du téléphone. Il voulait obtenir des bains-douches et des maisons de retraite, et aussi le vote des femmes. Il attendait cela de Perón en échange de sa compréhension.

Un soir, Evita, à qui José Espejo apportait les lourds paquets qu'il avait été chercher pour elle en ville, regarda le grand escogriffe aux cheveux huilés. Elle lui fit un sourire dolent de reine écartelée par tout l'amour qui monte à elle du cœur de la foule. Elle contempla son uniforme de portier, ses boutons dorés, se pencha, enleva un fil blanc à son drap noir et murmura :

– Espejo, quelque chose vous ferait-il plaisir ?

Espejo rougit. Eva Perón se demanda alors si elle allait lui offrir une belle automobile. Comment jouerait-elle à la bonne fée aujourd'hui ? Puis son visage se durcit. La C.G.T. n'était plus assez souple, plus assez polie, ses chefs plus assez gentils avec la Présidente depuis qu'ils étaient en place.

C'est cela qui la fait souffrir déjà, à peine installée à la Casa Rosada. Sentir cette C.G.T. fuir du côté de Perón, du côté de l'homme tandis qu'elle, Evita, reste avec ses pieux achats sur les bras...

Elle va faire coup double. Jouer à la bonne fée, et en même temps ordonner le monde comme un plateau de cinéma. Elle pénètre dans le bureau de Perón. Il téléphone et fume et rit en même temps, comme un maquignon qui a échappé aux travaux de la terre.

– Espejo est à côté, dit Eva, interrompant le grand homme.

– Bon. Offre-lui une liqueur.

– Non, il faudrait lui donner autre chose.

– Eh bien, choisis son cadeau.

– C'est fait. Il sera à la tête de la C.G.T.

Perón fronce le sourcil.

– José Espejo ? soupire-t-il.

– Il s'y montrera très capable, dit Evita.

Perón semble perdu dans une méditation. Il n'ose avouer sa contrariété, son opposition.

– Il fera exactement ce que je lui demanderai, dit Evita. Tu peux me le confier...

Ce fut ainsi que le portier du faux nid d'amour de la calle Posadas devint le Président du plus grand organisme du travail en Argentine. Il ne s'était pas essoufflé pour rien au service de la señorita Duarte. Son placement à la tête de la C.G.T., c'est pour Evita une victoire comparable à ce que fut l'élection pour son époux...

3

Cipriano Reyes est le maître des grands abattoirs, la Blanca, la Negra, Armour, Wilson. Le quartier Avellaneda, la grande usine à viande, c'est sa caserne, son empire. Pour faire de Perón un roi, il a marché. Evita a fourni le boniment, mais Reyes a fourni la troupe.

La bête se débite sur la chaîne. Les hommes de Reyes dépècent, coupent, trient. Rien n'est perdu, tout est classé. Seul le mugissement s'évapore sous les voûtes ventilées. Le poil des oreilles, les sabots, tout est récupéré. Les quartiers de viande sont congelés à proximité des quais, prêts à l'embarquement. Entre les flots de sang et le gel, Cipriano Reyes gouverne.

La belle dame de Radio-Belgrano a fait entendre son filet de voix aux tueurs des abattoirs. Ils sont sortis à son appel et ils sont contents de la considération dont ils sont l'objet. Mais un homme est en train de rêver devant les navires frigorifiques. Il rêve de grands voyages. Il se demande s'il a bien fait de bouger, de mouvoir les hommes, ses hommes, au bénéfice de Perón. Car il est devenu un haut employé de Perón. L'homme d'action, pour toute récompense, est devenu un fonctionnaire. Cette gloire dont le dictateur profite, il la doit aux troupes de Reyes.

Et, aujourd'hui, Reyes se demande pourquoi il n'a pas manié la foudre pour lui-même, pour son propre compte.

Qu'avait-il besoin de se soumettre à cet entrepreneur en dictatures ? Qu'avait-il besoin de le revivifier avec le sang des bêtes ?

Evita Perón brandit son évangile de vengeance contre les classes possédantes. Cipriano Reyes est considéré à présent, partout dans le pays, comme le chef des partisans de Perón. Il voit le parti ouvrier qu'il crée depuis si longtemps s'engloutir un peu plus chaque jour qui passe dans la seule admiration pour Perón. Il voit ses hommes rêver sur une madone de confection : Evita.

Reyes ne perd pas son temps à méditer sur son erreur, à gémir devant l'obstacle. Les lieux où meurent les bêtes sont devenus le centre du pouvoir péroniste. Reyes décide de renverser la vapeur. Non pas parce que les douces manières du dictateur Perón cachent cruauté et cynisme, mais parce qu'il pense que la place de Perón lui est dévolue. Puisque ce n'est plus l'armée mais l'Avellaneda qui assiste et soutient le dictateur, c'est à Reyes de prendre la tête du pays.

Il décide que son dynamisme, au lieu d'élever un autre, l'élèvera lui-même. Il va jeter son prestige et ses muscles dans la balance pour balayer Perón. Ses *mataderos* sont prêts à le suivre. Il n'est pas seulement pour eux un colosse au physique, mais aussi un maître d'école – c'est son ancienne profession. Il écrit des poèmes pour son plaisir. Il possède ainsi la force, le prestige de l'intelligence et l'auréole de la poésie.

Il se prépare donc à prendre la tête de ses hommes, à changer le cri dans leur bouche, à envahir la Plaza de Mayo, à faire fuir le couple qui s'étale à la Casa Rosada. Il n'exigera pas le départ d'Evita et de Perón, il les mettra simplement à la porte.

Il se lie même avec les supporters de Perón, pour les conduire vers son bord. Mais il a eu le tort de se montrer froid avec Evita, de laisser percer sa rancune, de lui laisser comprendre dans son regard qu'elle ne comptait plus pour lui.

Reyes est convoqué par Perón.

Celui-ci, pour une fois, laisse tomber sèchement toute son affabilité. Il essaye de prendre l'attitude du chef d'Etat que l'on a piqué au vif.

Il demande à Reyes des explications sur la façon dont il essaye d'endoctriner à rebours ses hommes aussi bien que des péronistes d'autres milieux. Il voudrait savoir ce que veut dire cette *fantaisie.* C'est le mot qu'il emploie pour mieux signifier le mépris qu'il tient en réserve.

Reyes refuse de répondre. Reyes ne bouge pas. Il comprend qu'il a manqué de prudence. Il lui faut juste quelques jours, quelques heures peut-être. Le fait qu'il soit découvert devant Perón va lui faire du bien, l'oblige à précipiter son mouvement.

– Je te ferai boucler, tranche enfin Perón.

– Arrête-moi, approuve Reyes doucement.

Il quitte la Casa Rosada.

Mais il se dit soudain que Perón n'est pas seul. Si Perón hésite devant les forces que représente Reyes,

Evita sans doute risque de prendre les choses en main, de contraindre Perón à une mesure qui lui répugne. Il suffit de lui tirer la manche, pour que ce doux devienne féroce.

La menace jetée en l'air par Perón – « Je te ferai boucler... » – peut devenir vraie pour la seule raison que la blonde Evita a dirigé sur Reyes son regard de haine. Les paroles les plus légères de Perón sont désormais chargées du poison d'Evita.

Reyes se dit qu'il a encore un peu de temps devant lui. Serrer tous les boulons et partir la nuit, pour se retrouver au matin devant la Maison Rose. Les bras rouges y feront saigner les bavards du pouvoir.

Reyes doit faire vite.

Mais au moment où sa voiture glisse déjà dans les allées couvertes de sciure des abattoirs et où il se prépare à descendre, à bondir pour réunir ses chefs d'ateliers et de sections, une voiture camouflée de la police le coince contre le caniveau où gargouille le sang noir.

Il est aussitôt conduit dans les locaux de la police. Il y est interrogé, torturé. Puis on le conduit en prison, vidé de toute sa force. Si on ne l'assassine pas, c'est qu'il est trop populaire.

Perón, pour expliquer l'arrestation de Cipriano Reyes, annonce à grands coups de porte-voix qu'il a devancé un complot qui visait à les assassiner, Evita et lui-même. Quand Reyes, plus tard, sera rendu à la liberté, il ne pourra plus gêner personne. Ce n'est même pas un homme qui sort de prison, c'est un infirme. Un être dont on a essoré le corps et l'esprit. Il est désormais voué au fauteuil roulant des asiles. L'élimination est plus savante encore qu'une destruction pure et simple. Reyes mort, martyr, eût été plus entraînant pour ses hommes que Reyes vivant mais éteint, bafouillant, réduit à l'état de loque dont on se détourne avec horreur... « J'ai des yeux qui ne savent pas cacher, des yeux qui ne savent pas se taire... », ruminait Reyes.

4

A huit heures du matin, l'avenida Alvear gronde, grouille de vie. Les voitures américaines vrombissent. Les rideaux de fer s'élèvent avec fracas. La foule prend d'assaut les tramways et les crieurs de journaux assourdissent la ville.

Brusquement, des sirènes mugissent. Des agents secrets en civil font ranger les promeneurs le long des murs. Au milieu de l'avenue surgit, dans un ordre parfait, une nuée de policiers motocyclistes, la mitraillette ballante en travers de la poitrine. Ils précèdent une longue limousine noire, armoriée, portant le fanion d'Argentine. Les vitres de la limousine sont bleutées. Deux autocars bondés d'agents, la nuque battue par un protège-soleil, ferment la marche. Le cortège présente l'aspect confus d'un commando qui part à l'attaque. C'est le général Perón qui passe.

Peu après, les sirènes mugissent pour la seconde fois. De nouveau, les policiers en civil tirent la foule au cordeau. De nouveau défilent les motocyclistes à mitraillette, la limousine obscure étirée comme un sous-marin, et les cars de police.

Le deuxième cortège ne se distingue en rien du premier. Derrière les vitres teintées de la seconde Chrysler se tient la señorita Evita Perón.

Il n'y a pas seulement deux cortèges présidentiels en tous points semblables, mais aussi déjà deux administrations officielles, deux groupes politiques rivaux, deux trusts de la presse. Tous les journaux, tous les magazines argentins reproduisent toutes les semaines le baiser hollywoodien qu'échangent le général et sa femme. Mais les photographes partis, les regards se ternissent, les ordres partent, à deux voix ; la lutte a commencé, la lutte se développe sans merci.

Alors que la réussite a rendu Perón craintif, Evita se montre téméraire. Tout ou rien. Elle ne morcelle pas son ambition, ne se contente pas de ramasser les miettes dorées d'un grand dessein. Elle poursuit son rêve à fond de train, tête baissée, sans aucune prudence. Elle ne raisonne pas, ne perd pas son temps à ripoliner sa victoire. Elle est lancée sur cette victoire comme sur un cheval emballé. Peu importe le paysage, orageux ou serein !

Evita ne mise toujours pas sur le galbe de sa poitrine ou les rondeurs de son corps. Cela va de soi. On ne doit pas discuter sa beauté. Elle est belle parce qu'elle est omniprésente. On ne discute pas de l'esthétique des dieux. Ils ne vous demandent pas des appréciations, mais des comptes : il leur faut l'amour aveugle, irréfléchi, absolu.

Avant le 17 octobre, elle pouvait encore paraître douce ou même rêveuse. Maintenant elle ne donne pas son avis, mais le jette et l'impose. Elle juge, condamne, absout. Elle ne se tient plus derrière Perón comme un chat qui prépare son bond dans un fauteuil, elle se carre au creux du fauteuil.

Comme son mari, elle possède son propre Conseil, composé de secrétaires, d'experts et de courtisans. Elle fait de fréquents voyages, mais ne permet pas à son mari de bouger, d'entreprendre une tournée de propagande dans les provinces.

Presse, radio et cinéma sont l'objet de conflits incessants. L'industrie cinématographique argentine est, en langue espagnole, la plus importante du monde. Tous les scénarios doivent désormais recevoir l'approbation d'Evita. Elle décide de l'ampleur des sentiments comme de l'ampleur des robes que porteront les vedettes de l'écran.

Elle peut enfin se venger du mépris que lui ont opposé, il y a dix ans, les producteurs. Toutes les équipes de 1938 ont été balayées. Les théâtres de Buenos Aires sont soumis à la même discipline. Jamais reine du monde, ayant les pouvoirs d'Evita, n'a fait peser sur sa capitale de pareilles contraintes.

Evita est sur le point d'accomplir en Argentine un voyage circulaire de publicité personnelle. Son mari lui suggère, championne des sans-chemises, de se vêtir moins luxueusement que de coutume.

Furieuse, Evita ordonne que l'on remplisse ses valises avec ses robes les plus chères. Elle transformera son voyage en une présentation de haute couture. Evita crie aux paysannes éblouies par son luxe :

– Il n'y a pas si longtemps, j'ai été habillée comme vous !... Mais si vous avez confiance en moi, si vous vous serrez autour de moi, vous porterez toutes bientôt des robes comme les miennes !...

Elle n'a nul besoin de cette expérience pour comprendre qu'une bonne part de sa popularité repose sur ses extravagantes toilettes. Le général ne peut rien contre cette promenade vestimentaire qui éblouit le menu peuple. Il se dit qu'il tient le pouvoir de ce menu peuple. Cet enfantillage jure atrocement avec sa soif de virilité. Evita le manœuvre comme un enfant et c'est avec des ruses et des sournoiseries d'enfant qu'il cherche lui aussi à la dominer.

Leur ambition, c'est de se concurrencer dans la mise en scène. Chacun danse sur ses tréteaux, en s'efforçant de lever la jambe un peu plus haut que l'autre.

Evita vient d'accepter de Franco l'invitation de traverser l'Atlantique pour recevoir une décoration spéciale. Elle décide de remplir son avion particulier avec des robes, des bijoux et des fourrures rares.

Lorsque les notes arrivent, Perón secoue la tête. Leur montant total équivaut à plusieurs mois du budget de guerre de l'Argentine, plus que jamais férue d'exercices et de solennités militaires.

Perón tient à ce budget qui engraisse et flatte

l'armée, car il doit la courtiser pour rentrer dans ses bonnes grâces un moment perdues.

Mais Evita refuse de retirer un seul carton à chapeaux de la soute à bagages. Devant les premières protestations hurlées qu'elle entend dans la bouche de Perón, elle décide simplement de ne pas payer les factures. L'honneur de l'armée pour le moment est sauf, celui d'Evita aussi...

5

Au cours de la première année de la dictature de charme de son époux, en 1946, Evita se rendit à des régates sur le Tigre, une fois, une seule, en pantalon blanc. La haute société de l'Avenida Alvear, dans laquelle, depuis son accession à la Casa Rosada, Evita rêvait d'être reçue à bras ouverts, tira aussitôt prétexte de l'incident pour déclarer Evita Perón « irrecevable ».

Des pantalons blancs aux régates ! On ne pouvait évidemment s'attendre à mieux de la part de cette fille Duarte qui ne parviendrait jamais à parfumer ses origines. La presse antipéroniste ne s'était pas refusé le plaisir de publier la photographie de la Présidente en pantalon, vue de dos.

La première contre-attaque d'Evita fut de s'attacher un photographe de son propre journal au titre ronflant : *Democracia.*

Le photographe « démocratique » ne devait pas quitter Eva Perón d'une semelle. Lui seul pouvait juger et décider d'un angle de prise de vue.

Ses clichés auraient force de loi. Evita fut réjouie, réconfortée, lorsque son époux lui eut appris que Mussolini et Hitler possédaient également un photographe strictement personnel.

Il existait à Buenos Aires une Société de bienfaisance, dans laquelle se rejoignaient les femmes les plus riches et les plus importantes d'Argentine. La milliardaire señora María Unzúe de Alvear était présidente à perpétuité de cette organisation. Les femmes riches s'y retrouvaient affublées d'un tablier, confectionnant des crèmes renversées pour les petits pauvres. Mais le poste de présidente honoraire avait toujours été réservé par tradition à la femme du président argentin.

Evita rêvait de pouvoir donner des ordres comme à de petites servantes à ce bataillon de milliardaires.

Aussi, depuis février 1946, après le triomphe de Juan Perón aux élections, attendait-elle que ses grandes voisines vinssent lui offrir l'honneur auquel elle avait droit, auquel elle tenait par-dessous tout.

Elle attendit pendant douze mois. Pendant douze mois, elle se nourrit d'ambition patiente.

Puis elle éclate, saisie d'une sainte fureur. Elle comprend le soufflet qu'elle vient de recevoir. On ne veut pas d'elle. On la boycotte comme dans la rue où jouaient les enfants de Junín. Elle décide alors d'attaquer, plus haut et plus loin que la Société de bienfaisance de Buenos Aires.

Elle cesse de scruter les roseraies et les bosquets savants, les lacs qui dominent les avenues Quintana et Alvear où les grandes familles inextricablement alliées se reçoivent entre elles pour déguster d'étranges friandises.

La fille de la servante de Junín se pavane sur une plate-forme où elle n'a plus le droit de quémander. Elle ne l'a pas fait lorsqu'elle était à la dérive dans l'avenida Corrientes. Son cœur, quand il chavire, c'est toujours vers la vengeance.

Ce fut Evita, avant même que Franco ne l'eût invitée, qui eut l'idée de la tournée « arc-en-ciel » et qui l'imposa aussitôt à Perón. Il savait qu'il n'avait aucune chance d'être reçu, lui, dans une Europe où les dictatures avaient été réduites en cendres. Une femme ferait mieux passer la pilule de sa présence à la tête de l'Argentine. Cette femme, avec son sourire et ses chapeaux, ferait marcher le moulin de sa propagande. Perón ne fut pas long à admettre l'utilité de ce voyage. Il le voyait à son actif alors qu'Evita l'entreprenait pour sa propre gloire.

Cela paraissait une idée originale, d'expédier une jeune femme en mission de bonne volonté. Elle voulait un croiseur tout d'abord et une suite qui serait une véritable armée. Elle se résigna enfin à prendre l'avion.

Son frère Juan l'accompagnerait. C'était le témoin fier et vivant de son passé. Il y aurait une place pour lui malgré les cinq douzaines de robes de la dernière heure...

6

« Je ne suis pas venue ici pour établir un Axe. Je suis venue seulement comme un arc-en-ciel entre nos deux pays... »

Voilà ce que roucoule Eva Perón en ce mois de juin 1947 sur la Plaza de Oriente de Madrid. Quarante mille Espagnols s'étouffent pour écouter la femme du dictateur argentin débiter son premier discours. La police de Madrid a recommandé aux femmes de ne pas s'exhiber en tenue trop légère. Elles sont couvertes de noires dentelles et le journal du jour est transformé en chapeau pointu pour les protéger de la canicule.

Il n'a pas été permis aux hommes de paraître en chemise. Evita parvient à rassembler plus de monde que Franco lui-même. L'ouverture de la tournée européenne – la promenade arc-en-ciel – débute sous les meilleurs auspices.

Invitée à la corrida de Madrid, Evita resplendit,

c'est son apothéose. Cette masse en effervescence, cette foule soulevée, c'est pour elle, elle seule, et elle se croit revenue aux jeux de la Rome des César, elle tient le peuple sous son pouce renversé, le monde dans son sourire. Il lui semble que le sang, les cris, les lumières aveuglantes ne vibrent que par elle et pour elle.

Sous la voûte, à travers un courant d'air qui rabat des relents d'étable, serrés dans leur cape de parade, le teint blême et la gorge sèche, les trois matadors affectent de râper leurs semelles.

Ils gèlent de peur et d'attente. Un costume rouge et or, des profils lourds et des tailles élancées, des mâchoires sciées par le sourire. Avec une précision de train, le cortège s'avance en pleine lumière, mais le cirque exhale toujours son impatience, grognon ; puis les clarines sonnent, les jeunes femmes allument leurs yeux gloutons, c'est la ruée des sabots, et enfin une cape s'ouvre comme une corolle devant le taureau furieux.

La foule hurle. Le taureau fonce et l'homme s'échappe en cadence. Le taureau s'agenouille. Mais la foule réclame le sang de l'homme. Olé ! Olé !

On avait étouffé dans la chaleur pendant une demi-heure en attendant l'arrivée d'Evita, et cette attente avait rendu la foule plus fauve. Evita fut applaudie, applaudie, applaudie. Elle pleurait de joie derrière son mouchoir. Le sang rouge vif de ces taureaux lui parlait d'un sang virulent et coloré qui ne coulait pas dans ses veines, un sang que seule cette gloire lui apportait. Elle était fragile et malade, mais l'Espagne la ressuscitait, lui transfusait le sang de ses hommes pleins de légèreté et de force.

Le matador tient l'épée de la main droite. Son autre main présente la muleta. Le taureau baisse la tête. Il déplace l'étoffe rouge. Le matador enfonce l'épée dans le garrot.

La foule s'écoule des gradins. Elle envahit les trottoirs et les terre-pleins. Elle assaille habituellement les matadors entassés dans de grosses voitures américaines. Mais cette fois, c'est Evita qui est prise d'assaut. On lui offre les oreilles et la queue du taureau qui reviennent toujours au vainqueur de la corrida.

Franco lui accorde une croix incrustée de diamants, l'Ordre d'Isabelle la Catholique. Elle reçoit cette décoration dans un somptueux vison qui l'écrase, d'autant plus que la canicule s'est installée sur la ville. Elle a mis un chapeau avec des plumes d'autruche pour se rendre à l'Opéra. La foule l'attend dans les rues et la salue. Evita répond, debout dans sa voiture, le bras levé.

7

L'accueil romain fut moins beau.

Des centaines de milliers de pesos avaient été dépensés par l'ambassade argentine à Rome afin de retenir pour le passage d'Evita un hôtel particulier comprenant quarante chambres. Des escaliers et des parquets de marbre furent installés. Un lit Louis XV fut acheté en hâte et les murs furent recouverts de portraits de Perón et d'Evita. Eva était heureuse. Tout ce qui l'avait jadis chavirée, les demeures des vedettes de cinéma, leurs voitures, tout cela était cent fois dépassé. Dans le choix de son séjour temporaire, l'ambassade avait bien fait les choses, puisqu'elle avait pris la précaution de louer un petit palais qui ne fût point dépourvu d'un ravissant balcon. Ce balcon comblait Evita.

Evita n'attendait que de paraître sur ce balcon. Perón ne lui avait-il pas décrit souvent l'apparition de son dieu Mussolini au balcon, face à un océan de têtes humaines ? Elle n'attendait que de paraître sur ce balcon comme une actrice débutante à qui l'on permet enfin d'affronter les feux de la rampe, mais en majesté.

Evita donc, sur son balcon, le cœur battant, apparut tout illuminée. Son sourire tenait, bien en évidence. Elle avait connu le délire de la corrida, elle avait ramené tout ce tonnerre à elle, et maintenant elle attendait la répétition de cette jouissance à vous faire perdre la tête. Elle guettait avec un large sourire un signe de cette foule pour pouvoir calmer son admiration d'un mouvement de bras. Alors elle parlerait, elle donnerait son cœur au peuple, elle dirait à ce peuple qu'elle l'aimait comme si ç'avait été le sien... Et que tous les peuples de la terre devaient s'aimer ; sous-entendu : devaient communier avec elle, Evita Perón...

Mais aussitôt, elle se figea. Elle avait reçu comme une bombe puante au visage.

En réponse à ce sourire qui promettait tant de largesses, s'élevaient des clameurs, puis des hurlements. D'abord les cris de quelques fascistes qui avaient pris prétexte de ce magma pour décharger un peu leur cœur, si longtemps oppressé par le silence de la défaite. « *Duce ! Duce !* » scandaient ces nostalgiques humiliés.

Comme si la foule n'avait attendu que ce signal pour manifester une colère qu'elle eût préféré rentrer devant une femme souriante, ce fut une clameur immense, une tempête de réclamations. « A bas Perón ! A bas Franco ! Mort au fascisme !... » Evita attendit longuement, le sourire gelé, qu'il lui fût donné une chance de se justifier, de crier ses bonnes intentions, mais la foule protestait de plus en plus fort, invitant Perón à rejoindre ses frères Hitler et Mussolini, sous la corde et le bidon d'essence.

Evita hésita. Ses traits se durcirent. La police péroniste avec Velasco, le bon apôtre de Perón à sa tête, n'était pas là pour mettre de l'ordre dans cette pagaille, ni ses chers *descamisados*, ni même ses gentils égorgeurs de l'Avellaneda.

Alors, n'ayant plus aucun espoir de faire entendre son amour du peuple à ces sauvages, elle se retira tête basse de son balcon monumental. Elle ravala ses souffrances. Et, sans vouloir utiliser le moindre calmant, décida de se présenter le lendemain avec sa belle fièvre devant le souverain pontife et d'obtenir ainsi réparation de cet affront du « peuple »...

L'homme qui déjeunait au petit matin d'une bouillie d'avoine et d'un œuf, qui possédait une voiture à une seule place parce que personne n'avait le droit de s'asseoir à son côté, qui mangeait seul sans avoir jamais d'invité, Evita le considérait comme un égal, elle se voyait reçue moins par un saint homme que par un collègue.

Pie XII accorde à Evita une audience d'une demi-heure. Elle a voulu éblouir le Vatican par son luxe. Elle se présente en noir comme l'exige l'étiquette pontificale, mais les cheveux dénoués jusqu'à la ceinture. Un gros diamant éclate entre ses seins. Elle s'est fabriqué la silhouette d'une Marie-Madeleine de la haute société, ondulant vers le tombeau. Le déguisement en ce jour de gloire est outré.

Elle joue un grand rôle. Le pape lui accorde la grand-croix de l'Ordre de Pie IX. C'est une magnifique étoile à huit pointes, sertie de diamants. Malheureusement, elle ne vient qu'en seconde place dans la hiérarchie des décorations papales. L'ex-président d'Argentine Justo, qui s'était compromis avec sa passion pour l'Axe, avait reçu pourtant, lors de son passage à Rome, la plus haute décoration papale : l'Ordre Suprême du Christ.

Evita attendait la même récompense. Elle avait, pour cela, fait pleuvoir sur l'Eglise argentine maintes dotations puisées au Trésor public. Elle savait que l'Ordre Suprême du Christ se balançant à son cou la ferait entrer toutes portes grandes ouvertes dans la Société de bienfaisance qui la boudait odieusement.

Sforza, le ministre des Affaires étrangères, donna une grande réception pour Evita dans l'espoir de la consoler, mais surtout pour contempler de plus près ce phénomène. Sur le parcours, la foule la conspua. Quant aux G.I. stationnés à Rome, ils sifflaient pour exprimer leur admiration. C'était pire qu'une injure, cette familiarité de la part de gens qu'elle haïssait parce qu'ils avaient chez eux Hollywood, cette usine à rêves qui échappait totalement à son contrôle et dont elle ne pouvait attendre le moindre signe de respect.

Alcide de Gasperi, Président italien, offrit à Evita une Alfa-Roméo. La nuit de son départ, il fit placer une louve de marbre dans son avion particulier. Mais la préoccupation majeure d'Eva Perón n'avait pas changé. Elle voulait percer le mur de l'aristocratie argentine, vaincre ses réticences, en faisant état d'un accueil triomphal à Paris et d'une invitation de la reine d'Angleterre à venir passer quelques jours à Buckingham Palace.

Alors elle s'estimerait satisfaite, et redeviendrait une femme patiente et douce, telle enfin qu'elle s'était montrée dans les mois qui avaient suivi sa rencontre avec Juan Perón.

Les ruines antiques, les verdures tendres, le délabrement et le faste, la multitude d'ornements qui encombrent les églises fraîches comme des lacs, elle quitte cela sans regret. Le peuple de Paris l'attend. Il aime les grandes héroïnes de l'histoire. Il a connu Jeanne d'Arc, Marie-Antoinette, Joséphine. Il ne saurait renier Evita qui les suit et les résume. Evita entend de nouveau battre son cœur. Elle va enfin voir se lever cet arc-en-ciel tellement sollicité par les mots... Du reste le père Benítez, son confesseur jésuite qu'elle traîne avec elle, comme une grande d'Espagne de jadis, lui a promis là, dans la ville lumière, une revanche...

8

Lorsque, le 21 juillet 1947, son avion particulier se posa sur l'aérodrome d'Orly, Evita pensait que le peuple de Paris serait là pour l'applaudir, que le service d'ordre poserait des barrages devant sa fièvre. N'achetait-elle pas toutes ses robes à Paris et n'apportait-elle pas aux Parisiens, encore affamés, des promesses de ravitaillement ? Du bœuf et encore du bœuf !

Or, à Orly ce matin-là, dans une brume de chaleur, il y avait des touristes internationaux qui se retournaient à peine. Cette dame trop blonde, trop souriante, peu leur importait de savoir pourquoi deux douaniers s'inclinaient devant elle.

Evita attendait, au moins, le président de la République en grande pompe, la garde républicaine avec sa musique. Il n'y avait là qu'un petit homme compassé, dont le baisemain semblait tourné au ralenti. C'était le ministre des Affaires étrangères, Georges Bidault.

Le tout mince cortège prit la direction de la place Vendôme. Evita regardait défiler Paris avec des yeux ravis, comme une actrice à laquelle on présente la scène sur laquelle elle va se produire, qui en fait le tour, guidée par l'administrateur qui lui promet ses aises. Elle acceptait avec joie les explications de Georges Bidault, guide mécanique et discret et, de temps à autre, elle ne pouvait s'empêcher de se retourner pour adresser un signe plein d'espoir au père Benítez.

Au moment où le ministre l'invitait à s'extirper de la longue voiture noire, place Vendôme, Evita fut au comble de la joie en apercevant une douzaine d'enfants amenés là par un orphelinat. Ils ânonnèrent à contretemps un chant de bienvenue.

Plus de doute, Paris avait un cœur et celui d'Evita était tout prêt à s'y confondre.

Quand les applaudissements des enfants cessèrent, Evita, sans rechigner à l'ouvrage, se pencha sur chacun d'eux et les embrassa sur les deux joues.

Lorsqu'elle fut entrée dans ses appartements, on lui remit une lettre de la présidence de la République : c'était une invitation du président Auriol pour Rambouillet. Le fait que le mot « château » eût été prononcé devant elle fit croire à Evita que le grand départ avait été donné pour la reconquête de son prestige. Elle déchanta lorsqu'elle sut peu après que presque tous les invités du président passaient par Rambouillet et que ce n'était pas là le signe d'une faveur particulière.

Paris n'était pas encore tout à fait sorti de la pénombre de la guerre. Il y avait encore quelque chose d'élimé, de pauvre et d'affamé dans la ville lumière. Evita croyait trouver le Paris des années 30. Comme elle avait cru trouver à Hollywood l'image d'un paradis tout grand ouvert.

Certes, les photographes affluèrent à l'hôtel Ritz. Elle exhiba ses achats parisiens. Robes, fourrures, chapeaux. Mais on ne pouvait pas mettre Paris dans sa poche avec un étalage de nouvelle riche.

Lorsque les photographies d'Eva Perón et de ses achats royaux parurent dans la presse parisienne, elles étaient accompagnées de commentaires désinvoltes. On ne faisait pas plus de cas d'Evita que d'une quelconque petite vedette exotique. La presse de gauche, elle, passait violemment à l'attaque, ne voyant dans Eva Perón que la compagne d'un dictateur, sa complice, à peine recouverte d'un vernis de bonne compagnie. Cette presse fit entendre à Evita Perón que sa présence n'était pas désirable, qu'elle eût mieux fait d'envoyer à sa place une pièce de bœuf congelé.

Du coup, son enthousiasme fut douché. Elle apparut à Rambouillet, pâle, malade, les traits tirés. Elle semblait presque agonisante lorsqu'elle fit sa visite à

Notre-Dame. Le cœur n'y était plus. Elle n'accomplissait que des gestes. Elle s'en débarrassait au plus vite.

Elle devait visiter le musée du Louvre et adresser à la radio un message aux Français. Mais, à la dernière minute, le cœur lui faillit. Il lui devint évident qu'elle parlerait dans le désert ; que ce serait là un coup supplémentaire qu'elle se porterait à elle-même.

Elle décida donc le père jésuite Benítez à réciter à la radio le discours d'Eva Perón aux Français, ce discours à la confection duquel elle avait veillé comme à celle d'un gâteau sublime.

9

Elle n'attendait plus que l'invitation de la reine d'Angleterre et ne prolongeait son misérable séjour parisien que dans cet espoir délabré.

Cependant, la presse anglaise unanime ne souhaitait pas que la femme du dictateur fût invitée. Et ce n'était pas seulement parce qu'elle était la femme d'un tortionnaire. Le chantage de Perón à l'exportation de la viande, dans un pays aussi rigoureusement rationné que l'Angleterre, avait marqué l'esprit des masses. Il y avait une réelle animosité populaire contre l'Argentine, et la presse ne faisait qu'exprimer le ressentiment britannique, la vexation du ventre, avant même que se soit manifestée la répulsion de l'esprit devant la perspective d'un séjour à Buckingham de la femme de celui qui s'avouait disciple d'Hitler alors que les trous des bombes volantes continuaient à blesser les yeux dans Londres.

Evita se trouvait à l'hôtel Ritz, malade de contrariété. Et aussi affaiblie soudain que si elle avait tout perdu. C'était une femme qui ne voyait pas les choses d'une manière réaliste. Elle avait des visions. Si ses visions s'effritaient, à quoi pouvait-elle s'accrocher ?

Elle avait abdiqué sa vie au profit de la gloire. Lorsque la gloire s'éclipsait et que la vie se présentait à elle dans sa nudité, tout devenait affreux.

Et au moment où, pour se distraire de cette perte de foi en elle-même, elle tourne les boutons de la radio pour retrouver à l'écoute sa divine Argentine, pour savoir comment ce cher pays commente son triomphal voyage, elle reçoit un coup de poignard.

La radio de Buenos Aires ne fait pas mention d'Evita. Comme si elle avait disparu à jamais, vaporisée dans son arc-en-ciel. Et, à la place de l'éloge obligatoire d'Evita, des salutations à elle adressées pardessus l'Océan, qu'entend-elle ? La voix de Perón, monstrueusement amplifiée ! Perón a pris prétexte de l'absence d'Evita pour en faire à sa tête et piaffer loin de son enclos.

Il adresse un discours au monde entier, tout simplement !

Il avait pourtant promis à Evita, avant son départ, de ne rien faire d'important sans elle, d'attendre paisiblement son retour.

Or Perón parle au monde de sa plus forte voix et avec autant de conviction que s'il s'agissait d'entraîner quelques milliers de sans-chemises. Il dénonce le capitalisme et le communisme comme deux forces néfastes, deux forces maudites. Il assure que l'Argentine, à l'intérieur de ses frontières, fabrique un ordre nouveau et que cet ordre ne doit rien aux deux blocs en présence. Il annonce, le cœur léger et la lèvre gourmande, une Troisième Guerre mondiale dans laquelle lui, Juan Perón, restera neutre, absolument neutre, avec l'Argentine bien au chaud dans sa poche et sur son cœur...

En traversant Paris, la voiture diplomatique d'Evita Perón – une Delage qui avait appartenu à Pierre Laval et que l'on avait mise à sa disposition – eut une vitre cassée. Des inconnus, contre elle, avaient lancé une brique.

Mais ce qui la décida à fuir Paris et à attendre ailleurs l'invitation de la reine, ce fut sa soirée au Lido. Elle y fut attirée par des amis de l'ambassade.

Pour la première fois, et comme pour affirmer le deuil intérieur qu'avait provoqué chez elle la méchante émancipation de son époux, au lieu d'arborer une tenue vive et gaie de night-club, elle se présenta tout de noir vêtue, raide et triste.

Parmi les beautés nues qui ne pouvaient plaire à Evita par l'étalage d'une chair opulente et victorieuse qui lui rappelait de mauvais souvenirs – tous ces triomphes que les filles obtenaient avec leur corps au temps de l'Avenida Corrientes –, parmi les Bluebell géantes, sans autres atours que ceux de la nature, sans autres prestiges que ceux de la danse et de l'harmonie, Evita, elle, ne pensait qu'à ses artifices, cheveux en monticule et chaussures à hauts talons qui la maintenaient quand même, face à ces filles, à un niveau ridicule.

Mais sa contrariété atteignit son point culminant lorsque fut présenté un sketch où deux hommes se promenaient et faisaient les pitres sous une peau d'âne, le premier debout et l'autre accroupi. On ne savait pas, à vrai dire, tant le mime était bon, qu'il s'agissait d'un âne reconstitué, jusqu'au moment où une main sortait de la peau frémissante de la bête et offrait un bouquet de fleurs à une spectatrice.

Or il se fit que la spectatrice qui reçut le bouquet fut, ce soir-là, par malheur, Evita.

Ce bouquet fut pour elle comme la goutte d'eau qui fait déborder le vase. Elle y vit un attentat perpétré contre sa dignité, un affront par lequel Paris la sommait de s'effacer.

10

Dans les salons du quai de l'Horloge, l'ambassadeur d'Argentine et M. Bidault signent un traité commercial qui promet du blé et de la viande à la France. Mme Perón, dédaigneuse, ne jette pas un seul regard sur ce traité. Elle est couverte de moire mauve à longue et lourde traîne. Elle attend la Légion d'honneur qu'on lui épingle au même moment. « Fermez la porte ! » crie deux fois Bidault, suprêmement agacé par la présence des journalistes qui font s'épanouir Evita.

Ses épaules fléchissaient sous un sautoir en diamant qui retombait sur la poitrine en une énorme plaque. Elle avait exigé un fond sonore de violons et de violoncelles à la Maison de l'Amérique latine. Mais elle demeurait ulcérée, parce que la figuration encore et toujours était fournie par l'ambassade d'Argentine, par la colonie argentine à Paris, et non par ce Tout-Paris, qu'elle eût voulu voir se bousculer autour d'elle.

Elle regagne le Ritz à minuit, livide et seule. Elle n'a connu, en fin de compte, qu'une mince satisfaction, lorsque se promenant en voiture découverte, à Rambouillet, une trentaine de jeep de journalistes la poursuivaient.

A Londres, on avait préparé son arrivée pour le 30 juin. Un comité de réception de cent soixante membres avait été chargé de ce travail. Entre autres mondanités, une visite à la reine avait été prévue. Mais l'ambassadeur argentin annonça, le 17 juin, que la visite du 30 juin était remise au 15 juillet, à cause du séjour prolongé d'Evita en Italie : contretemps volontaire qui cachait le va-et-vient des hésitations, des colères.

Mais, à cette nouvelle date, la reine serait en Ecosse et fort occupée. Alors, le comité élabore un nouveau programme. Dîner à l'aérodrome, réception et dîner au Royal Naval College de Greenwich. Visites aux docks, à un hôpital, à une pouponnière. Lunch à Downing Street avec Attlee. Mais toujours rien de précis concernant la reine. Et toujours, de ce fait, l'indécision d'Evita.

« Mélange d'Heddy Lamar et d'Eleanor Roosevelt », comme dit un journal américain, « symbole de pain et de viande », comme dit un journal suisse, Evita cesse d'attendre et d'accrocher à sa robe du soir tous les rubans de ses nombreuses décorations...

– Mon ambition, c'est de rencontrer la famille royale... *et les pauvres* ! avait dit Evita à Buenos Aires.

Bevin, à la Chambre, avait déclaré :

– Nous ferons à la femme de l'homme d'Etat argentin l'accueil privé mais cordial que nous faisons à tous nos visiteurs distingués.

*

Alors elle prit la route de Cannes, patiente et douloureuse, dans l'attente de son invitation, de *l'invitation.*

Des hordes de photographes l'assiégeaient. Ils avaient l'idée fixe de la photographier en petite tenue de bain. Ils ne lui demandaient rien d'autre. Ils ne la considéraient pas comme un chef d'Etat, mais comme une aventurière qui aurait gagné la partie grâce au galbe de ses jambes.

Elle déçut cette meute grimaçante. Elle n'apparut ni en Bikini ni en pantalon, mais toujours vêtue de sombre. C'était comme si elle eût voulu désarmer les dieux de la dignité et de la noblesse par cette tenue de carême. Elle attendait, pour rejeter tout ce deuil et arborer l'arc-en-ciel que la reine d'Angleterre se manifestât enfin.

Et le message attendu arriva.

Eva Perón était invitée par la reine, mais simplement à prendre le thé à Buckingham !

C'était un soufflet.

Invitée à prendre le thé, c'était plus humiliant que de ne pas être invitée du tout...

Elle rêvait de séjourner deux ou trois jours avec la reine et non pas de passer en coup de vent à Buckingham, en mendiante. Elle venait de loin, de l'autre côté de l'Océan... Elle n'habitait pas en face de Buckingham pour y accepter une tasse de thé...

Furieuse et abattue, sans même répondre à cette injurieuse invitation, elle décida de rentrer au plus vite.

Mais il lui restait au cœur un espoir de renverser ce vent de défaite. Elle décida, sur le chemin du retour, de s'arrêter à Rio de Janeiro, la capitale du Brésil, où devait avoir lieu, à ce moment-là, une importante conférence militaire pour la défense du continent sud-américain.

Les yeux du monde étaient fixés sur Rio de Janeiro. Si elle y accourait, cette lumière des flashes se déverserait sans doute sur elle...

Elle avait certes plus de charme à elle seule que cent généraux réunis. Les galants Sud-Américains s'intéresseraient plus à elle qu'à toute cette chamarrure, et le monde suivrait, forcément conquis.

11

Dès son arrivée à Rio de Janeiro, Evita s'empressa de s'installer à l'ambassade argentine comme dans un bunker d'où elle allait mener son action.

La conférence était pour le lendemain. Il fallait faire vite.

L'ambassadeur proposa immédiatement de faire distribuer de la part d'Evita des petits paquets de sucreries dans les homes d'enfants de la ville, dans les écoles et les parcs. Puis on se dit qu'il fallait aussi distribuer des fleurs à toutes les jeunes filles, aux communiantes, aux jeunes mariées. Ces mesures furent prises en toute hâte, mais les distributions se confondirent avec la publicité virevoltante des marques de chocolats et de maillots de bain.

Rio de Janeiro flamboyait sous un soleil d'hiver, nullement préparé à se laisser distraire par l'arrivée d'Evita. Il y avait dans l'air une légèreté qui poussait au plaisir. Quant à la presse, elle avait annoncé l'arrivée d'Evita en quelques lignes, réservant ses commentaires à la conférence militaire du lendemain, dirigée par le général Marshall.

Evita, cependant, jetait ses ordres à son ambassadeur.

Il fallait couvrir les murs de Rio de Janeiro d'affiches reproduisant son portrait. Des affiches de couleur si éclatantes qu'elles pussent trouer la nuit, racoler riches et pauvres.

L'ambassadeur risquait sa carrière dans cette mesure de la dernière heure pour imposer Evita à la capitale du Brésil, et minimiser l'image du grand hôte américain...

Donc, pendant la nuit claire qui précéda cette importante cérémonie sur laquelle tous les journaux sud-américains étaient braqués, sans compter une pléiade de cameramen et de reporters mondiaux, les avenues et les rues majestueuses de la capitale brésilienne furent éclaboussées de l'arrogante image d'une femme faussement sereine, aux cheveux tirés.

Des milliers et des milliers d'affiches d'Evita Perón, ocre et jaune, diligemment appliquées par des équipes de colleurs engagés à prix d'or *in extremis* par l'ambassade d'Argentine, se déployèrent sur les murs de Rio.

La police brésilienne dans sa totalité, comme s'il s'agissait de faire face à une attaque de gangsters, fut mobilisée une heure avant l'aube.

On lui annonça alors sa mission.

Les étoiles palpitaient à peine au-dessus des grappes de gratte-ciel. Des orchestres jetaient des sambas assoupies sur une plage morte.

Et, silencieusement, les policiers se lancèrent à travers la ville. Les affiches éblouissantes et encore humides, la police les arracha une à une des murs, n'en laissant rien, que quelques vagues tavelures.

C'était tout comme si on eut écorché Evita vive.

12

Quand Eva Duarte était devenue la première dame argentine, elle avait engagé un professeur pour corriger son langage et sa prononciation. Elle voulait obtenir l'accent castillan, celui qui est le mieux considéré dans la société snob de Buenos Aires. Mais, elle avait eu beau tortiller sa langue, cela n'avait rien donné. L'exclusive des « gens bien » demeurait, fichée, dans son cœur, contre elle.

Son besoin de subjuguer, besoin morbide et mortel, doit se remettre du coup terrible reçu en Europe. En Espagne, on s'est dit : « Ce que le plan Marshall ne nous accorde pas, c'est Perón qui nous le donnera... » D'où l'accueil qui fut fait à Evita. Les cinquante mille dollars distribués aux foules turbulentes, ses dons aux pauvres en des points stratégiques, sa récolte de médailles : tout cela finalement se résout par une crise.

Il n'y a pas trop de musiques sur le quai de Buenos Aires pour faire oublier à Evita sa défaite.

Elle a beau être assurée du respect absolu d'Espejo à la C.G.T., Espejo, après tout, c'est son employé, son valet. Ce qu'il lui faut, ce qu'elle convoite ardemment, c'est le respect des autres, des maîtres. Ce qu'elle est allée chercher en Europe, c'est une lettre d'introduction, un laissez-passer pour la haute société de son pays...

Elle n'a pas obtenu l'entière glorification du Vatican.

Elle n'a pas obtenu la cordialité des peuples, mis à part les criailleries du public à la corrida madrilène. Rome l'a huée. Paris l'a boudée. Londres l'a insultée.

Les peuples ont été méchants avec la blonde émissaire.

Son opulent vison sous la canicule ne l'a pas sauvée.

Il pleuvait à Rome et ce bouquet de fleurs apparaissait sous la queue de l'âne au Lido de Paris, pendant que les lazzis suivaient Evita qui se levait pour quitter la salle.

Elle a refusé la tasse de thé empoisonné de Buckingham. Et elle pleure de bonheur d'être de nouveau chez elle, après les dix mille affiches, les siennes – son visage, ses yeux, sa bouche –, arrachées de force des murs de Rio dans la nuit chaude, dans la nuit d'amour trahie.

Evita est fatiguée. Et la morgue de la Société de bienfaisance persiste, entière, inébranlable.

CINQUIÈME PARTIE

TEMPLE DE LA CHARITE

1

Les envoyés des syndicats, et personne d'autre, étaient bien reçus au quatrième étage de la Poste centrale de Buenos Aires. Là était l'antichambre d'Evita. Elle n'était pas une favorite, exclusivement consacrée à la distraction d'un grand homme, elle ne se contentait pas d'influencer le pouvoir. Elle s'en emparait.

On l'appelait « le Président honoraire »...

Evita arrive à la Poste centrale à huit heures du matin, et avec quelle précipitation, quelle joie ! Elle n'en sort qu'à une heure de l'après-midi et commence alors ses visites. Perón, lui, ne quitte son bureau qu'à huit heures du soir. Quand ils se retrouvent dans leur appartement de l'Avenida Alvear, cela devient pour eux deux une surprise, comme si chacun avait oublié l'existence de *l'autre.* Ils ne se récupèrent qu'épuisés par leurs propres « sorties ». Chacun ferme les yeux délibérément sur l'activité de l'autre. Perón se conduit avec sa femme aussi cérémonieusement qu'avec l'un de ses nombreux visiteurs de la journée...

Dents très blanches, sourire très professionnel, il est représentant en « grandeur nationale » avec autant de simplicité qu'il le serait en ustensiles ménagers. Pour gagner l'amitié d'autrui, il applique autant de méthode qu'il en faut pour abattre une fortification. Il ne fait pas l'histoire, il la transpire.

Rarement, Evita fait semblant d'appartenir à un foyer. De loin en loin une touche de « pittoresque » destinée aux journalistes. Elle a décoré sa maison, elle a acheté un tapis, très cher... Mais ce tapis n'existe même pas sous ses pieds...

Ce qui résonne bien sous ses hauts talons, c'est le rude marbre du quatrième étage de la Poste centrale...

Pour mieux jouer à la reine des travailleurs, de ces hommes dont dépend la vie du pays, Evita, trois jours par semaine, reçoit dans son bureau, perché dans le ciel, une délégation des syndicats.

La pièce est froide et les meubles sont de vil métal. Mais le sourire accueillant d'Evita jette le trouble parmi les ouvriers. Elle a du charme à la disposition du plus humble. Tous, recueillis, attendent la permission de s'asseoir. Il ne semble plus que les délégués de la classe ouvrière aient gravi les quatre étages pour faire part de leurs doléances, mais qu'ils soient là en visite de séduction.

Mais soudain le sourire se dissipe...

Evita change... Les mots, les gestes, les décisions, les ordres, se précipitent hors d'elle.

Elle prend des intonations et des attitudes masculines... Et, quand elle tranche, on acquiesce, parce que l'on n'a pas un homme devant soi. La galanterie de ceux qui viennent la voir agit inconsciemment là où ils se sont juré de ne lui accorder aucune place : dans la lutte pour leurs droits, pour la vie... Evita ne dissipe jamais cette équivoque. Elle en use au contraire sans se lasser...

Les cheminots de l'Union ferroviaire envoient toujours leur délégation à la petite camarade Evita au lieu de l'envoyer au siège du gouvernement. Ils savent qu'avec Evita ils obtiendront vite et facilement ce qu'ils demandent.

C'est ainsi qu'Evita détourne le pouvoir. Il faut isoler Juan Perón à la Casa Rosada. Il faut que les ouvriers sachent que c'est Evita qui promet des augmentations et que c'est elle seulement qui les accorde. Inutile de se servir de Juan Perón comme intermédiaire. Lui se contente d'offrir des cigarettes et des tapes dans le dos : le besoin de tourner la question devient chez lui une forme de gouvernement. Il sautille d'une vague à l'autre, et refuse surtout de se compromettre. Le monde, par lassitude, finira bien par s'incliner sous sa seule bénédiction...

La providence des ouvriers se trouve au quatrième étage de la Poste centrale.

Les cadeaux que la belle Evita accorde aux syndicats et aux ouvriers sont pris sur le Trésor public, nourri des bénéfices de guerre accumulés pendant six années par une nation-placard-à-nourriture.

Elle leur offre toujours plus qu'ils ne demandent.

Lorsqu'ils exigent une réduction de quarante pour cent sur les tarifs des trains, elle leur accorde cinquante pour cent. Les employés du téléphone se voient octroyer une prime de transport de soixante-dix pour cent lorsqu'ils ont demandé timidement trente-cinq pour cent...

La C.G.T., comblée, n'a plus pour première raison d'être que de répondre à l'invitation d'Evita lorsque cette dernière fait appel à elle, comme au balai du sorcier, pour une démonstration de masse chargée moins de démontrer la puissance des travailleurs que celle de la petite Evita.

Le quatrième étage de la Poste centrale est devenu un ministère du Travail occulte. Le véritable ministre et ses chefs de cabinet ne sont plus que laquais qui ouvrent les portes à Evita et commandent les applaudissements...

Perón s'attife, se parfume, soigne son costume, pose sur ses épaules son manteau, flottant à la Dorian Gray, mais son œil se creuse, torve... Il est fatigué de faire danser les mots...

Evita consacre sa journée à exposer les magnificences de son cœur à ceux qui gagnent durement leur vie, puis, le soir, rencontre quelques grands de ce monde qui, pour la plupart, viennent de l'étranger, ou bien quelques-uns de ceux qui profitent des bonnes places du régime. Evita surgit alors, éblouissante et éperdue, dans un carcan de robes, de bijoux, de fourrures, mais toute chiffonnée et les yeux brouillés par la fatigue résultant de son étreinte pathétique avec le peuple.

2

Un an après ce voyage arc-en-ciel au cours duquel elle n'avait pas réussi à recueillir le succès grâce auquel elle rêvait de forcer les portes de l'auguste Société de bienfaisance, Evita, comprenant qu'elle n'en ferait jamais partie, avait harcelé Perón pour qu'il se décidât à la supprimer par décret.

Elle résolut alors de créer et de lancer sa propre société de bienfaisance, émanation non plus d'une caste mais d'une seule personne. Elle ne partagerait les fastes de cette société avec qui que ce soit. Les grandes dames de l'aristocratie, qui avaient proclamé qu'Evita ne leur venait pas à la cheville, n'étaient pas seulement dépossédées mais reniées par la première dame argentine. Evita avait décidé que personne n'était plus à sa hauteur. Aucune grande dame d'aucune prestigieuse famille ne pouvait plus désormais prétendre à se déplacer à égalité, au même niveau, dans la pièce où se trouverait Evita.

La Sociedad de Beneficencia est bien morte. La Fundación Ayuda Social María Eva Duarte de Perón la remplace.

La nouvelle société de bienfaisance, la Fondation, n'a plus rien qui rappelle l'ancienne. Il ne s'agit plus de collectes entre gens de bien pour distraire un après-midi par semaine l'oisiveté de dames richissimes. L'argent qui sera déversé sur les pauvres ne sera pas recueilli dans un humble porte-à-porte et sa distribution n'aura pas lieu au cours de moroses intimités.

L'argent pour les pauvres de la Fondation Eva Perón sera collecté rudement comme dans un racket, et sa distribution se fera pompeusement, régulièrement, du haut de la grâce d'Evita Perón.

Le quatrième étage de la Poste centrale est désormais dépassé.

Il faut construire pour Evita un immeuble géant en plein Buenos Aires.

Il ne s'agit plus seulement de relever des salaires ou d'accorder des facilités aux travailleurs. Il s'agit d'offrir le bel argent dans un grand déploiement de générosité du spectacle.

La Société de bienfaisance des riches a été anéantie, ses activités interdites, y compris le simple droit de réunion, comme s'il s'agissait d'empêcher les complots d'une société secrète. Les grandes dames furent honteusement renvoyées chez elles, leurs biens confisqués par l'Etat. Point par point, les demandes inébranlables d'Evita ont été exécutées à ce sujet. Le vol des biens des riches, c'est la nouvelle manière d'émanciper les pauvres.

Evita se sent enfin vengée de l'arrogance d'une douzaine de vieilles dames aristocrates au sourire figé et aux jambes lourdes.

En 1948, Evita Perón, ce n'est plus un bureau d'un simple étage, une annexe du ministère du Travail, avec la Fondation cela devient un gratte-ciel, un accomplissement, une volonté qui a bouclé sa boucle, édifié un Etat dans l'Etat...

3

En 1948, María Unzúe de Alvear mourut à quatre-vingt-huit ans. C'était la vieille présidente de la Société de bienfaisance de l'aristocratie argentine. La place pour son repos éternel avait été depuis toujours fixée à l'intérieur de l'église Santa Rosa de Lima, construite par la famille Unzúe de Alvear, et qui lui appartenait.

Le fait que la reine d'Angleterre n'eût pas voulu inviter dans son palais Evita Perón alors qu'une reine d'Angleterre n'avait pas hésité à recevoir la femme de l'ex-Président des Etats-Unis, Woodrow Wilson, ancienne actrice – et actrice débauchée, ajoutait Evita dans ses plaintes –, et aussi la continuité dans le refus de la Société de bienfaisance, l'obstination de María Unzúe à garder Evita loin de son cercle, firent qu'Evita ne s'estima pas suffisamment vengée par cette mort retardataire.

Elle n'eut plus qu'une idée : empêcher la famille de Alvear d'enterrer la vieille dame à Santa Rosa.

Eva Perón fit savoir par un messager qu'elle ne voulait pas que la bonne dame fût enterrée dans une église. Mais les Alvear possédaient des amis influents dans l'armée et ils fermèrent la porte au nez du messager de la Présidente.

Les Alvear et l'aristocratie ne pouvaient pas comprendre que la femme du Président pût s'acharner d'une manière aussi puérile, aussi méchante, sur une morte qu'elle n'avait pas connue. Les Alvear firent remarquer que l'argent avec lequel María Unzúe avait accompli sa charité n'était pas celui de l'Etat, mais le sien propre. Et c'était encore et toujours avec son argent qu'elle avait bâti l'église oû elle devait être enterrée.

Cette réponse, qui lui fut faite devant de nouvelles insistances et de nouvelles menaces se succédant dans la même journée avec des degrés de fièvre pernicieuse, cette rebuffade rendit Eva folle de fureur.

Elle convoqua Espejo et lui demanda aussitôt de rassembler le ban et l'arrière-ban de la C.G.T. Elle voulait une manifestation de masse pour intimider les Alvear. Une manifestation comme celle qui avait été montée contre Reyes : des milliers de sans-chemises devant la Casa Rosada brandissant de petits gibets, tous semblables et sortant du même magasin, à l'intention de Reyes, apostat de Perón.

Espejo promit de faire son possible pour empêcher l'enterrement.

Il réunit quelques centaines parmi les plus convaincus des partisans de Perón. A la nuit, ils se postèrent devant la noble demeure. Il leur avait été recommandé de ne pas crier, de ne manifester que par le silence et par leur massive présence, de créer ainsi l'inquiétude et la peur. Mais lorsqu'ils aperçurent les immenses tentures noires sur lesquelles brillaient fâcheusement des cœurs d'or entrelacés aux armes de la disparue, les figurants cégétistes furent saisis d'effroi. La panique qu'ils voulaient créer se retourna contre eux. Pouvaient-ils opposer leurs poings à la présence impalpable et envahissante de cette morte sur laquelle les injures ricochaient, entraînant ceux qui l'assiégeaient dans un néant parfumé à l'amande et à l'encens, toutes voiles noires gonflées au vent ? Pour le ravissement des cendres élitaires !

Avant qu'Espejo ait pu réchauffer ses hommes du bon repas qu'il avait promis de leur offrir à l'aube, le groupe se débanda. Il prit le trot dans les allées humides, puis disparut sans demander son reste.

Espejo craignait de retrouver Evita après cet échec. On ne pouvait jamais savoir où s'arrêterait sa rancune, une fois déclenchée. Espejo décida, pour ne pas compromettre son poste, d'inventer quelque parade pour retarder de toute manière l'enterrement. Il se rendit aux pompes funèbres et chercha à compliquer la cérémonie avec de mirobolantes menaces de révolution dans la rue. Il essaya de soudoyer quelques employés. Il ne voulait plus que retarder la cérémonie de quelques jours, le temps de prouver à Evita qu'il avait tout essayé.

Mais cette entreprise de pompes funèbres était aristocratique et familiale, et rien ne pouvait la troubler. Si un subalterne accepta l'argent d'Espejo, le patron en eut vent et renvoya son croque-mort corrompu le lendemain même. Espejo fut obligé de récupérer ce croque-mort à la C.G.T., d'en faire un garçon d'ascenseur.

Affolé, tremblant, Espejo se rendit chez Evita.

Le premier mot d'Evita fut :

– Ces chiens sont-ils enfin convaincus ?

Elle regardait à peine Espejo. Elle manipulait ses boîtes, ses petits réceptacles à diamants. Sa chevelure blonde énorme, à trois étages, finissait par écraser son visage.

Espejo se confondit d'abord en excuses, puis finit par expliquer, tout feu tout flamme, le danger de la manœuvre qu'Evita avait exigée de lui. Il l'avait décommandée à temps, dit-il, parce que les hommes ne semblaient pas comprendre. On risquait de perdre les commandes de cette masse loyaliste si on la contraignait à une manifestation qui ne présentait pour elle aucun sens.

Les traits d'Evita se durcirent. Elle allait hurler, lorsque Perón vint interrompre l'entretien. Il venait prendre rendez-vous pour le lendemain avec une journaliste américaine, une femme importante qui désirait la photographie d'Evita pour la première page du *Time*.

Cela sauva Espejo pour quelques heures. Mais, dans la soirée, Evita le convoqua et exigea tout net qu'il empêchât l'enterrement de María Unzúe à Santa Rosa ; sinon lui, Espejo, devrait faire son deuil non seulement de la C.G.T., mais aussi de l'Argentine.

L'espion d'Espejo placé en sentinelle devant la grande demeure des Unzúe le tenait au courant des préparatifs funèbres. Le corps avait été embaumé. Il allait quitter la chapelle familiale.

Alors Espejo, transi, eut son idée.

Il fallait employer la ruse et non pas la force. N'était-il pas malsain après tout d'enterrer cette femme dans une église qui était un lieu public ? L'hygiène, c'était un des grands thèmes lyriques de la nouvelle C.G.T. L'homme devait avant tout veiller à son métabolisme et ne pas se noyer dans la politique profanatrice.

Aussitôt, tout un étage de la C.G.T., une dizaine de bureaux, furent mis à la disposition d'une assemblée de juristes convoqués en toute hâte et cueillis à leur domicile au lever du jour dans les camionnettes d'approvisionnement des cantines.

Les juristes, mal réveillés, se mirent à éplucher le code d'hygiène. Ils parvinrent enfin à épousseter une loi vieille de cent soixante-cinq ans, qui interdisait à tout Argentin d'être enterré *hors des cimetières.*

José Espejo, radieux, informa Evita de sa découverte. Elle fut comblée d'apprendre qu'elle allait gagner cette fois en employant non pas la grosse masse de manœuvre, mais quelque chose de subtil, de cérébral. Deux policiers de la police secrète arrivèrent au moment où le cercueil était hissé sur un interminable char noir. Ils remirent aux descendants des Unzúe de Alvear l'extrait officiel de l'édit qui mettait fin aux prétentions qu'ils pouvaient conserver d'enfouir la vieille dame à Santa Rosa de Lima.

Ce même été, comme pour compléter sa vengeance et parce que toute l'aristocratie était scandalisée par cette mesure contre une morte, Evita installa devant le Jockey-Club de Buenos Aires un marchand de poissons. Il pratiquait les prix les plus bas de Buenos Aires. Il vendait son poisson à perte, rémunéré en sous-main par Evita. Ces poissons distribués presque gratuitement attirèrent une pègre d'acheteurs dans une odeur envahissante. Le Jockey-Club en fut cerné.

Cette dernière mesure provoqua dans l'aristocratie une crainte comme elle n'en avait pas encore éprouvé depuis l'accession des Perón au pouvoir. Une panique étourdissante, un frisson de décadence... Comme si le diable s'était emparé des rênes du pouvoir asexué.

4

C'est un temple grec, dédié à l'amour et soutenu par dix colonnes de marbre. Mais ce temple ne se cache pas au fond d'un parc et n'est pas entouré de grands arbres. Ce temple d'amour est aux dimensions d'un gratte-ciel et il se dresse en plein Buenos Aires, au milieu d'immeubles commerciaux qui ne possèdent pas sa force. De plus, sur le toit du septième étage, il y a une dizaine de statues de marbre dont une seule suffirait à agrémenter le vestibule d'une maison patricienne. Là, sur ce toit, les statues se pressent en petite foule comme pour brandir au-dessus de la ville une massue, celle de l'opulence d'Evita. Le triomphe du mythe.

Il est huit heures du matin. Des jeunes gens sortent de cet immeuble, silencieux, affairés, le visage fermé. Ils commencent à faire le tour des grands magasins, des grands commerçants, des grandes industries.

Ils demandent chaque fois le directeur de la maison et lui disent simplement : « C'est Evita qui m'envoie... » L'homme riche doit s'incliner, remettre un chèque. Ou de l'argent comptant. Et la ronde des messagers d'Evita devient de plus en plus avide, de plus en plus féroce. L'argent qui provient de Mar del Plata, ville-tripot d'Argentine où s'exerce le péché national, le jeu, où les gens accourent pour poser des jetons sur un des trente-sept numéros et puis attendent, attendent la fin de leurs misères ; l'argent qui provient du Trésor public, et la dîme qu'accordent volontairement les syndicats à la Fondation d'Evita ne suffisent pas à cette dernière. Sa grande joie, c'est cette volée de jeunes corbeaux qu'elle jette tous les matins sur la ville. Et, lorsque quelqu'un s'avise de refuser sa contribution, la riposte ne tarde pas. Ainsi, la grande chocolaterie Mu-Mu, n'ayant pas accédé à l'appel du cœur, vit sa fabrique envahie par des inspecteurs d'Etat qui venaient s'assurer des conditions d'hygiène. On déclara avoir trouvé des poils de rat dans les cuves à chocolat et la maison fut fermée.

Cet incident mit tous les industriels de la ville au pas.

Si une maison, devant l'envoyé d'Evita, se montrait rétive à la philanthropie, l'envoyé de la Fondation, placidement, sortait une tablette de chocolat de sa poche et commençait à la croquer. C'était comme un mot de passe. Aussitôt, les coffres-forts s'ouvraient. Plus personne n'échappait ainsi à l'impôt du cœur et l'argent affluait par millions de pesos au vaste temple grec, au massif temple d'amour, d'un cœur maternel démesuré...

Mais Perón ne voulait pas que la Fondation devînt une émanation gouvernementale, une création officielle. Il menait le double jeu. Il encourageait Evita dans sa collecte quotidienne, ce lancer de soldats de charité à travers Buenos Aires, mais il repoussait la Fondation et ses manœuvres loin de la Casa Rosada. D'abord, parce que des coquins cherchaient à profiter de la célébrité et de l'intransigeance des collecteurs d'Evita. Les amateurs escrocs n'avaient plus qu'à prononcer d'une certaine manière : « C'est la Fondation Eva Perón qui m'envoie... » Ensuite, ces employés d'Evita étaient si nombreux, qu'ils fussent volontaires ou rétribués, qu'on finissait par les surnommer en sous-main « les quarante mille voleurs d'Evita »...

Si le ramassage était mafieux, la distribution prenait une allure angélique. La charité est pratiquée dans le monde avec une sombre conviction. Le malheureux doit s'incliner et parfois payer sa soupe d'une prière humiliante. La distribution d'argent est rare. On donne à manger et on donne quelques vêtements. Bref, tout ce qui est charité s'accompagne de rancune et de honte. A la Fondation Eva Perón, il en allait tout autrement.

La charité se manifestait comme dans une salle de concert dont les places non seulement seraient gratuites, mais dont la fréquentation assidue rapporterait de l'argent à tous les spectateurs.

Evita avait décidé qu'il y aurait trois fois par semaine des sessions de charité et que les portes seraient grandes ouvertes aux pauvres gens.

Elle arrivait à la Fondation en Rolls Royce.

Jamais, en public, elle n'arbore deux fois la même toilette. Ses chaussures favorites sont en peau de reptile avec des joyaux essaimés autour du talon.

Sa cour des miracles est disposée comme une école maternelle. Tout le monde se lève d'un seul mouvement à l'arrivée d'Evita. Evita prend place dans un fauteuil orange sous une grande fenêtre gothique.

Un tronc géant repose sur son bureau. Les femmes qui l'attendent sont tout de noir vêtues. Elles se lèvent, s'approchent de l'estrade d'où domine le bureau, font une sorte de révérence cireuse ou allègre suivant les cas, et commencent à débiter devant Evita, à voix haute, le récit de leurs malheurs. Ce sont des femmes abandonnées ou pourvues d'un mari alcoolique. Evita écoute, fronce le sourcil, croise ses mains avec colère. Elle joue un acte de reine et non pas un rôle moderne. Les assistants d'Evita sont tous des hommes et des athlètes tirés à quatre épingles. Ils sont figés comme des mannequins, obéissants comme des petits chiens. Une impression de puissance et de propreté émane de leur personne. Le monde doit être bon et net. Sinon, on mettra les verges en action. Les assistants d'Evita sont des archanges en veston croisé...

Le tronc des pauvres se dresse devant Evita. Et tous les regards se croisent, impatients ou dévots, devant cette pièce de musée...

Un des secrétaires d'Evita plonge une lourde main baguée dans le tronc et en sort un billet de cent pesos, sur un simple hochement de tête d'Evita qui salue ainsi la fin d'un récit de détresse.

La femme s'incline, larmoie, veut baiser la main d'Evita. Mais Evita proteste avec un beau sourire. Et il y a aussi les mendiants professionnels qui accourent à ces agapes de bonté. Ces mendiants increvables sont des artistes de la génuflexion. Ils ne sont pas chassés de la Fondation. Au contraire, ils en constituent le plus respectueux emblème. Evita n'essaye pas de les évincer. Ils viennent chercher dans sa main leur provende. Elle se carre dans son fauteuil.

Le bruit courait dans Buenos Aires que les sommes distribuées par Evita étaient ridicules à côté de celles qu'elle empochait et dont on ignorait la destination.

A une journaliste américaine qui lui demandait comment elle tenait sa comptabilité, Evita dit en haussant les épaules :

– Compter est un tic capitaliste. Moi, je donne ! Sans compter !

5

Abraham Lincoln était un ancien bûcheron coiffé d'un haut de forme pisseux, et son parapluie était attaché avec une ficelle. Il libéra quatre millions de Noirs. Perón se dit le Lincoln de la race blanche et prétend avoir libéré des millions d'esclaves blancs.

Perón jouait les rôles historiques masculins, à la file, de la même façon qu'Evita avait exigé à un moment donné de les interpréter les uns après les autres, les plus juteux, à Radio-Belgrano.

Perón chercherait en vain à se faire injurier comme Lincoln, il n'a pas la chance d'être traité d'amoureux des Nègres, de cheval, d'alligator ; il tenterait en vain à grimer son regard d'un fond de pensée, à tracer trois lignes horizontales sur son front, à obtenir que ses sourcils et sa bouche parallèles exprimassent l'ascétisme, l'accablement noble et farouche d'un juste.

Perón, c'est l'homme gras et hilare. Rien ne stimule plus son cœur que les applaudissements. Ces derniers se détournent pourtant, de plus en plus fournis, vers Evita...

Perón ne s'arrachera pas un ongle pour dompter sa jouissance monocorde du pouvoir. Juan Perón n'a aucune existence autonome. Il tourne par la grâce d'Evita, il est devenu son émanation.

Les lois du mariage, en ce qui le concerne, sont renversées. Son nom, « Perón », a été artificiellement et fantastiquement gonflé par les poumons fragiles d'une petite provinciale sans culture, mais la tête entièrement tapissée d'images d'Epinal.

Aussi, pour essayer de consolider sa virilité, dans la maison de campagne de San Vicente, Perón s'habille-t-il en gaucho. Il se promène enfin en maître. Il défile devant sa troupe exotique et obéissante de chiens, d'autruches, de coqs.

Ses éperons, énormes et inoffensifs, retentissent contre les pierres. Pendant que Perón arpente joyeusement son jardin dans sa belle tenue de gaucho sans rancune, Evita fait flamber une omelette pour le photographe d'un de ses journaux.

Elle fait son plan de bataille pour le lendemain, aiguise un couteau, lèche sa prochaine apparition.

La nature n'apaise pas ses nerfs.

Elle ne s'enferme dans sa demeure de campagne, pour les fins de semaine, que parce que les riches font ainsi. Il n'y a pas de repos pour elle. Il lui faut se préparer à toujours plus de gloire, un nouvel esclandre du mythe.

6

La Société de bienfaisance possédait encore à Corrientes une maison pour les aveugles.

C'était une vaste demeure à deux étages avec un jardin par-devant et, par-derrière, un parc qui ressemblait à une forêt semée d'allées et de bancs.

Les aveugles se déplaçaient là sans l'aide d'aucune canne. Ils y possédaient leurs repères. C'était leur univers, dont ils avaient arpenté chaque centimètre, palpé les arbres, battu les taillis, sondé les pièces d'eau. Jamais la moindre pâquerette ne fut écrasée.

Ils se déplaçaient sur des espadrilles. Ils faisaient partie de cette nature qui leur avait été allouée. On ne les entendait pas. Ils possédaient dans le parc leurs niches naturelles. Ils se coulaient dans les branches d'arbres et elles leur servaient de colliers. C'était comme si la nature les avait étreints pour leur donner le sentiment qu'ils appartenaient à la vie.

Le monde extérieur ne leur manquait pas.

Ils ne se sentaient guère privés de la présence des autres hommes.

La note effilée d'un oiseau suffisait à les relier au monde. La Société de bienfaisance avait organisé ce domaine de telle façon que les aveugles étaient libres de vivre comme ils l'entendaient. La liberté était une création individuelle. L'un pouvait déjeuner dans sa chambre, l'autre au réfectoire, un autre en équilibre sur un tronc de chêne, au fond du bois.

Ils s'endormaient de la même manière, là où bon leur semblait. Leur rêve ne se brisait jamais. La réalité n'était jamais plus méchante que leur rêve ; leur nuit n'était jamais plus ardue que la réalité du jour.

Mais tout cela un jour fut rompu par un simple appel. Ce jour-là, ils furent halés, rassemblés, évacués de leur paradis. On leur mit à chacun dans la main une canne. Et ce fut comme si on les enchaînait.

Le domaine leur était enlevé. Ils étaient renvoyés à leurs familles. On les réexpédiait aux hommes comme pour les punir. Et le domaine de Corrientes devint brusquement propriété de la Fondation Eva Perón. Il fut envahi par une nouvelle engeance.

Des jeunes femmes au ventre énorme. Eva Perón avait besoin du suffrage des filles mères qui avaient des yeux, des yeux pour la voir, et non pas de celui des aveugles qui ne pouvaient apprécier sa splendeur.

Elles envahirent l'immense parc. Les parterres de fleurs furent décimés. Elles s'affublèrent de toutes les fleurs comme pour se transformer en bouquets mouvants, mais leurs yeux restaient gris et cernés.

Elles avaient accroché des fleurs à leur chevelure, à leur ceinture. Elles en avaient rempli leur corsage.

Elles tombaient en pleurs pour un rien, dansaient pour un rien, se goinfraient. Elles ne s'apaisaient que dans leur chambre où se trouvait bien en place la photographie de leur bienfaitrice et, cachée sans doute sous un traversin, celle de l'homme du mal.

Comme le domaine n'avait jamais possédé d'autre mobilier que d'énormes tables, d'énormes bahuts datant de plusieurs siècles, Evita décida que le domaine de Corrientes serait rempli de meubles luxueux. Ayant anéanti la charité d'autrui pour la remplacer par la sienne, elle se devait d'y ajouter un brillant qui devait briller sans fin. Les meubles que ces filles du peuple n'avaient jamais admirés, même de loin, furent commandés dans les plus beaux magasins de Buenos Aires.

Lorsqu'ils arrivèrent à la Fondation, Evita, qui avait pris la peine de certifier, lors de la commande, qu'il s'agissait de meubles pour meubler un foyer de jeunes femmes abandonnées, fut outragée à la vue des factures. Elle jeta en travers son paraphe avec un mot : « Merci. »

C'était payé ! Et plus qu'il ne fallait !

7

Un avion s'écrase en Terre de Feu ou un train se renverse à Córdoba ?

La Fondation accourt. Il faut que le nom d'Evita Perón soit prononcé là où les yeux des caméras affluent, où le centre d'intérêt se porte. Là où il y a événement tragique, Evita Perón doit accourir avec sa Fondation afin que la curiosité suscitée par l'événement se complique aussitôt du battement de cœur qu'introduit la Fondation, au nom de la charité. Cette charité se déverse à flots aux points névralgiques. Elle n'est pas discrète, humble... La charité se fait véhémente et colorée. Elle devient un grand opéra qui double celui de l'infortune glorifiée...

Ce travail n'est pas limité à l'Argentine.

Evita voulait que le monde entier la bénît.

En 1950, lorsque les yeux du monde se tournaient vers Tel-Aviv où accouraient les émigrants de la race spoliée et décimée, Evita ne fut nullement gênée par la pensée que Perón était un Hitler à l'orgeat et que son premier soin, au moment où l'Allemagne s'écroulait, avait été de jeter les petits forcenés péronistes contre le quartier juif.

Elle envoya ses racoleurs chercher l'argent des Juifs riches de Buenos Aires. Il était entendu que cet argent devait aller à leurs frères.

Le collecteur expliquait :

– Les dons seront envoyés gratuitement... sur les bateaux argentins... Vous avez tout intérêt à passer par nous. Il faut faire vite et grand...

Quelques mois après, un énorme bateau jeta l'ancre à Tel-Aviv.

En lettres géantes, sur ce bateau, un nom : *Evita Perón.*

De la même manière, les enfants pauvres de Washington reçurent un important don en vêtements de la part d'Evita Perón. La Présidente du Secours aux enfants pauvres de Washington fut affolée.

Elle se souvenait avoir demandé des secours pour ses protégés, mais jamais l'idée ne lui serait venue d'en demander à la Fondation Evita Perón, du nom de cette femme qui haïssait l'Amérique, mais non pas au point de renoncer à s'y faire de la réclame.

Il ne fallait à aucun titre accepter ce cadeau. Il risquait de causer du tort à l'Amérique qui était en froid avec l'Argentine, seul opposant de taille dans le bloc sud-américain.

La Présidente courut expliquer son cas au Département politique.

– J'ai renvoyé le cadeau, dit-elle, à un sous-secrétaire.

– De quoi s'agit-il ?

– De mille manteaux, mille tableaux noirs, mille culottes, mille cartables, et de milliers de crayons et de gommes...

– Je ne pense pas que vous ayez bien fait.

– Mais je n'ai jamais rien demandé à Evita Perón !

– Je crois que c'est une erreur, répondit l'officiel. Nous allons vers une détente...

– Mais cette femme n'a pas de cœur ! Elle n'a que du néon à la place du cœur !... Et je ne veux pas que les orphelins de Washington, mes orphelins, servent d'appât à cette ogresse.

– Je crois que vous devez accepter ce cadeau, et trouver un moyen de neutraliser la publicité pour Eva Perón.

La Présidente, Mrs. Vawters, dut, la mort dans l'âme, reprendre les colis qu'elle avait fait aligner sur le débarcadère.

L'Amérique ne voulait pas envenimer ses rapports,

mais, tout au contraire, mettre le dictateur dans sa poche, le combler de dollars après l'avoir mis au ban de l'humanité. Puis il y avait Evita, qui était une dame.

Il fallait même remercier.

Washington remercia.

Mais la bonne présidente ne pouvait tout de même brûler mille culottes, mille vestons, mille crayons...

Elle trouva enfin le repos le jour où, dans son discours de distribution des dons, elle dit, sans citer le nom d'Evita :

– Nous les acceptons du bon Dieu !

8

Evita devait être opérée de l'appendicite.

Cela ne représentait rien de considérable du point de vue médical, et pourtant ce fut pour Evita comme un arrêt sournois, tragique, de l'épopée forcenée qui la portait toujours plus loin et au-delà de ses moyens physiques.

C'était cette cavalcade qui lui permettait de ne pas prendre garde à sa santé fragile, qui l'effaçait.

L'appendicite allait l'obliger à rester au lit pendant quelques jours.

Pour Evita Perón, la station couchée était insupportable. Dormir était une obligation qu'elle reprochait amèrement à la nature. Ses sommeils devenaient un remâchage brumeux de ses journées de fanfare. La femme, comme la voyait Evita, comme elle l'incarnait, n'avait pas à s'allonger, n'avait pas à sacrifier une bonne part de son existence à l'allongement, que ce fût celui de l'amour ou celui de la maternité, travaux forcés dictés par une nature qu'elle reniait.

Aussitôt qu'elle sut qu'elle avait l'appendicite, et comme s'il ne fallait pas laisser la salle se refroidir pendant son absence – l'entracte imprévu devant servir au contraire à attiser le public et à le rendre plus impatient du lever de rideau –, la nouvelle fut annoncée à la nation, dans tous les bulletins d'information.

Evita était réellement fatiguée, et il y avait une sorte de climat de crainte qui s'installait autour de cette opération anodine. Ce climat la comblait.

Elle ne voulait pas sa mère ou ses sœurs auprès d'elle, ni même son frère Juan. Elle ne désirait d'autre encouragement que celui que véhiculait jusqu'à elle la radio, le bruit de mer que faisaient les manifestations collectives tendues vers elle.

Le rôle s'enrichissait d'une nuance importante. Ce n'était plus elle qui allait à l'affection de la ville, mais c'était la ville elle-même, ses foules, qui venaient refluer aux pieds de son lit.

C'est sur ce lit qu'elle éprouvait sa force, qu'elle prenait conscience de l'immensité de son pouvoir, et qu'elle ne pouvait s'empêcher de renier Perón, de rêver à la solitude au sommet.

Lorsque l'opération fut décidée, pour un dimanche – comme pour profiter du répit dominical qui accrocherait les gens tout naturellement en état de religiosité –, Evita, avant que l'anesthésie fît son effet, marmonna : « Je veux vivre... Vive Perón !... »

On eût dit quelque cabotine repassant hâtivement son rôle avant de retourner sur le plateau, après un petit coup de houppette dans les coulisses.

Le même cri proféré par sa bouche avait retenti tant d'années sur les estrades : « Vive Perón !... Vive Perón !... » Maintenant, elle n'avait plus à faire preuve d'humilité. La saison des oraisons à l'homme, au sauveur, prendrait bientôt fin. Evita, derrière le paravent de l'hôpital, se préparait une terrible résurrection.

Et en effet, aux maigres mots mangés de fièvre sur la table d'opération d'une clinique qu'elle avait choisie populaire, à ce bafouillis d'anesthésique, répondait au-delà des fenêtres le monstrueux vivat de la foule. Un vivat dur comme une épée.

Ses admirateurs, les cortèges qui sortaient des locaux de la C.G.T., bannières en tête, le personnel des usines, déferlèrent, et, suivant un scénario préétabli, s'en vinrent interrompre le championnat national de football, qui portait d'ailleurs le titre de « Tournoi Evita ».

Les champions, en petite tenue, le gardien de but le ballon sous le bras, les sections ouvrières, un instrument de travail à la main représentant leur spécialité, les ménagères d'Evita exaltées, des bambins qui se bousculaient, des animaux tenus en laisse, ce monde fou s'excitait à constituer avec de nouvelles petites rivières, toujours plus nombreuses, un fleuve en crue. L'individu noyé dans la foule se sent seigneur quand cette foule marche avec lui au pas comme s'il en était à la fois l'entraîneur et le soutien, le tambour-major et les cent mille pieds qui résonnent sur le pavé.

Cette armée, surgie du trottoir, tantôt recueillie et tantôt glapissante, se rassembla avec sa multitude de drapeaux devant les principales églises de la capitale.

En envahissant l'église, les foules coulaient sous les colonnes. Les drapeaux restèrent dehors, immobiles dans les poings serrés, palpitant légèrement au vent. De grands murmures s'élevèrent alors jusque sous le porche des églises.

La foule, dans sa prière, se montrait aussi âprement revendicatrice que dans ses marches à la Casa Rosada. Les grands cierges larmoyaient. Leurs flamboyants éclats illuminaient des visages extatiques. Chacun pleurait sur soi et tous se lamentaient sur Evita.

... Evita sortit de la clinique amaigrie encore et plus radieuse qu'avant, comme si elle revenait d'une cure de rajeunissement. Elle savait encore mieux qu'hier ce qu'elle voulait, le chaud désir qui, sans interruption, battait en elle.

Et d'ailleurs elle ne s'offrit aucun répit, aucune convalescence.

Le premier geste qu'elle accomplit fut de faire rappeler Labougle, ambassadeur argentin à Londres.

Il n'avait pas commandé une messe pour la réussite de la sainte opération d'Evita, ainsi que l'avaient fait tous les ambassadeurs, consuls ou chargés d'affaires argentins dans le monde...

9

Evita a dévié vers elle l'enthousiasme du stade. Partout où il y a des foules, il faut qu'elle les capte, qu'elle les enlève aux dieux inanimés. Le clergé argentin doit s'incliner devant cette nouvelle immaculée : Evita Perón.

Les grincements des guitares remplissent les nuits. Mais elles aussi chantent Evita. Il semble que le cœur des amoureux passe aussi par le sien.

Pourtant Evita, qui est à la fois familière et autoritaire avec ses domestiques, l'est aussi avec les femmes du peuple.

Les autres femmes ne sont pas ses égales. C'est sa cour, son peuple. La conquête de leurs libertés doit passer obligatoirement par le canal d'Evita.

Armanda Ledesma et Dolores del Rio devinrent le point de mire de la haine d'Evita. Dolores ne trouva plus aucun contrat cinématographique à Buenos Aires. L'affront envers Evita datait de l'époque où Dolores était étoile de première grandeur dans le monde, et où Evita n'était rien.

Les films de Dolores furent déclarés indésirables en Argentine, bien que la vedette de *María Candelaria* eût fait pleurer le peuple argentin. Ces larmes provoquées par une autre brûlèrent longtemps Evita.

Elle se vengea de l'actrice Libertad Lamarque en supprimant l'attribution de papier de l'hebdomadaire *Qué,* qui lui avait consacré un numéro spécial.

Quant à Nini Marshall, première vedette argentine du cinéma et de la radio, elle avait eu le malheur, dans une réunion privée, de chiner la façon de jouer d'Evita du temps où on la rencontrait dans l'Avenida Corrientes. Elle dut s'exiler au plus vite. D'abord en Uruguay, puis en Espagne.

Plus personne ne s'alarmait de ces mesures.

Il y avait déjà longtemps qu'un député de l'opposition, effaré par le dynamisme de la señora Perón, avait voulu faire voter une loi qui interdirait à la femme du Président de l'Argentine toute activité. Mais l'homme qui avait voulu la faire voter avait dû s'enfuir la nuit suivante en Uruguay.

Evita enfin apparaît à l'Opéra de Buenos Aires. C'est l'apothéose.

Elle éclipse les grandes vedettes et les grands lustres. L'actrice Eva Duarte n'a plus besoin d'un public à convaincre avec son seul art, elle le convainc avec la menue monnaie qui s'échappe de ses doigts frêles et qu'elle éparpille sur la tête de ses croyants.

Le fanatique est un citoyen encombrant mais vite couchant, du moment qu'on lui accorde plus que le pain quotidien.

Le cadre le plus grand, le plus riche, le plus orgueilleux, elle l'a enfin trouvé : l'Opéra de Buenos Aires.

La foule pantelante agite dans ses milliers de mains de futiles drapeaux. Femmes et enfants jettent des fleurs à Evita. Les petits drapeaux, quand on les regarde de plus près, portent tous le nom d'Evita. Lorsque la voiture d'Evita pénètre sur la place de l'Opéra, la police doit lui frayer un passage. Toute cette masse se rue vers elle. Elle, la petite Cendrillon professionnelle, couverte de bijoux, provoque cette orgie de curiosité et d'admiration.

C'est la scène qu'elle a entrevue, à Hollywood.

Tout le monde veut la toucher, lui arracher un mot,

une poignée de main, un sourire, un morceau de vêtement...

Et pour bien montrer qu'elle n'apparaît pas là en être humain, en femme de gouvernement, mais en figure miraculeuse, son apparition coïncide avec une sorte de loterie démente.

On lui jette sur la scène des petits papiers pliés en quatre. Une vraie neige. Sur ces papiers il n'y a qu'un nom et qu'une adresse, le nom et l'adresse de celui qui les a lancés. Ces messages banals font un tapis de velours sous les pieds d'Evita. Il faut parfois les repousser à coups de balai pour l'empêcher de trébucher dessus.

Evita sourit, parle.

Et puis, de temps à autre, elle se baisse voluptueusement pour ramasser un petit papier.

Des clameurs saluent cette initiative. La salle délire. Une salle où se fracasse le souffle pléthorique des faubourgs.

Lentement, dans une musique d'aurore, pendant que l'orchestre ronronne dans sa fosse, Evita déplie le papier, strip-tease du cœur, certes ; c'est lent, c'est doux, c'est interminable.

Enfin, Evita lit gravement et joyeusement le nom qui se trouve sur le papier qu'elle froisse de ses ongles carminés.

La personne dont le nom s'inscrit sur ce papier a gagné une audience spéciale accordée par Evita dans un salon de la Fondation.

Et il y aura une grande récompense : de l'argent, un logement, un travail rémunéré. Bref, tout ce que peut désirer le pauvre homme qui a été élevé, défroissé, élu par le geste de la superbe Evita...

10

En 1949, une terrible sécheresse avait décimé les troupeaux et fané les récoltes.

Perón n'était plus en mesure de fournir un paiement en marchandises en échange des trains argentins qu'il avait rachetés aux Anglais qui les avaient construits. On manquait de viande, même pour la population de la capitale, alors que Perón avait clamé sur la place publique : « A vous les bœufs rouges !... »

Il décida alors, pour raviver la superbe populaire, de faire tonner sur le balcon de la Casa Rosada une autre promesse : celle de construire un million deux cent mille tonnes de flotte marchande.

Il avait commencé par nommer le premier navire lancé de son propre nom : *Presidente Perón.* Le deuxième fut dédié encore à la gloire du seul Juan Perón, puisqu'il commémorait la date de sa libération : *Dix-sept Octobre...* De cette transformation dans son bien-être personnel, il avait fait une date nationale. Le troisième navire seulement fut, de guerre lasse, accordé à *Eva Perón...*

Juan Domingo voulut alors obliger les péones à se transformer en chasseurs de baleines. Il ne trouvait pas de plus volumineux ennemi à sa portée. Pour mener cette lutte de prestige contre la haïssable Angleterre, Perón commença par commander aux chantiers navals anglais un baleinier de vingt-deux mille tonnes : le plus grand baleinier en service dans le monde.

Il le nomme, comme de bien entendu, *Juan Perón,* lui donnant cette fois, non plus de son titre pompeux et officiel, mais de son appellation familière de tous les jours, et ce baleinier *Juan Perón,* il lui prescrit comme direction le pôle Sud.

Mais les chômeurs de la pampa, jetés sur le baleinier géant à la recherche du cétacé honorifique qui devait servir à la propagande personnelle de Juan Perón, furent si durement secoués que leur nausée ne prit fin que sur la terre ferme.

Ils refusèrent de rembarquer, que ce fût sous la menace des revolvers de la police d'Etat ou sous la promesse d'un cadeau d'Evita. Les gens de la pampa étaient imperméables aux fastes marins. Ils préféraient leur bonne terre sur laquelle ils avaient coutume de se courber. Il n'y eut pas de nouveaux volontaires. Il fallut abandonner le thème national de la chasse à la baleine et se mettre en quête d'un attrape-nigaud de rechange.

Pour réussir dans sa grande politique sur mer et dans les airs, Juan Perón avait fait appel au milliardaire argentin d'origine italienne, Alberto Dodero.

Sa compagnie de navigation argentine transportait les noctambules par milliers, de Buenos Aires à Montevideo et vice versa. La traversée du Río de la Plata durait toute la nuit. C'était un prétexte à des fêtes sans fin. Pourvu de quatre Rolls, de six chauffeurs, de deux avions personnels, Dodero, lorsqu'il s'agissait de rendre une de ses soirées plus somptueuse, achetait deux mille glaïeuls et faisait planter ces fleurs d'apparat en quelques heures dans son jardin.

Il aimait la roulette et y laissait des millions en une heure, mais en revanche tous ses employés, jusqu'aux derniers de ses portiers, participaient aux bénéfices de ses affaires.

Cet armateur, fils d'armateur, fut le seul riche à faire bonne figure aux Perón et à être choisi par eux comme dissident de sa classe.

Pour Evita enfin, l'amitié proclamée des Dodero, c'était l'occasion unique de se relever d'une suite d'humiliations infligées par l'aristocratie. En la personne de Betty Dodero, femme de l'armateur, Evita trouvait une amie milliardaire qui la reposait des moutonneuses et poussiéreuses femmes du peuple.

A travers cette amitié, Evita voulait aussi souffleter

Rosita Bemberg, devenue marquise de Ganay. Les Bemberg étaient d'autres fameux milliardaires argentins qui avaient fait fortune dans l'exploitation du port de Rosario et la fabrication de la bière, dans les brasseries Quilmes. Otto Bemberg, fondateur de l'entreprise Quilmes, était le fils d'un consul argentin à Paris. Il avait de nombreuses relations en France. Ce qui explique pourquoi tant de capitaux français furent investis dans ses affaires.

Les Bemberg, pour un soir, transformaient leurs salons en aquariums et les invités à panache défilaient entre des méduses et des poissons rouges.

D'avoir été privée de cette sensation aquatique, Evita ne s'était pas consolée. Lors de son passage à Paris elle avait voulu, par l'intermédiaire de l'ambassade argentine de Paris, forcer la main à Rosita Bemberg, marquise de Ganay, afin que cette dernière l'invitât dans ses salons et lui permît ainsi de rencontrer le ban et l'arrière-ban de l'aristocratie française.

Mais Rosita Bemberg de Ganay n'avait pas cédé à la suggestion. Elle ne voulait pas de l'ancienne figurante dans ses salons. Evita, dès son retour à Buenos Aires, avait décidé de faire payer cher, le plus cher possible, cette incartade. La brasserie Quilmes avait aussitôt été accusée de fraude par le fisc argentin et envahie par les contrôleurs d'Etat. L'ancienne figurante s'était efforcée ainsi de ruiner le fief des marchands de bière milliardaires. Ils avaient été obligés alors de se reconstituer hors de portée de l'ogresse.

Avoir refusé à Evita une heure de présence dans un grand salon de Paris avait coûté à la famille Bemberg des milliards.

Avec Betty Dodero, Evita enfin tenait une milliardaire dans son giron. Elles avaient la même taille et jouèrent longtemps à échanger leurs toilettes.

Alberto Dodero commença par offrir à Eva Perón une Rolls poudrée de bleu, couleur qu'elle préférait.

Il lui expliqua que cette Rolls Royce était la plus aristocratique, la moins *descamisado* des voitures.

Evita, sourde à l'ironie, ne remercia qu'avec ces quelques mots :

– J'aime beaucoup les chromes.

Dodero échoua dans l'entreprise qui consistait à fabriquer une flotte marchande du haut de laquelle Perón eût pu sourire à son aise à ses foules...

Pour échapper au courroux du grand homme, il s'enfuit de nuit, comme un des noctambules ivres de sa flottille de noceurs sur la Plata. Il transporta d'abord ses affaires en Uruguay, puis alla s'installer à Cannes, au soleil réparateur, exilé perpétuel.

Il mourut sur la Côte d'Azur en 1951. Ses ruineux coups de roulette ne l'avaient pas guéri du mal du pays.

Evita, pour se venger de Betty Dodero, qui avait refusé de devenir une de ses suivantes, fit courir dans ses journaux le bruit que Betty, la grande Betty Dodero, n'était rien du tout... Rien que Betty Sundmark, une ancienne trapéziste américaine, une pauvre fille de la balle, une *chorus girl* qui montrait ses jambes.

11

Lorsque Perón va tenir conférence avec les sénateurs, Evita, son caniche noir dans les bras, se tient derrière lui. Tous deux se lèvent de bonne heure, inquiets. Le premier éveillé risque de ravir à l'autre une audience, un applaudissement. Perón se rend à la Maison Rose, et Evita à La Fondation, et tous deux reçoivent le matin, l'un conciliant, l'autre hautaine, cassante.

Elle pose pour le photographe officiel, au terme de chaque audience. Souvent, plus de vingt fois dans la matinée, et chaque fois, elle change de robe avec la condescendance d'une star internationale qui remplit sa tâche.

La Fondation est la principale chapelle du culte à Evita. Elle nourrit le rêve du menu peuple, non pas en lui abandonnant des morceaux de sa robe comme font les stars, mais en le comblant de produits d'épicerie et de confection. La masse digère mieux le mythe lorsqu'il s'accompagne d'un pourboire en nature.

L'idole aux yeux innocents ne recrute plus seulement son public sur l'estrade des syndicats, dans les faubourgs misérables, dans les usines encombrées et asphyxiantes, mais aussi dans les églises, ramassant à la pelle la ferveur qui embrume les chapelles les plus reculées.

C'est pour cela qu'il lui faut refouler durement les hommes qui veulent conserver quelque popularité dans un monde où elle règne. Ainsi, elle fait tout pour obtenir la disgrâce du colonel Mercante, ancien compagnon du G.O.U. et ami fidèle de Perón ; elle veut aussi poser un éteignoir sur la réputation internationale de Bramuglia, qui représente l'Argentine à l'O.N.U.

Evita demeure la grande protectrice de ceux qui s'adressent à elle pour obtenir gain de cause, surtout quand ils se trouvent dans leur tort.

Un jeune ambassadeur marié à une femme âgée, très jalouse, demande à Evita que son indésirable conjointe soit rappelée à Buenos Aires pour que lui, à son poste, puisse folâtrer à son aise. Evita lui accorde cette grâce.

Le ministre de l'Education nationale, Óscar Ivanissevitch, le guitariste chanteur, est convoqué un jour chez Evita. Un de ses protégés, Miguel Asquia, président du bloc péroniste à la Chambre des députés, vient d'échouer à un examen de droit à l'Université de Buenos Aires où il est inscrit en tant qu'étudiant.

La señora Perón explique l'affaire à Óscar et lui dit :
– Il faut m'arranger cela !
Ivanissevitch répond :
– Je vais demander que le señor Asquia repasse son examen. J'espère qu'il sera reçu, la seconde fois...
Evita s'écrie, furieuse :
– Je ne demande pas que Miguel Asquia repasse son examen ! Je veux qu'il soit reçu !... *Tout de suite !...*
– C'est impossible, dit Óscar. Il y a une loi universitaire...
Mais, quelques jours après, à cause de cette réponse, Óscar doit se démettre de son poste de ministre.
L'ambassadeur d'Espagne avait eu le malheur de déclarer en public que l'on pouvait obtenir des Perón tout ce que l'on voulait, à condition de leur offrir des médailles, des médailles au poids. C'était pour eux un argument irrésistible.
Evita, à qui le propos fut rapporté, décida aussitôt d'organiser une grande réception destinée aux représentants de tous les pays. Elle avait demandé à l'huissier qui introduisait les invités d'arrêter l'ambassadeur d'Espagne à la porte et de venir alors la prévenir. Quand il fut là, elle accourut et hurla de manière à être entendue de tous :
– Je ne veux plus ici de ce vieux cochon !

*

Cependant, pour prouver que le peuple triomphe partout en Argentine, elle fait expédier à Moscou un ambassadeur qui est un chauffeur de taxi. C'est faire aux Russes, pense-t-elle, une double insulte, car elle les tient pour de méchants concurrents dans l'amour du peuple. Et, si ce chauffeur de taxi est l'homme d'en bas qui accède au plus haut poste, ce n'est malgré tout qu'un chauffeur de taxi jeté en émissaire au visage de gens que l'on tient en piètre considération.

Evita a décidé que tout devait être résolu dans tous les domaines par l'apparition de son sourire.

Ce sourire tient lieu de gouvernement, de prospérité.

Lorsqu'en décembre 1949, une grève violente éclata parmi les travailleurs du sucre dans la province du Tucumán, les cinq millions de cégétistes d'Espejo, le fidèle portier, intervinrent pour que des hommes plus obéissants soient placés à la tête de la cellule syndicale du Tucumán.

Peu après cette mise au pas, la Fondation expédia un lot de colis aux ex-grévistes. Des vêtements et de la nourriture furent distribués par un envoyé de la C.G.T. de Buenos Aires. Ce cadeau devait fermer les bouches.

SIXIÈME PARTIE

LA FEMME À ABATTRE

1

Fin octobre 1950, Juan Perón convoqua José Espejo et lui demanda s'il était exact qu'une grève se préparait dans les chemins de fer.

José Espejo répondit :

– Il y a toujours et partout quelques mécontents.

– Il faudrait que ces mécontents ne soient pas des milliers.

José Espejo rit de son petit rire forcé d'homme aux ordres et qui a fait de l'obéissance une profession rémunératrice.

– Je me tiens tous les jours au courant de l'Union ferroviaire, dit Espejo.

Perón, réconforté, congédia Espejo.

Le petit train démocratique avait bien brûlé. Autour de ce train qui se consumait s'était alors installée une grande veillée. Il y avait ceux qui le regardaient flamber avec joie. Et ceux qui le regardaient avec stupeur, se demandant ce qu'on pouvait encore sauver de ce symbole. Les enfants surtout étaient fascinés par l'événement. C'était pour eux aussi exaltant qu'une veillée de Noël. Enfants de péronistes ou d'antipéronistes, leur joie était égale car il n'y avait pour eux que le spectacle inhabituel. Quand la ferraille de ce train avait été enfin délogée des voies et rejetée en bordure de la ligne, les enfants s'étaient servis de cette dépouille rocailleuse pour y organiser leurs jeux. Ils y mimaient le combat des grands et c'était toujours le même, le combat des gendarmes contre les voleurs. Il semblait que les cendres de ce train démocratique s'étaient égarées et, pernicieusement, avec quatre ans de retard, s'étaient ravivées et faisaient flamber la colère des cheminots argentins.

Les chemins de fer appartenaient enfin aux Argentins.

L'Argentine avait accumulé pendant les premières années de la guerre un excédent de devises se montant à un milliard et cent millions de dollars. Le gouvernement péroniste commença à pratiquer alors une politique de style américain, prêtant des dollars, cent cinquante millions à la France et cent soixante-quinze millions à l'Italie, pour s'assurer des débouchés et acheter du matériel d'équipement.

Mais le gouvernement péroniste, tout à l'étourdissement que lui causaient ses millions de dollars, n'avait pu s'assurer une base industrielle susceptible de croissance autonome, et il laissait ses millions de dollars se perdre dans les sables. D'abord en rachetant à un taux incroyable les vieux chemins de fer anglais complètement essoufflés. Perón, pour agrémenter son discours sur l'indépendance économique, avait payé cent cinquante millions de livres un tas de ferraille.

De plus, désireux de se créer une base ouvrière, le gouvernement s'engageait dans une politique d'accroissement des effectifs. La Corporation des transports de la cité de Buenos Aires occupait, en 1939, vingt-quatre mille employés pour quatre mille quatre cent trente véhicules en service. En 1950, il y avait quarante-cinq mille employés pour trois mille six cents véhicules. De six à treize personnes par véhicule. L'afflux des travailleurs en provenance des campagnes ne fut résolu comme problème social qu'en le transformant en figuration théâtrale pour Perón. Ils étaient mobilisés pour les apparitions sur la Plaza de Mayo et rémunérés au tarif de la figuration.

Le nombre d'heures de travail par ouvrier diminuait pour masquer la chute du marché. Cela annulait en partie la modernisation relative de l'équipement.

Comment Perón se consolait-il du drame qu'il sentait sourdre ?

Les femmes couraient derrière sa voiture et certaines scandaient lugubrement :

– Donne-nous un enfant !

Et d'autres renchérissaient, les mains sur le ventre :

– Nous voulons un enfant de Perón !

Il avait beau chaque matin de ce mois de novembre 1950, comme tous les autres matins, passer une heure à lire les informations de ses ambassadeurs après avoir déjeuné d'une grillade et d'une demi-bouteille de champagne, pratiquer sa dictature comme un sport et multiplier les fêtes à la Casa Rosada pour le seul plaisir de voir les badauds au garde-à-vous à perte de vue, le remous dans les chemins de fer gagnait l'armée du rail : cent quatre-vingt mille hommes, risquant de paralyser d'un coup tout le pays.

Le condor noir aux ailes déployées qui était son emblème n'était pas terni pourtant. Pour renforcer sa popularité, il n'avait pas cessé, ces derniers temps, de se livrer aux pires excentricités, aux plus confuses plaisanteries... Il regrettait en quelque sorte de ne plus pouvoir se montrer au balcon de la Casa Rosada comme il l'avait fait au lendemain de son élection, noué dans une extravagante robe de chambre, comme un athlète qui sort du ring, le visage fardé à neuf par l'éclat d'un projecteur...

Mais les trains s'arrêtaient, les uns après les autres...

Perón avait beau se retremper dans ses conversations avec ses hôtes de marque – les réfugiés nazis comme le major Heinz Steudeman qui, avec ses officiers, avait pu s'envoler de Berlin au moment où les Russes y pénétraient –, son tête-à-tête roboratif avec les anciens dieux lui faisait négliger la réalité à ses portes. Il vivait toujours dans les brumes du G.O.U.

Il pensa avoir accompli un acte d'apaisement en assistant en chemise de polo et encadré de policiers à l'enterrement d'un ouvrier tombé d'un échafaudage et qu'à la dernière minute on camoufla en victime d'un coup antiperóniste.

Ses cent mille policiers, ses conseillers de l'outre-tombe hitlérien, ses séances d'illusionnisme qui cherchent partout à contrecarrer celles d'Evita, tout s'effondre soudain.

Pourtant Juan et Evita continuent à s'étaler, réunis sur les murs, les toits, et au sommet des nouveaux buildings. Dans les librairies, dans les chantiers, au fronton des gares et des aérodromes, le couple triomphant montre mille fois son visage aguicheur.

2

Les grèves étaient interdites. Toutes les grèves. Mais, en novembre et en décembre, la situation ne cessa de pourrir à l'Union ferroviaire.

Evita s'était empressée d'expédier la Fondation sur les lieux avec de nombreux cadeaux de Noël.

Les stipendiés de La Fondation distribuaient dans les principales villes des bonbons aux enfants des cheminots. Mais ces derniers demandaient une augmentation de salaire et non plus la charité. Leurs femmes durent arracher les enfants à la distribution. Les enfants pleuraient. Les femmes ne comprenaient pas l'intransigeance des hommes. Et ces derniers arrêtaient partout les trains.

Le ministre des Transports, le colonel Castro, pour empêcher la catastrophe, s'empressa d'accorder une augmentation aux cheminots. Les trains se remirent à circuler. Mais soudain, apprenant la nouvelle de cette augmentation, les travailleurs de la route, cantonniers et autres, firent des cortèges dans Buenos Aires. Ils déclaraient qu'il était injuste qu'il fût accordé un relèvement de salaires aux cheminots alors qu'on demandait un sacrifice aux autres catégories de travailleurs. Surtout si cette augmentation était obtenue par une grève illégale. Ils exigeaient la démission des chefs syndicaux du rail.

Le bon portier Espejo s'en fut sur les lieux critiques pour placer de nouveaux chefs syndicaux. Mais comme le colonel Castro fut démissionné et accusé de trahison, les cheminots, comprenant que l'augmentation ne leur serait pas accordée, reprirent leur grève de plus belle. Les trains s'arrêtèrent et Espejo, terrorisé par l'événement, retourna à Buenos Aires, conseillant de répondre à l'intimidation par l'intimidation.

Perón, pour essayer d'enrayer la machine infernale qu'était cette grève, organisa rapidement un banquet pour les membres de l'Union ferroviaire qui lui étaient encore fidèles.

Il déclara, au discours de clôture, sans avoir parlé des augmentations ni des grèves qui s'étendaient :

– On dit que je suis menteur et voleur et que ma femme est laide... *A vous de juger !...*

On l'avait toujours accusé d'être menteur et voleur, mais jamais il n'était venu à l'idée de quiconque de dire qu'Evita était laide. La déclarant laide, se vengeait-il d'elle par la bande, enfin, ou plaçait-il à dessein une proposition absurde à côté de deux vérités qui le concernaient, afin de faire conclure que l'ensemble était dénué de tout fondement ?

Il sortit de ce banquet, le 28 décembre, avec cet air de perpétuelle satisfaction qui était devenu sa meilleure arme contre le destin. Il ne pouvait s'imaginer perdre un poste qu'il avait obtenu par une faveur miraculeuse. Et il rêvait peut-être au dynamisme de Rosas, le gaucho sanglant, qui, cent ans auparavant, se débarrassait de ses ennemis, sans complexe. Dans la rue, des marchands des quatre-saisons faisaient accourir la foule, en psalmodiant : « Les belles pêches !... Venez voir les belles pêches !... » Et, tirant la bâche qui recouvrait leurs voiturettes en plein marché, la foule qui ne pensait qu'aux bonnes nourritures terrestres apercevait avec horreur les têtes fraîchement coupées la nuit précédente, celles des nouveaux opposants au dictateur...

Perón, ayant été porté au pinacle au moment où il devait être abattu, ne pensait pas qu'on pût jamais le scier. Ce premier miracle devait en commander d'autres, tous en sa faveur...

Ce fut alors que, dans la seconde quinzaine de janvier 1951, les cheminots n'ayant rien obtenu, la grève générale fut déclarée... Alors, la police intervint. Des centaines de cheminots furent arrêtés, emprisonnés. Deux mille furent congédiés pour sédition, et on appliqua un décret de 1948 déclarant l'état d'urgence et de réquisition des cheminots. Mais les trains s'essoufflaient en gare et rien ne bougeait, que les foules inquiètes refluant aux abords des voies ferrées...

Espejo avait échoué dans sa mission de faire élire de nouveaux chefs syndicaux...

Les fêtes de fin d'année n'avaient rendu que plus sournoise la révolte...

La grève des cheminots n'ayant pas été arrêtée par les cadeaux d'Evita, on décida alors d'employer la force... Et l'armée fut appelée à la rescousse...

3

Juan Duarte est depuis toujours le secrétaire du président Perón. C'est pour mieux le surveiller, quand sa sœur n'est pas auprès de son époux, vigilante à ses excès mégalomaniaques.

Mais, quand Evita est fatiguée de sa charité considérée comme une gymnastique quotidienne, quand elle est épuisée de contrôler les gestes olympiens et le grand cœur du dictateur qu'elle remonte à volonté, alors elle se réfugie auprès de Juan, son frère.

Il ressemble à ces hommes qu'elle apprécie et dont elle s'est copieusement entourée ; grands, forts, dominateurs d'apparence, mais que l'on meut comme on veut car ils sont creux et fats.

Rêveusement, un bras autour du cou de son frère, Evita murmure :

– Peu m'importe si un jour on dit du mal de moi... Il n'y a que les enfants qui m'aiment...

Elle ne tarit d'embrasser les petits enfants qui ne cessent de débouler dans ses jambes ; caressant la tête des enfants, ses diamants se sont souvent pris dans leur chevelure et, patiemment, elle les a dégagés avec son peigne. C'est elle qui a imposé la loi qui donne aux enfants adultérins, en matière de succession, des droits égaux à ceux des enfants légitimes, et celle qui taxe sévèrement les pères de famille qui procréent en dehors du foyer.

– Viens, dit-elle, nous allons faire un tour au village...

Elle veut voir ses orphelins parce qu'elle se convainc sans doute devant eux d'être une mère, une femme. Dans son village, elle se sent chez elle, au milieu des ripolinades.

Là, elle a créé le décor grandiose, onéreux, pour le rôle à ses yeux le plus pathétique ; il lui semble alors qu'elle possède un cœur qui flotte sur une bannière, comme dans les défilés à la Vierge de Chivilcoy, quand soudain tout s'effaçait, les routes et les maisons, pour ne laisser place qu'à ce cœur bougeant dans les remous du vent. Elle se traîne elle-même dans son village comme elle y draine les sceptiques.

– Avant, dit-elle, il n'y avait en Argentine pour les orphelins que des casernes glacées... Ils vivaient dès l'âge de trois ans avec le drapeau en tête et un uniforme sur le dos... Regardez ici...

Ici, il y a de grosses poupées et de gros ours au chevet de petits lits blancs. Les enfants sont au loin dans les prés et ils paraissent n'avoir touché à rien. Les lavabos ne portent aucune trace humide, et les jardins foisonnent de fleurs. Les balançoires remuent, vides. Les enfants, on les discute, on les encense, mais on les voit au loin. Car ce village modèle pour enfants abandonnés et invisibles est un récipient qui semble rempli de la seule Evita...

Elle se tourne brusquement vers son frère et les larmes remplissent ses yeux :

– Cela au moins, *La Prensa* devrait en parler... C'est un crime qu'ils n'en parlent pas...

Ses cheveux blonds sont rejetés en arrière, et elle met brusquement la main sur son chignon comme si c'était là qu'elle cherchait à réprimer les battements de son cœur. Deux ou trois cheveux ont un reflet noir. Ils résistent à la décoloration.

La tristesse la plie.

– Ils hériteront cela de moi, murmure-t-elle.

Les bijoux qui jettent des éclairs à ses doigts, elle les a promis aussi en héritage aux femmes de la rue. Et soudain la jeune Evita ressemble aux vieilles femmes de Chivilcoy. Chaque jour elles promettaient un héritage à tous ceux qui passaient devant leur seuil, et cela dans l'espoir d'obtenir un sourire d'enfant, une once d'intérêt, un petit service. Elles promettaient un cadeau fabuleux en échange de cinq minutes de conversation qui viendraient les distraire de leur affreuse solitude, mais, lorsqu'une cohorte crédule et avide attendait l'ouverture du testament d'une de ces vieilles, il n'y avait rien d'autre pour personne que le sale souvenir d'un sourire mal assuré sur des chicots.

Ainsi, la jeune Evita ne cesse de promettre son héritage à tout le monde...

Mais elle se raidit. Elle n'a plus besoin de Juan Duarte. Le moment de faiblesse, d'attendrissement, est passé.

Il lui faut de nouveau la foule qui est son seul aliment, son seul bien-être, la foule qui la touche, la ressuscite, la pénètre, qui lui donne espoir de postérité. L'extase vient du peuple. Elle court offrir une tasse de chocolat aux vieillards, et des vêtements envoyés d'Amérique aux enfants de Rosario. Il n'y a qu'elle qui donne dans ce pays.

Des journalistes américaines l'attendent à la Casa Rosada. C'est dans la voiture de son frère qu'elle y accourt, sauvée.

Elle s'efforce de trouver une belle réponse aux questions qui l'assaillent. Elle est si tendue par cet effort qu'elle se fige comme si elle était déjà couchée entre les pages glacées de l'histoire. Elle foudroie d'un regard enfantin les bijoux des journalistes, et soudain elle se détend et demande d'une voix sourde :

– D'après mes photographies, quelle est la coiffure qui me convient le mieux ?

4

Brusquement, Evita et Juan Perón se rejoignent dans un besoin identique de détruire le journal argentin *La Prensa*.

Evita, qui n'a pas de temps à elle, pas d'intimes, qui sacrifie tout au besoin d'envahir la scène, qui ne s'amuse que pour la photographie qui la montrera en train de s'amuser, ne peut supporter le silence de *La Prensa*.

C'est le seul journal qui se refuse à l'adoration perpétuelle. Elle, qui ne vit que pour semer des échos dans la presse internationale, souffre de ce silence... Même ses cadeaux et ses amabilités, *La Prensa* les ignore.

Le maquillage est devenu lourd sur les paupières, la chevelure domine la tête, tout le monde se fige d'admiration et de peur lorsque paraît cette Evita Perón qui ressemble déjà à une figure de cire, une embaumée vivante, et *La Prensa,* par son silence, complote contre cette apparition qui avance, aveugle et sourde, sur la route des photographes, la route du vingtième siècle...

Depuis 1948, Evita était déjà un magnat de la presse. En novembre 1948, elle avait acheté *Las Noticias* pour quatre cents millions. *La Democracia,* dont elle était aussi propriétaire, lui coûtait six cents millions par an mais publiait jusqu'à douze photographies de la belle Evita dans le même numéro.

Froide, glacée, entourée de favoris tout juste bons à se faire photographier à côté d'elle pour la plastique de la pose, reniant les riches dont la fortune devient une maladie honteuse, car le prestige est arraché aux milliardaires de Buenos Aires – c'est après tout le pire et seul arrachement–, Evita avait décidé d'humilier *La Prensa* par la création d'une revue qui battrait tous les records d'encens parmi toute la presse qui était à sa dévotion. Cette revue, *Argentina,* elle en avait offert la direction – avant sa disgrâce – à Óscar Ivanissevitch, ministre de l'Education nationale, plaisant joueur de guitare et ancien ambassadeur à Washington. C'était tous les mois un épais recueil présentant les horreurs américaines : bandes dessinées, poitrines de femmes en caoutchouc, publicité pour les cimetières, strip-tease de bossues et d'infirmes et, en contraste, les merveilles d'une Argentine gouvernée par Evita : six cent mille écoliers argentins possédant de beaux vêtements, de beaux livres et une excellente nourriture, grâce à elle.

Ivanissevitch avait beau gratter sur sa guitare :

Nous, garçons péronistes,
Nous crions toujours
Au coude à coude
La joie plein le cœur
Vive Evita, vive Evita !

ni cette chansonnette, ni les grandes odes à Evita dans *Argentina*, ne faisaient oublier le silence de *La Prensa.*

Perón, de son côté, avait beau parler, vaticiner, beau annoncer qu'il délivrait ce pays, qu'il en faisait la grandeur, *La Prensa* n'admirait pas.

« Nos descendants nous béniront parce qu'ils seront heureux grâce à nous ! clame Perón. Je suis à moi seul un gouvernement complet !... La lutte est sans valeur si on manque d'harmonie... Je travaille de six heures du matin à dix heures du soir... Il faut exproprier les étrangers trop riches... J'attends de prendre ma retraite... Je n'ai plus besoin que l'on vote pour moi... Je n'ai jamais trahi personne, c'est une garantie... »

La Prensa, sous ce déluge, fait toujours la sourde oreille. « Je place mon âme, a dit Perón, dans les Argentins », mais en même temps il a investi à l'étranger des millions de dollars. Et parmi les draperies, les cristaux, les plafonds, pendant qu'il jongle avec les lois dans les salons tapissés de la Casa Rosada, barricadé dans l'opulence, bercé par les sourires épais et les baisemains, Perón laisse tomber lourdement de ses mains *La Prensa* qui se tait.

Il jette un coup d'œil gris sur les uniformes dorés des serviteurs en livrée qui sont d'anciens *descamisados.* Quelle ingratitude, cette *Prensa* !

Evita pourtant, de son côté, force sa voix et baisse les yeux, annonçant humblement en public : « Je suis ici en simple petite femme venue vous expliquer sa croisade... » *La Prensa* refuse de signaler ce trait de modestie d'Evita, destiné à accélérer sa déification.

Calfeutré dans son bureau, Perón en imagination se substitue à Alexandre le Grand, entraîne en esprit des armées et des conquêtes, mais la seule fièvre qui le terrasse est celle de son épouse, et aussi cette façon dont *La Prensa* écrit à toutes les pages le mot « liberté ». Il a envie de leur répondre par la boutade de Mussolini : « Personne ne me demande la liberté. Les gens me demandent du pain... »

L'oreille géante des tables d'écoute est tendue dans l'ombre, les garçons de café sont des mouchards, mais dans la ville âpre et fielleuse, *La Prensa* continue à négliger l'activité pieuvre d'Evita, l'éminence rose, et les projets de Juan Perón qui voudrait reconstituer le rêve du G.O.U. : le bloc austral, une sainte alliance des pays d'Amérique latine dont il prendrait la tête ; non plus en intermédiaire des nazis, mais en chef suprême...

Mais sa gourmandise de confort est plus forte que son goût du risque...

Et puis Evita a répété son cri :

– Ils ne parlent même pas du village des orphelins !...

La Prensa ne faisait pas non plus mention de ses réceptions mondaines, alors que ce journal d'audience internationale possédait une rubrique mondaine lue dans le monde entier.

Aussi, en cette fin de janvier 1951, en lieu et place de tout ce que l'on attendait d'elle, *La Prensa* mentionna la grève des chemins de fer argentins que tout le reste de la presse avait escamotée, et Evita poussa Juan Perón à l'action.

On avait déjà, en 1948, confisqué le papier de *La Prensa*. Dès octobre 1948, Evita, de son côté, avait décrété que la publicité et les petites annonces de ce journal, bases de bénéfices, seraient soumises à son contrôle. Et que tous les organismes gouvernementaux auraient droit à des annonces gratuites dans *La Prensa,* journal qui tirait à un demi-million d'exemplaires et paraissait depuis 1869.

Evita convoqua Espejo :

– Cette fois, c'est fini. Vous allez vous rendre avec vos hommes devant l'imprimerie et brûler toute l'édition de ce matin...

– Ce n'est pas possible, murmura Espejo. C'est aller trop vite...

– Il faut aboutir à cela, dit Evita, fermée.

– Nous commencerons par exiger vingt pour cent sur la vente du journal pour notre caisse de secours...

Mais ce n'était pas assez rapide comme vengeance. Les péronistes marchèrent sur *La Prensa.* Des coups de feu furent tirés devant le 180, rue du Chili. La police ayant déclaré qu'elle avait trouvé des armes dans les ateliers de *La Prensa,* le journal fut exproprié, évalué à un million de dollars, alors qu'il en valait vingt, et rien ne fut payé pourtant de cette estimation.

Gaínza Paz, le directeur du journal, dut s'enfuir aux Etats-Unis, pendant que l'on hissait un immense panneau sur la façade de *La Prensa,* immeuble imposant de style rococo avec, à son faîte, une grosse horloge à colonnettes : « Bien du peuple. » Le soir, une guirlande électrique en couleur proclamait : « Maintenant ceci est argentin... »

Il y avait encore, sur les murs de la ville, les affiches d'Evita : « *La Prensa* complote contre la Nation... »

En effet, *La Prensa* refusait de trouver de la dignité, la fameuse *dignidad* sud-américaine, dans les cérémonies du régime qui cachaient, par exemple, les petites affaires de Juan Duarte. Ne faisait-il pas ouvertement commerce de licences d'importation ? La *dignidad* était-elle protégée dans le nouvel hôtel particulier acquis par Evita, rue Teodoro-García, et où elle venait nager dans sa piscine particulière avec son frère Juan (les fenêtres des immeubles qui donnaient sur cette piscine ayant été condamnées par la police d'Etat) ?

Les suffragettes couraient après le martyre avec un drapeau bariolé comme leur chapeau. Elles incitaient leurs compagnes, comme cette femme médecin de Buenos Aires en 1889, Cecilia Grearson, à sortir de l'abîme du foyer et de celui de la religion, à voter pour obtenir la suppression de la vivisection, de la prostitution. Mais les cris rauques de ces romantiques trahies qu'étaient les suffragettes, mal mariées, filles seules ou disgraciées physiquement, ne condamnaient que des malheurs lunaires !...

Evita n'est pas une star vieillie qui se cherche avec des dossiers sous le bras et des tailleurs stricts un succédané de gloire, un poste de secrétaire à l'O.N.U., Evita c'est une reine, et non pas l'actrice qui souriait aux murs et aux portes, attendant qu'ils lui livrent passage...

La Prensa reparut sous la direction d'hommes qui permirent à Evita de s'étaler sur toutes ces pages si longuement convoitées et détestées. Elle écrivit dans *La Prensa,* au premier numéro de la nouvelle ère : « Quand je rencontre les yeux de mon peuple, je me mets à croire dans ma mission surnaturelle... »

Perón, lui, voulut détourner les esprits de la mauvaise impression internationale créée par la disparition de *La Prensa.* La plus forte désapprobation venant des Etats-Unis, qui flétrissaient l'assassinat d'un journal de réputation mondiale, Perón, suivant une tactique bien à lui, parla des buts pacifiques des Etats-Unis, rendit hommage à cette puissance atomique qu'ils étaient devenus, et parla aussitôt d'expériences atomiques argentines.

C'était cela, la virile surprise capable de contrebalancer la disparition de *La Prensa.*

« 1952, proclama Perón, sera l'année révolutionnaire argentine, son année atomique. Nous aurons des trams atomiques en 1954. Nous possédons dans notre sol des métaux rares qui contribuent à la fabrication de la bombe H. Nous exporterons à la tonne le béryllium. Les laboratoires de San Carlos de Bariloche, sous la direction du professeur Richter, sont équipés d'un réacteur qui produit une température de sept millions de degrés. Nous avons obtenu des rayons cosmiques... »

Le professeur Richter était un Allemand qui collaborait non seulement à cette prétendue bombe argentine, mais avait effectivement donné des conseils au docteur Theuss, un des anciens chefs de la Gestapo, pour la mise au point de chambres de torture utilisées par la police de Filomeno Velasco. Dans cette chambre, la séance durait du soir au matin. On eût dit un gymnase spécialisé dans une gymnastique obscène et féroce. Coups de poing, gifles, courants électriques alternaient avec les rasades de cognac. Ces petits jeux aboutissaient souvent à la mort du patient.

Un mois après la déclaration de Perón sur la rénovation atomique de son pays, le docteur Richter était arrêté, sous prétexte qu'il n'était pas assez avancé dans ses travaux.

Puisque les forêts argentines étaient déboisées et qu'il fallait acheter le papier à l'étranger, Perón déclara qu'on tirerait désormais ce papier de la canne à sucre nationale. Il y aurait ainsi plus de papier pour les journaux argentins et plus de louanges pour Juan Domingo dans ces journaux à la pâte exclusivement nationale.

Et, aux journalistes brésiliens, Perón déclara aussitôt :

– S'il n'y a pas de presse d'opposition en Argentine, j'en créerai une !...

Il souriait. La phrase était magnifique, les opposants sous les verrous, et le numéro du jour de *La Prensa* chantait les louanges du couple Perón avec une impudeur déchaînée !

5

La campagne permanente destinée à persuader les ouvriers qu'ils sont des privilégiés est brusquement interrompue par l'arrivée des régiments chargés de la répression de la grève.

« On ne verra plus jamais les soldats marcher contre les ouvriers ! » avait proclamé Juan Perón.

Le voici pourtant amené à utiliser la force contre la grève la plus importante depuis son accession au pouvoir.

Une flaque de sang sur laquelle s'engluent des feuilles mortes. Deux cheminots sont tombés à cette place sur laquelle des fleurs sont déposées en cachette. L'armée occupe la ville de Córdoba. Les soldats n'osent pas entrer dans les cafés. Ils boivent du maté dehors, comme des pesteux. L'armée est aujourd'hui nécessaire à Perón, demain elle aura ses exigences, demain à l'aube. Et, s'il perd son armée ouvrière, il faudra bien qu'il la remplace par une autre armée, la vraie, la forte, l'éternelle, s'il veut s'agripper aux rebords du trône.

Ces deux foules qui se regardent face à face sentent qu'il y a quelque chose de changé, un renversement des icônes. L'ouvrier drogué de rêves ouvre des yeux hagards. Le soldat sort de sa longue léthargie. On fait appel à lui. L'ère des hommages et des récompenses publiques s'ouvre peut-être pour lui, alors qu'il en fut sevré si longtemps au profit de l'ouvrier.

De temps à autre les enfants s'approchent des gerbes de chrysanthèmes, mais aussitôt les soldats se ruent sur les gerbes pour les jeter au loin. Les enfants et les soldats jouent au chat et à la souris, séparés seulement par de grosses fleurs qui gisent collées au sang du pavé.

C'est à qui aura le dernier mot. La poussière fait larmoyer les enfants, et les soldats ingurgitent du maté jusqu'à pisser la *yerba* par les yeux. Le chef de la station de Córdoba s'affole avec ses drapeaux. Les hommes encombrent la voie ferrée. Les trains ne passeront pas.

Les soldats, pour se donner une contenance, font de la gymnastique, et les cheminots mangent entre les voies, à même la gamelle fichée entre leurs jambes. Ils sont debout, accroupis ou couchés, ils trouvent mal le repos. Parfois, une pierre lancée contre un carreau de la caserne ne fait que le fendiller et un soldat vient alors précautionneusement ôter le morceau de verre qui vacille. Avec dégoût, il le jette dans un grand vide-ordures. Les soldats tirent en l'air. Les corbeaux et les enfants s'égaillent.

Un journal est posé sur le trou de la vitre. Certains soldats se rasent et d'autres changent de chemise, attendant la relève. Les affiches, avec le portrait d'Evita lacéré, voltigent entre les voies.

Quelques cheminots se sont hissés dans un wagon de marchandises. C'est aussi une relève, celle de la veillée funèbre. En effet, là sont gardés les corps des camarades tués. Ils les protègent en se postant tout autour, les bras croisés. Mais les soldats péronistes se préparent à attaquer le wagon qui tient lieu de chapelle ardente. Il faut s'emparer des corps. Il ne faut pas les laisser, comme des drapeaux de chair, entre les mains des rebelles du travail.

Le wagon de marchandises porte en grosses lettres de goudron sa dernière destination : *Corrientes.*

La nuit tombe, et brusquement des camions s'avancent, tous phares éteints. Les soldats sautent à terre et se précipitent dans le noir avec des cris. La lumière crue, incendiaire, des phares jaillit. C'est une course hurlante vers le wagon mortuaire. Mais les soldats s'arrêtent. Le silence les inquiète. Puis ils perçoivent un murmure. Ils tendent leurs mitraillettes devant eux, bien en vue sur leur ventre.

Ils ont le doigt sur la gâchette.

Il n'y a plus de cheminots, mais des femmes en deuil. Agenouillées entre les rails, elles prient. Les soldats demeurent un moment indécis. Puis les ordres partent, secs. Alors ils reprennent leur course, bousculent les femmes, les culbutent sur les voies. Ils se hissent dans le wagon abandonné. Mais, à l'intérieur, cris de déception et de rage. Les corps des victimes ne sont plus là. Les camarades tués ont été enlevés par les cheminots de Córdoba. Le wagon-appât est abandonné en hâte.

Au petit matin, deux délégués ouvriers s'avancent, une chemise au bout du bras. Ce sont des parlementaires. Ils se laissent envelopper par les soldats et disparaissent.

Puis les soldats tirent de nouveau quelques rafales pour affoler ceux qui restent là-bas, en retrait.

Ils attendent en vain un remous de panique. Ils s'épuisent dans cette guerre somnambulique, dans cette bagarre vicieuse. Des grues se découpent dans le ciel. La foule marche en silence, la main dans la main. Les rideaux sont baissés en ville. Le cortège passe devant le campement des soldats.

De nouveau, bruit de vitres, coups de feu.

Un militaire englué dans la foule pousse un cri. On le précipite dans le caniveau, intact. Il s'échappe à reculons, son revolver braqué sur sa propre cuisse. Des coups partent encore. Les enfants éveillés se précipitent dans la rue. Les drapeaux bougent à peine dans cette marche frileuse. Des drapeaux, même pas. De simples chemises au bout d'un bâton.

Alors, à Buenos Aires, Evita prend une grande décision.

Elle va donner de sa personne.

Elle descend dans chaque gare et, du haut d'une estrade portative que l'on dresse hâtivement, elle admoneste les cheminots, les supplie de ne pas se conduire comme des communistes ; elle crie, condamne, et adjure les cheminots de ne pas la trahir... Il lui semble renouer avec sa grande harangue de la nuit du 17 octobre... Elle espère que cet appel aux cheminots transformera cette masse en une nouvelle marée, en sa faveur, de même qu'elle est sortie plus forte, plus légendaire de son hôpital...

Mais Perón, inquiet de la tournée fulgurante d'Evita, déclare à Buenos Aires :

– Vous, cheminots, vous vous rendez coupables d'une grosse ingratitude à mon égard... Je vous ai donné tout ce que vous m'avez demandé. Et la seule chose que je ne vous ai pas accordée, c'est la lune. Et si vous ne l'avez pas obtenue, c'est parce que vous ne me l'avez jamais demandée...

Il s'en tire, comme d'habitude, avec une boutade d'almanach.

Mais les larmes d'Evita ont beau couler devant les grévistes du rail, le peso est tombé, dévalué deux fois en deux ans. L'Europe a passé le cap de la famine et le bœuf argentin ne peut plus jouer sur cette faim. L'argent accumulé pendant la guerre a été épuisé. L'armée se bat, mais contre l'ouvrier. Perón a beau déclarer *La Prensa* propriété du peuple pour faire oublier la grève des cheminots, le peso de famille brille salement dans les mains noires...

Evita n'apporte rien, que ses douleurs abstraites, ses cris de femme qui lutte pour le monopole de la popularité. La faim des cheminots ne l'intéresse que pour mieux déguiser son appétit – celui de gloire –, qui la tenaille...

Mais brusquement elle est pliée par la douleur... La vraie...

Non pas à cause des applaudissements de cette tournée du rail...

Mais parce qu'un cri, un cri pétrifiant, vient de jaillir de la foule d'abord muette... Un cri qu'elle n'a jamais entendu... Un cri qui s'échappe du monstre sans visage... « Vive le veuf Perón ! »... L'affreux vivat, l'affreuse salutation... Sur les murs le cri apparaît, dégoulinant, détruisant l'éloquence, brisant la gorge de la frêle déesse en hauts talons et coiffure à édifice...

Alors elle recommande dans un souffle à son public qui flanche, comme on ordonnerait à des enfants impolis de s'essuyer la bouche :

– Ne vous conduisez pas comme des communistes !

– Nous sommes des péronistes affamés ! lance une voix.

– Je vous inviterai tous à ma table.

– Nous ne voulons pas la charité, nous voulons la justice.

La charité... La justice...

La radio a beau s'époumoner à redire : « Les cheminots ont compris l'appel d'Evita... »

Evita rentre à la Casa Rosada, laissant les cheminots en panne, les trains immobiles sur leurs rails, l'univers en panne, étouffant dans son cœur l'ignoble cri : « Vive le veuf Perón ! »

6

Le malaise devient national en Argentine en ce janvier 1951.

L'homme qui dessina des avions pour Hitler, Herr Doktor Tank, a beau dessiner des avions pour Juan Perón, et l'homme qui vendit de la dynamite à Hitler, Fritz Mandl, mettre ses ressources explosives au service de son nouveau maître, Juan Perón.

Tout va mal en Argentine parce que la Troisième Guerre mondiale, que Perón appelle de tous ses vœux, ne vient pas le sauver en recréant un courant d'affaires qui lui permettrait de s'accrocher au fauteuil de la présidence malgré tous les gaspillages.

Que le feu se déclenche enfin entre l'est et l'ouest, ce feu qui n'en finit pas de couver, et Perón retrouvera alors, pour en jouer à son profit, cette prospérité argentine qui jaillit sans fin des fabuleuses pampas.

L'orgie de dépenses apporte la banqueroute. Le corps des officiers argentins a triplé sous Perón. Chaque année, l'armée absorbe quarante pour cent du budget national. Les officiers sont mieux payés que les professeurs d'université. L'Etat achète la viande et le blé du pays et les revend avec un bénéfice qui atteint souvent deux cents pour cent, alors que les propriétaires des estancias sont payés à un taux qui couvre à peine leurs frais. Mais cette prospérité canaille a baissé vers la fin de 1948, au moment où l'Europe retrouvait un rythme de production qui avait été anéanti par la guerre.

Perón demande à ceux qui l'aident un instant d'humilité à mesure que son propre rôle se gonfle. Il est toujours prêt à prendre la taille de son interlocuteur. C'est là pour lui un argument décisif. Un million de péronistes sont fonctionnaires, mais les Argentins doivent porter sur eux sept papiers d'identité lorsqu'ils sortent de leur maison, ne serait-ce que pour traverser leur rue, y compris un certificat de bonne conduite que leur délivre le gouvernement.

Le chef de la police, Velasco, utilise toujours la baguette électrique à étourdir les bœufs que l'on emploie dans les parcs à bestiaux et dans les abattoirs. C'est devenu – cette *picana eléctrica*– l'instrument national de persuasion.

La fausse grandeur que l'on clame à chaque aurore camoufle toutes les faillites du général-athlète. Il n'arrive plus à régler les problèmes les plus cuisants avec quelques cadeaux. Place au dieu, dit son petit œil, sa bouche révulsée par une soudaine inquiétude.

Les gauchos de la montagne ont été déguisés en policiers et déversés, vêtus d'uniformes flottants et trop neufs, dans les escaliers d'une université rebelle. Les coups pleuvent. Le matériel de laboratoire de la faculté de médecine est brisé sous les bottes neuves.

Les sans-chemises scandent dans leur défilé : « Pas de livres, mais des chaussures !... »

L'emphase occupe la scène. Elle est dotée d'un cérémonial mystique. Mais la fête galante fait entendre des ratés. La police ne suffit plus à maintenir l'âme nationale au beau fixe.

Les champs tournent en friche, les troupeaux s'amoindrissent, l'armée des fonctionnaires se nourrit de dessous-de-table et le travail du peuple paye l'incompétence. Contre l'inflation qui dévore les salaires, le lavage quotidien des cerveaux ne suffit plus. Les trains qui se remettent doucement en marche après trois mois de grève ont fait trembler les murs de la Casa Rosada.

Or, pour colmater la brèche, ce n'est pas un changement de vie qui se dessine, mais une surenchère du mythe, une suractivité de la louange que déclenche lui-même au presse-bouton l'Homme providentiel.

Perón se durcit, non plus en politicien qui met au point son discours, mais en acteur qui fignole son sourcil. Il s'échauffe à l'idée des mille cinq cents écoles nouvelles qu'il a fait ouvrir en Argentine et dans lesquelles on met les jeunes esprits en bocal. Mille cinq cents écoles devenues mille cinq cents chapelles supplémentaires où se fabrique l'idole à l'avenir convulsif.

Perón garde les bras grands ouverts. Mais ce n'est pas pour y accueillir une femme, cette Evita à laquelle la haine tient lieu de corps, de sang ; Perón garde les bras ouverts pour y accueillir les foules du vote, celles qui vont au vote comme à la messe, gantées de noir et tête baissée.

Les dieux sourient et attendent que vienne de nouveau à eux le maximum de suffrages. Les bulletins de vote doivent regonfler la voile qui fasèye sur le mât.

Car ils avaient tous deux compris qu'il fallait prendre les devants... Les trains s'étaient remis péniblement en marche. Perón gardait les bras ouverts. Evita avait expédié aux grévistes ses layettes et ses bouteilles de cidre...

Mais tout allait mal...

Alors, à la fin de février 1951, Evita, à la tête d'une délégation de femmes péronistes, remit une montre en or à son mari. C'était un cadeau du peuple, disait-elle, et elle profitait de cette cérémonie pour lui demander – au nom du peuple ! – de se représenter au plus haut poste de l'Etat, contrairement à la Constitution interdisant au Président de solliciter une réélection.

Evita, remettant à Perón la montre en or, lui demandait également d'avancer les élections d'un an.

Alors, Perón, pour les photographes et les caméras, ouvrit ses bras et serra Evita contre lui...

Puis, calmement, il remonta cette montre avec un grand soupir, comme si c'était le pays qui palpitait précieusement à son poignet...

7

A la mi-octobre 1950, au moment où les cheminots commençaient à s'agiter et à provoquer ainsi une gêne dans le confort de Juan Perón, gêne qui se manifestait chez lui par des regards plus longuement rêveurs, et chez Evita, tout au contraire, par une agitation accrue, à cette mi-octobre, Perón crut pouvoir rétablir la situation en donnant un vigoureux coup de barre vers l'Eglise.

L'alliance de Perón avec l'Eglise était devenue scabreuse. Le couple Perón détournait vers lui les fastes de cette Eglise. Ils prétendaient tous deux – lui, bon enfant, elle, déchaînée – prendre tout simplement la place que la hiérarchie de tout temps avait dévolue au surnaturel.

Le cinquième Congrès eucharistique devait avoir

lieu à Rosario dans la seconde quinzaine d'octobre. Le pape Pie XII avait décidé de déléguer le cardinal Ernest Ruffini pour représenter à ce congrès le Saint-Siège. Perón, dans l'espoir de mobiliser l'Eglise argentine à son seul service, avait chargé son ambassadeur au Vatican de suggérer au Saint-Père que le général Perón serait infiniment honoré si, pendant les festivités, le cardinal Ruffini pouvait décorer Evita d'un Ordre du Saint-Siège. Evita n'avait pas renoncé à obtenir l'Ordre Suprême du Christ qu'elle avait manqué lors de son passage à Rome. Pie XII avait repoussé ce désir aussi diplomatiquement qu'il avait été formulé.

Quand Evita eut appris ce refus, elle somma Perón d'empêcher le débarquement du cardinal Ruffini.

Perón eut grande peine à la calmer. Mais Evita avait une idée que Perón s'empressa d'adopter. Le bateau à bord duquel arrivait le cardinal devait mouiller le 16 octobre en rade de Buenos Aires. Le 17 octobre était fête nationale péroniste. C'était le jour où Perón avait été libéré et hissé au pouvoir par les meutes hurlantes d'Evita. C'était aussi le cinquième anniversaire du triomphe du couple. Si le cardinal Ruffini débarquait ce jour-là, il serait tout uniment invité aux cérémonies et il semblerait patronner la fête péroniste au nom du Vatican. Mais le cardinal Ruffini n'eut pas le temps de descendre la coupée que déjà les envoyés de l'épiscopat argentin lui faisaient comprendre les dangers de toute bonhomie en pareille occurrence.

Il remonta précipitamment à bord.

Il eût sans doute apprécié danses et feux d'artifice, mais il préféra s'emprisonner volontairement vingt-quatre heures durant, le temps que la fête eût craché ses dernières salves.

Quand les flonflons cessèrent, Evita et Juan, comprenant que le cardinal ne viendrait plus, se sentirent trahis une seconde fois. C'était plus qu'à eux deux ils ne pouvaient supporter.

Lorsque la Cadillac expédiée par le protocole au débarcadère pour y cueillir le lointain cardinal revint vide, ce dernier prétextant un malaise de haute mer, les Perón bouleversèrent leur réception, durent tronquer leurs discours, rengainer leurs grimaces. Le grand fauteuil d'apparat fut jeté à terre par Evita. Les domestiques durent l'emporter comme un blessé...

Cette défection ne faisait qu'accroître la colère d'Evita. Chez Perón, elle créait un silence inquiétant. Il semblait mordre dans sa mélancolie, préparer une parade ; il y avait quelque chose de plus fuyant que de coutume dans ses yeux. Ils étaient froids.

Le lendemain de la fête, le cardinal, souriant, traversa des avenues pleines de confettis piétinés et de silence. Il arriva à la Casa Rosada. La Maison Rose était vide, abandonnée par Evita et Juan. Evita avait entraîné Perón loin de là. Il fallait rendre soufflet pour soufflet. Le cardinal Ruffini ne fut reçu que par le très vieux vice-président, Hortensio Quijano, qui annonça d'un air navré à l'envoyé du pape que Juan et Evita avaient brusquement décidé de quitter Buenos Aires pour un bref congé. Evita avait en effet insisté auprès de Quijano pour qu'il ne déguisât leur absence sous aucune formule de politesse, mais déclarât tout roide que le Président et la Présidente étaient partis se reposer dans leur ferme.

Evita fulminant, et Juan Perón cherchant à piéger le malheur, avaient en effet gagné par la route leur résidence d'été de San Vincente. Evita y caressait son bébé lama et Perón s'affublait en gaucho.

Perón voulait quand même assister au Congrès eucharistique. Evita l'en empêchait. Elle cloîtrait quasiment son partenaire dans sa rage inépuisable de femme contrariée.

Perón eut beau chercher à la convaincre, à la persuader que la diplomatie servait toujours à quelque chose et que l'insulte faite à Ruffini était largement suffisante, Evita n'était jamais satisfaite lorsqu'il s'agissait de se venger. Laisser Ruffini présenter des hommages au vieux Quijano, aussi effacé que le portier de la Casa Rosada, ce n'était pas encore assez pour elle ! Il fallait encore, disait-elle, bouder jusqu'au bout le Congrès eucharistique.

Perón réussit pourtant à calmer Evita, à se défaire de sa surveillance harcelante et à s'échapper au tout dernier moment.

Il arriva à Rosario juste à temps pour assister à la séance de clôture du Congrès. Il pensait que sa présence à la toute dernière heure manifestait à poids égal son mépris et sa piété.

Il parut au milieu des gens d'Eglise, à la fois complaisant et magnanime, avec cette kyrielle de poses par lesquelles il pensait interpréter à merveille son rôle, sa personnalité étant trop creuse, trop fragile, pour pouvoir se manifester autrement que sur cette gamme : celle d'une maîtresse de maison en pleine euphorie de réception.

Perón pénétra donc dans la cathédrale de Rosario, resplendissant de contrition. Ce fut un grand moment lorsqu'il fit un discours, qu'il commença à genoux pour se lever petit à petit, titubant, grave, se voulant toujours plus modeste, au milieu de ces gens d'Eglise qui commençaient à le bouder ouvertement. Il se dit violemment convaincu de la nécessité de l'humilité, s'arrachant parfois à lui-même une larme sur le bout précautionneux de son index droit levé, car il parlait d'amour fraternel exclusivement et de rien d'autre. Et d'être resté longtemps à genoux ne lui causait aucune fatigue car il se laissait emporter par le plaisir des périodes. Il avait rarement goûté du discours céleste et s'y donnait de plein cœur.

A l'entendre, il n'existait pas d'autre issue à l'angoisse d'être un homme que celle qui vous poussait dans les bras de votre prochain. Et ce chant fraternel brûlait soudain d'une ardeur équivoque, cantique aussi ambigu que celui que dédiait le colonel

Lawrence aux Arabes, sans que l'on sût exactement pourquoi ce prochain brillait de tels feux. Toujours est-il que les mots de Perón, bien filés, firent bonne impression et qu'au chronomètre on pouvait lui accorder la performance : trente-sept minutes d'agenouillement !

Mais le moulin à paroles arrêté, les prélats avaient du mal à être dupes ; la police de Perón martelait la ville du pas de ses chevaux.

Le cardinal Ruffini avait enregistré l'injure dont le récit avait fait le tour des personnalités ecclésiastiques. Depuis longtemps, d'ailleurs, le Saint-Père se méfiait de l'idolâtrie que le couple Perón développait en Argentine au détriment de l'Eglise.

Comme s'il avait finalement regretté d'avoir fripé ses pantalons sur un prie-Dieu, pour un si piètre retournement, Juan Perón, une demi-heure après avoir quitté la cathédrale de Rosario, se saoulait de révérences dans une immense salle de banquet à l'hôtel municipal de la ville. Ce banquet était donné en son honneur par le chef de la police de Rosario.

Entouré d'uniformes, de fidélité martiale, brusquement remis en selle, Perón se sentait le maître. Il avait retrouvé la fièvre de la toute-puissance. Il se leva en fin de banquet pour faire là aussi un discours. Il le fit debout, dressé de toute sa taille, rabattant à chaque phrase ses deux mains qui s'étaient si facilement disjointes pour devenir des poings.

Il ne s'agissait plus du prochain vu sous l'angle de l'amour, mais du compte à régler avec ce prochain. Le prochain, Perón ne le voyait plus les bras ouverts, mais l'arme au poing, et cette arme semblait dirigée contre lui...

Il se débarrassa de toute diplomatie, de toute soumission, et dit, en séparant bien les mots, qu'il ne ferait grâce à aucun de ses adversaires. Quels que fussent sa position sociale ou son habit... Et il s'adressait, par-dessus la petite mer d'uniformes, aux prélats qui s'essaimaient sous les beaux arbres de Rosario...

Il s'exaltait dans cette menace, comme pour rattraper la fierté d'Evita qui lui avait recommandé de ne pas aller s'incliner devant les gens d'Eglise, dont un des grands dignitaires venait de les humilier. Comme si Perón se repentait d'avoir trahi Evita par cette courte faiblesse – l'agenouillement dans la cathédrale –, il se montrait soudain d'une intransigeance digne de ses maîtres de fer, déclarant :

– Je ne donnerai rien à mes ennemis, même pas la justice !

Ces mots furent accueillis par les policiers enthousiastes comme des perles d'eau baptismale...

8

A Córdoba, Juan Perón n'avait jamais obtenu assez de voix. Il avait décidé d'y établir le centre de ses entreprises d'Etat, automobiles et avions. Pour illuminer cette province rétive à sa parole, il y avait expédié des apôtres scientifiques allemands, ceux qui s'étaient réfugiés en Argentine.

La conquête, que ce soit celle d'une formule chimique ou celle d'un peuple, est toujours pour eux une entreprise mystique. Or ils sont soixante-dix mille anciens techniciens nazis en Argentine. A ces générateurs d'ordre, Perón donna carte blanche à Córdoba.

Dans cette ville ensoleillée entourée de montagnes où vivent en liberté cinq millions de chèvres, l'université – elle est du dix-septième siècle – brille comme un joyau ancien au milieu de banques, de clubs, de bars. Rien ne trouble ici une douceur de très vieille Europe, même pas ce groupe d'Indiens qui somnole sur un plateau aride et qu'un prêtre visite une fois tous les deux ans.

Les prairies de Córdoba sont envahies soudain par le béton des ateliers, le verre, l'acier, le ciment et les hautes cheminées. Une fumée noire bouleverse ce paradis où la démocratie n'est pas un système, une formule, mais une réalité de porte-à-porte, une poignée de main.

Córdoba, avec Perón et ses estafettes nazies, devient une ville où l'on ne sculpte désormais que le métal. Les voies ferrées de l'usine automobile sillonnent des kilomètres de prairie, les ateliers progressent de souterrain en souterrain. Des morceaux de fonte, de tôle, d'acier, roulent au-dessus des têtes.

Les oiseaux qui roucoulaient en paix depuis trois siècles sur l'université et la cathédrale, dont chaque courbe est surmontée d'un clocheton, s'envolent d'un grand coup d'aile et sont remplacés par ces techniciens stylés qui se laissent tomber de cars encore en marche comme des soldats qui se lancent à l'attaque.

Dans leurs bureaux, au fond des tiroirs, ils avaient encore à portée de doigts des croix de fer. Ils exigeaient le garde-à-vous lorsqu'ils passaient l'inspection dans les ateliers. Quand ils se retrouvaient au bar qui était installé pour eux dans l'usine, ils arboraient parfois des pièces de leur ancien uniforme, comme par une sorte de douloureuse négligence. Ils évitaient la population de Córdoba dont la mollesse les rebutait. Puis, un jour, l'illusion fut complète, ils se crurent en territoire occupé, en terre ennemie.

Un jour, il y eut un débrayage dans les ateliers de montage. Devant le brusque silence de l'usine, les techniciens du bureau allemand eurent le sentiment d'être encerclés. L'arrêt du travail, c'était, pour eux, comme la trahison de l'arrière. Ils arrachèrent les revolvers aux gaines des gardiens argentins médusés et, l'arme au poing, apparurent à la porte des ateliers. Les ouvriers reculèrent sous cette menace et reprirent leur place devant les machines.

Mais, la surprise passée, comme les Allemands

hésitaient à quitter l'atelier, les ouvriers brusquement se laissèrent choir les uns derrière des carrosseries, d'autres derrière des comptoirs et des pneus, et ils lancèrent leurs outils à la tête des intrus. On eût dit une bagarre dans un terrain vague à coups de vieilles boîtes de conserve.

Quelque temps après, ils s'emparèrent des pièces d'uniforme que les Allemands conservaient dans leurs vestiaires et y mirent le feu dans la cour d'un des ateliers. Ce n'était même pas un feu de joie, mais une de ces flambées automnales par lesquelles les paysans se débarrassent de branches mortes et d'herbes sèches...

A défaut de posséder la ville de Córdoba – que, de foyer spirituel, il avait transformé en foyer d'usine –, il semblait à Perón que jamais il ne perdrait pied dans Buenos Aires.

Les habitants de cette Europe en bocal qu'était devenue Buenos Aires avaient besoin en effet depuis toujours de se serrer et de se confondre. Ils s'assemblaient presque automatiquement en une foule parce que c'était la seule façon de tenir tête à l'effrayant bâillement vert de la pampa qui les entoure de toutes parts et où un nuage devient spectacle réconfortant, où le cri d'un oiseau devient amitié. Pas un arbre de cette pampa qui n'ait été importé pour lutter contre ce vide. Le gaucho y tuait souvent un bœuf à seule fin d'attacher son cheval à ses cornes. Dans ce pays trop grand, les navigateurs n'avaient accosté que pour y chercher un passage ou de l'or. Ils refusaient de s'y engloutir, car la solitude en Argentine ne tombait pas des étoiles, elle émanait du sol même, enserrait vos jambes, vous gelait l'âme.

L'immigrant, quand il débarquait à Buenos Aires, se voulait quitte avec l'aventure. Il retrouvait avec plaisir dans cette ville des signes de civilisation, plus compacts que ceux laissés derrière lui. La peur de l'espace verdoyant où ils refusaient d'aller chercher leur bien devenait ainsi chez tous ces débarqués le ferment d'une nouvelle nationalité. Radieux à la vue d'un bureau de poste, d'un café, d'un agent de police, ils se pelotonnaient dans cette chaleur nostalgique. Le refus de devenir la pelletée de vie jetée dans l'étendue insatiable constituait pour Italiens, Portugais, Basques et autres, un ciment sans fissures.

Il faut donc lutter contre le vertige d'un horizon qui ne vous appelle plus nulle part, mais vous noie.

Alors on s'insurge contre le gigantisme de l'étendue, en se serrant les uns contre les autres dans la ville, sous le moindre prétexte, au moindre appel. Sa chance, on ne l'attend plus de la terre vierge à laquelle on tourne résolument le dos, si fertile soit-elle, cette chance, on la convoite désormais des diverses loteries qui mangent vos rêves et vos gains, cette chance on l'espère de plus en plus fougueusement de l'homme à la bouche en or, pavée de miraculeuses promesses...

Le rêve de l'immigrant arrivé à bon port ne le pousse plus à un nouveau voyage, à un autre pas en avant. Ses pieds s'incrustent voluptueusement dans l'asphalte. Le rêve se contente de faire du surplace, appelle des mots qui sonnent, se couvre d'angelots, d'astragales et de volutes comme ces maisons de Buenos Aires qui se veulent intimes et riches ou comme les navires échoués laissent leur proue se tresser d'algues et de coquillages...

Ainsi, la foule populaire de Buenos Aires n'est pas fatiguée de Perón quand ce dernier se présente pour une nouvelle élection...

La foule populaire ne cesse pas à Buenos Aires de miser sur Perón, quels que soient les résultats de ce choix devenu rance, pas plus qu'elle ne cesse de miser sur la loterie nationale...

9

Il y avait un vieux général à la retraite qui n'avait plus rien d'autre à espérer que de laisser un jour son nom à une petite avenue provinciale bordée de saules pleureurs.

Le temps était venu pour lui de secouer méchamment ses frimas. C'était le général Juan Bautista Molina. Il avait été attaché militaire à Berlin et avait même servi dans l'armée allemande. En novembre 1940, il avait donné un scandaleux dîner au Jockey-Club en l'honneur de l'ambassadeur d'Allemagne et parce que l'Argentine – forcée de prouver alors sa neutralité – avait dû dissoudre la mission militaire allemande qui, jusqu'à ce jour, avait entraîné l'armée argentine. Le général Molina avait créé, en 1941, le conseil supérieur du nationalisme, chargé d'ouvrir la route de l'Amérique latine – avec l'aide de l'Argentine – à Hitler. C'était un vieux général qui avait vu son rêve impérialiste pourrir dans son cœur. Il ne lui en était resté que de lourdes médailles démodées qu'il cachait honteusement.

Molina rencontrait de plus en plus souvent Perón en dehors de la Casa Rosada. Le vieux général affirmait au jeune que l'armée qui l'avait suivi jusque-là en rechignant était prête à le suivre avec enthousiasme, à condition qu'il veuille se débarrasser des « mesquineries d'une femme ».

L'armée n'avait jamais bénéficié de privilèges aussi énormes, mais elle voulait aussi envahir la rue. Elle se retrouvait pour ainsi dire dans une seconde clandestinité dorée, comparable à celle qu'elle avait connue de 1937 à 1945, en attendant la victoire d'Hitler.

Si Perón n'était plus – depuis les incidents des chemins de fer – absolument certain de ses milices ouvrières, pourquoi ne se rapprocherait-il pas de cette armée qui venait de lui rendre un insigne service en retrouvant sa fougue traditionnelle pour matraquer les émeutes ouvrières ?

Les mineurs de l'étain, en Bolivie, possédaient dans leurs baraquements des carabines prêtes à disloquer une armée assoiffée d'aventures. Il fallait absolument éviter en Argentine une pareille conjoncture.

A travers le général aux veines cassantes comme verre – le farouche Molina de la victoire nazie –, Perón cherchait à retrouver son armée, à la replacer dans son jeu, non plus en invitée d'honneur richement traitée et pourtant maintenue à la périphérie, mais en vedette.

Les militaires, eux, parlaient aussi de socialisme – et même d'abondance –, mais, dans ce socialisme à odeur de baudrier, l'ouvrier n'était qu'un soldat déguisé, sommé d'accomplir sa corvée nationale.

L'armée argentine, en ce début de l'année 1951, crevait sous les prébendes. Les cadeaux dont Perón l'avait accablée étaient supérieurs certes à ceux de tous les gouvernements précédents, mais ne valaient pas l'action. Le panache était devenu chez ces militaires un besoin vital.

Les armées sud-américaines, sans emploi historique depuis l'Indépendance, imposent des hommes de corruption. De même que les conquérants qui, n'ayant pas trouvé l'or sur ces rivages, établirent la servitude pour se dédommager, de même les militaires inactifs se dédommagent dans le bouillon de la dictature.

Christophe Colomb lui-même, isolé par ses hommes qui protestaient devant la rareté des richesses, devant l'effondrement du rêve qui les avait entraînés si loin, leur répartit des terres et leur permit de transformer les Indiens en esclaves.

L'occupation de l'Espagne par Napoléon et la soumission de Ferdinand VII à l'envahisseur permirent aux riches Créoles de revendiquer la liberté ; ces

Espagnols cossus, nés en cette terre lointaine, ne voulaient plus servir de simples commis à un royaume dont les émissaires ne venaient régulièrement là que pour semer de hautaines consignes et ramasser en échange la part du lion. Mais les masses populaires, soumises pendant des siècles, firent poids mort, contrariant non l'ennemi lointain et abstrait, mais celui qui les utilisait, les riches conseillers municipaux qui s'obstinaient à vouloir détruire le joug espagnol.

Ainsi, Boves, un aventurier blanc poussé par sa haine du riche, se proclama le chef des mulâtres au Venezuela. A la tête de ses hordes armées de lances, il extermina des familles entières, força avec ses cavaliers la porte des églises où les républicains se réfugiaient dans la prière. Dans un bal, il fit fusiller tous les hommes, obligea ensuite les femmes à danser entre elles, puis les exécuta et termina sa boucherie par les musiciens.

Les pauvres aventuriers se firent les alliés de la monarchie espagnole parce qu'ils voulaient détruire les riches, même républicains et libérateurs. Les caudillos royalistes, surgis du peuple, devinrent alors les féroces exploiteurs de vastes pays. De la pointe de leurs éperons, ils enfoncèrent le pays dans une féodalité sanguinaire.

Après la mort de Bolívar, le grand libérateur qui renvoya définitivement chez eux les colonisateurs espagnols, les armées libératrices ne se résignant pas à se dissoudre, ayant perdu toute raison d'être, se mirent au service de l'insolence physique. Les armées de la libération devinrent alors les gardes personnelles de soudards déments.

Melgarejo faisait assister à ses banquets son cheval, obligeant les assistants à servir l'animal le premier dans un plat d'argent.

Chaque général désormais se voulait de droit divin président d'un pays, seule récompense qu'il jugeât digne de ses petits et moyens services.

Les guerres naquirent alors à titre récréatif. Retirer leur uniforme, pour les soldats de l'Indépendance, c'eût été une castration.

Bolívar, avant de mourir, abattu par son idéal, s'écria : « Ceux qui ont servi la Révolution ont labouré la mer... »

Il semblait que, devenu indépendant, ce désert gardait la nostalgie d'un monde fermé, exigeait la féodalité comme une forme de fraternité bestiale. Les coups du caudillo, c'étaient ceux du père. Ils empêchaient la pensée de se propager. La cruauté créait des frontières. La volonté de faire des nations s'écrasait contre les nuages qui flottaient sans fin à ras d'immensité.

Les militaires voulaient gouverner sans devoir rendre de comptes qu'à leur grande ombre à cheval. Du partage des dépouilles nationales, le peuple était soigneusement écarté. Les compagnies étrangères – surtout américaines – qui venaient exploiter le sol de ces pays trouvaient dans les généraux-présidents des maquignons entièrement dévoués, lesquels, en échange, comptaient sur un rigoureux appui. Les généraux d'Amérique latine étaient devenus de graisseux intermédiaires en uniforme héroïque.

10

Les militaires argentins n'étaient pas heureux en cette année 1951. S'il y avait toujours plus de fêtes nationales, ils n'en étaient que les figurants secondaires, cédant toujours la place aux sans-chemises. Toujours à l'abri et toujours rayonnant derrière la pensée des autres, Perón finissait par être à lui seul l'armée. Les mille huit cents familles d'Argentine, qui possédaient un territoire plus grand que l'Angleterre, la Belgique et les Pays-Bas réunis, n'avaient pas perdu un seul pouce de terrain, bien que le général eût accessoirement lancé la menace d'une redistribution des terres.

Dents très blanches, sourire très professionnel, Perón demeure le seul représentant en grandeur nationale. Il adresse à la nation le langage qu'il ferait retentir dans une caserne repeinte à neuf. Aucune femme, a-t-il remarqué, aucune femme n'a eu d'influence sur les supermen de l'histoire. Il insiste lourdement là-dessus.

Mais ce général flanqué de cette femme, entouré de petits chiens d'appartement tondus, serrés aux hanches dans leurs laines de couleur, le postérieur dressé, avec des bijoux et une garde-robe de collectionneur maniaque, avec ces sourires vérifiés vingt fois par jour, cette amabilité en forme d'éclair, les militaires n'en veulent plus. Ils sont trahis, nominalement aussi bien que dans leur évangile, par un des leurs...

Cette femme qui revient chaque soir fourbue à la Casa Rosada, pour laquelle chaque agenouillement dans une église devient une contrariété, un pincement au cœur, cette femme, les militaires n'en veulent plus.

La femme captivante apparaît trop souvent à la place du chef. Cette femme qui donne des morceaux de sucre au peuple, comme à ses petits chiens...

*

Le vieux général Molina fait entendre à Perón que l'armée serait prête à se satisfaire de nouveau de lui s'il cessait de s'encombrer de cette ancienne artiste de music-hall. Les militaires affirment que les séances de charité d'Evita ôtent toute virilité au gouvernement Perón...

*

Dès qu'Evita eut vent de ces positions militaires, elle n'eut plus qu'une idée fixe : se trouver face à face avec Molina, lui demander des comptes, le contraindre à s'expliquer.

Molina refusait toute invitation à la Casa Rosada. Evita résolut alors de le traquer dans sa retraite. Elle voulut se rendre seule au quartier général où se cloîtrait le vieux général méprisant.

Averti des imprécations d'Evita, il fit courir le bruit qu'il ne la craignait pas.

– Si cette petite femme veut venir au Campo de Mayo et me jeter dehors...

Deux fois de suite Evita, acceptant farouchement le défi, se présenta devant la garnison du Campo de Mayo, demandant à être introduite auprès du général Molina ; mais elle ne fut pas reçue. Elle fut simplement éconduite par le soldat de garde.

Après cette double humiliation venant de l'armée, Perón sentit chez son épouse des ardeurs meurtrières. Pris entre le double feu, Evita et Molina, et ne sachant, épouvanté, comment éviter la conflagration qui se préparait, il ondoya et arrangea vivement un dîner de réconciliation au Campo de Mayo.

Mais, ouvertement, Molina et Evita firent semblant de ne pas se voir...

Evita n'avait pas réussi dans son petit soulèvement, ni même dans l'idée d'un grand chamboulement : elle avait menacé Juan Perón de faire marcher le peuple contre le général Molina et de lui faire rendre gorge des politesses qu'il devait à la Présidente. Elle avait voulu faire plier l'armée, elle et sa C.G.T., et Perón avait tout voulu apaiser, des deux côtés, avec ce dîner. Mais surtout gagner du temps en noyant dans des platitudes de politesse la rage d'Evita.

Evita avait commis sa première grande erreur en se rendant seule au Campo de Mayo, pour y agresser l'armée dans la personne de Molina, et cette provocation venait au moment même où des failles s'élargissaient dans le soutien qu'elle pouvait obtenir du peuple et de l'Eglise.

Que la première dame d'Argentine se soit fait renvoyer deux fois de suite par une sentinelle, et que Molina ait eu le courage de cette contre-provocation, prouve bien à quel point tout commençait à se gâter pour la déesse des sans-chemises. Elle avait eu tort de perdre une impassibilité de reine populaire pour retomber soudain dans ses tics d'artiste sans contrat.

*

Evita, depuis longtemps, tentait d'obtenir de l'armée le commandement d'un régiment particulièrement représentatif. Elle voulait le passer en revue à chacun de ses anniversaires. Plus voyante que jamais, du haut d'un cheval blanc, en grand uniforme, elle imiterait la reine d'Angleterre. C'est qu'Evita se lassait de la gerbe d'arums et de la coupe de pois de senteur qu'on apportait partout où elle paraissait. Elle se fatiguait de ses infirmières de parade distribuant en son nom la pénicilline américaine, dont la Fondation détenait tous les arrivages. Elle finissait par ne plus se réjouir des affiches qui la représentaient dans un encadrement en forme de cœur.

Eva Perón veut une distraction plus âpre : commander à un régiment. Les chefs de l'armée haussent les épaules devant cette revendication flatulente.

SEPTIÈME PARTIE

LE GRAND CIRQUE

1

Evita Perón avait refusé à Hollywood de devenir coiffeuse ou serveuse de bar en attendant sa chance au cinéma.

Dédaignant les servitudes, même si l'entourage vous en vante la nécessité absolue pour *survivre,* Evita avait survécu avec ses propres moyens. Le mépris et la rage la maintenaient debout.

Et de même aujourd'hui, après son échec auprès des cheminots, auprès du vieux général Molina, auprès de l'envoyé du pape qui ne lui a même pas apporté une médaille, bref, après cette triple crucifixion, Evita refuse d'attendre, d'espérer, de se consoler avec des faux-fuyants et de faux-semblants.

Sa volonté entièrement axée sur la vengeance des humiliations subies lui a imposé de créer la Fondation pour se venger de la Société de bienfaisance. Maintenant elle veut un poste qui, de mémoire d'homme, n'a jamais été tenu par une femme en Amérique latine : la vice-présidence. C'est la seule compensation possible aux humiliations de l'année.

Pour obtenir la vice-présidence, Evita commença par faire la cour aux conservateurs. Déçue par le peuple, elle se disait que ce serait une grâce qu'elle pouvait accorder à ses ex-têtes de turcs de leur demander de mettre en avant son nom à elle, Evita, comme candidate à la vice-présidence. Mais les grands propriétaires, les grands fermiers, avaient subi trop d'avanies, avaient été trop souvent escroqués par la Fondation au nom de la sacro-sainte charité nationale. Ils n'acceptèrent pas, comme planche de salut, la génuflexion devant Evita.

Evita se croyait certaine, pourtant, de convaincre les conservateurs. Avec elle à leur tête, ils avaient un espoir de redevenir les gens du jour. Mais, une fois de plus, il y avait là surtout la manie d'Evita de vouloir faire plier les riches, de s'imposer aux aristocrates comme leur maîtresse, leur reine. Toute l'Argentine alors serait à elle, et l'Argentine n'était-elle pas la puissance première du continent sud-américain ? A la tête d'un continent qui représentait un cinquième du monde, qui pourrait encore s'opposer à Evita ? Elle était fatiguée par la Fondation. Ce bureau dans ce gratte-ciel, elle en avait épuisé le charme ; il lui fallait un trône plus reluisant, rafraîchissant en quelque sorte.

Les conservateurs, devant une Evita à la fois hautaine et implorante, refusèrent les uns après les autres de lui servir de caution. Ils n'avaient pas oublié le marchand de poissons devant le Jockey-Club.

Cette démarche encore plus folle que celle qui avait rabattu Evita contre la porte fermée du quartier général de Campo de Mayo, cette porte du Jockey-Club qui lui claquait impérieusement au nez, c'était pour Evita la déclaration de guerre. Après le sourire prometteur, on passait avec elle à l'action coup de poing.

A ce « non pour Evita vice-présidente » des conservateurs, des riches, des aristocrates, Evita concocta une réponse bruyante.

L'élite argentine ne se rassemblait pas seulement au Jockey, mais à la Société rurale. L'exposition des plus beaux bœufs de l'année constituait une grande attraction mondaine ; la caste festoyait alors parmi ses bœufs triomphants et ses belles femmes vêtues par les grands couturiers parisiens. Mais Evita décida soudain que les terrains étaient mal employés. Le peuple manquait de tout. En conséquence il fallait, sur les terrains de la Société rurale aussi bien que sur celui de golf du Jockey-Club, planter des choses utiles.

Au moment où parmi les trompettes, les jumelles et les hauts-de-forme, le clairon allait annoncer l'ouverture de la fête annuelle de la Société rurale, des bulldozers arrivèrent. Les haies furent abattues, les fleurs arrachées.

C'est un délire presque sportif que celui provoqué par les prototypes bovins, véritables armoires de chair où les pattes, la queue et la tête disparaissent. Les Shorthorn ou les Aberdeen Angus, monstres reproducteurs et comestibles, sont salués par les aristocrates en grande tenue comme la semence de l'or qui remplira leurs coffres. Cette chair bovine, c'est leur empire. Il est normal qu'ils la célèbrent au cours d'une fête unique dans l'année.

C'était la première fois dans l'histoire argentine que la fête de la Société rurale était perturbée.

Les grandes dames en toilette et les taureaux qui valaient des dizaines de millions furent vivement emportés loin d'un gâchis de planches et de fleurs.

Les aristocrates de la Société rurale crièrent au vandalisme. Ils parlèrent d'attentat contre la Constitution. Mais la Présidente leur fit répondre que la Constitution argentine n'était pas enfermée dans le quadrilatère de la Société rurale, fût-il abondamment fleuri...

2

Juan Hortensio Quijano, le vice-président, avait fait partie de ce mince groupe de radicaux qui avaient succombé au charme de Perón. Sous l'étiquette de « collaborationniste », il avait accepté de jouer les paillassons démocratiques lors de la montée au pouvoir du distingué épéiste.

Quijano avait toujours proclamé : « Peu importe ce que racontent sur mon compte *quelques politicaillons...* » Il désignait ainsi ce parti radical dont il avait toujours été et qui avait refusé de céder à l'appât sirupeux du général.

Une fois la combinaison Perón-Quijano formée, en 1945, et ayant obtenu sa vice-présidence au cours du voyage électoral le plus calme qui fût – Perón vêtu d'une chemise de polo, déguisé en marin qui se donne du bon temps, alors que Quijano près de lui se guindait dans un smoking –, une fois devenu vice-président, Quijano avait vu son pouvoir réduit à celui de portier stylé de la Maison Rose.

C'était un visage usé et sans couleurs à présent.

Ce pauvre chevalier servant de Perón, issu du parti radical d'Irigoyen, était devenu vénérable comme on attrape une maladie. Il était né à Curuzu Cuatia, province de Corrientes, en 1884, et avait fait carrière de juge. Il avait été ministre de l'Intérieur dans le cabinet Farrel, et ensuite vice-président. Inépuisablement péroniste, ayant brutalement renié par intérêt tout l'idéal de sa jeunesse, il n'avait plus qu'une issue : se montrer fidèle comme fer – mais dans l'ornière.

Perón en voulait à Quijano pour la seule raison qu'il n'avait pas réussi à faire passer ce Quijano pour une large participation radicale à ses côtés.

Ce symbole de l'Argentin moyen, marchant avec Perón, s'était rabougri sur pied.

Evita convoqua Quijano. Il n'avait que soixante-sept ans dans ce printemps 1951, mais sa fausse réussite l'avait vieilli prématurément. En fait, il vivait dans une double solitude, considéré comme un traître par ses anciens amis radicaux, comme un valet par ses nouveaux collègues. Tous les conflits se résolvaient chez lui en urbanité.

Il semblait cassé en deux, non par le malheur, mais par la courtoisie.

Evita l'accueillit dans un salon comme s'il était le seul être au monde qu'elle eût jamais apprécié. Elle sentait que Quijano ne ferait rien pour accrocher ses vieilles mains aux énormes poignées de porte de la Casa Rosada. Ses décisions, pour futiles qu'elles fussent, il n'en était plus le maître. Sa fatigue le faisait acquiescer avant même qu'une question lui fût posée. Evita n'eut aucune peine à obtenir de lui qu'il abandonnât son poste de vice-président à la señora Perón, pour la seconde aventure présidentielle.

Eva serra contre elle Quijano comme jamais elle n'avait pu serrer son père.

Malheureusement, Quijano n'était pas le seul obstacle au poste de la vice-présidence.

Il y en avait d'autres, aux yeux fixes. Ils guettaient ce second poste à la tête du pays. Second poste qui en un tournemain pouvait devenir le premier. C'était tout de même l'antichambre de la toute-puissance.

L'homme qu'il fallait éliminer après Quijano, c'était le colonel Mercante, l'ami d'enfance et aussi le vieux complice de conspiration de Juan Perón. Les familles Perón et Mercante se connaissaient depuis la rude expérience de Patagonie. Mercante traitait Perón non seulement en égal, mais en camarade de jeux.

Et le colonel Mercante, on ne pouvait le gagner avec une tasse de thé et deux heures de douces amabilités en tête à tête.

Déjà, en 1946, convoitant le poste de vice-président, Mercante avait dû s'effacer. Il ne se satisfaisait plus du poste subalterne de gouverneur de Buenos Aires. Il avait alors cinquante-trois ans et on l'avait tenu longtemps pour le bras droit de Perón. Il était devenu colonel en 1943, grâce au G.O.U. et au mouvement de palais de 1943. Il avait joué le rôle d'agent de liaison entre Perón et la C.G.T. Considéré comme le principal lieutenant de Perón, il espérait, à ce titre, toutes les récompenses.

Il se sentit dépossédé pour la première fois, lorsqu'il joua le rôle de témoin au mariage de Perón et d'Evita et qu'il vit ainsi son vieux camarade de régiment passer de ses mains entre celles d'Evita. On lui volait sa camaraderie et aussi sa soutane d'éminence grise. Mais sa douleur fut encore plus violente au moment où il se plaça sur les rangs pour le poste de vice-président. En effet, il avait réussi à se faire imposer comme candidat par le parti ouvrier de Cipriano Reyes et il pensait atteindre son but sans difficulté. Mais à ce moment, Perón, dans l'enthousiasme du retournement miraculeux qui l'avait ramené au pouvoir tant attendu, tant rêvé, et cela du fond même de sa prison méritée, Perón s'était mis dans la tête d'avoir tout le monde avec lui, et particulièrement les radicaux.

Et il avait alors pensé obtenir la faveur des radicaux en offrant à l'un d'eux le poste de vice-président.

Ce fut ainsi que Quijano entra dans le temple du pouvoir, alors que Mercante s'en voyait écarté au moment précis où il se préparait à s'y asseoir en confiance.

En compensation, Mercante accepta le poste de gouverneur de la capitale. Mais il était bel et bien éclipsé. Il avait rongé son frein pendant cinq longues années. Pourquoi s'était-il montré farouche adversaire de tout remaniement de la Constitution de 1853 ? Simplement parce que Perón voulait remanier cette Constitution à seule fin de faire sauter l'article qui interdisait à tout Président d'Argentine de se présenter pour un second mandat. Et lui, Mercante,

Perón ayant accompli ses six années, pensait lui succéder sans effort.

Perón tenait à demeurer indéfiniment président – bien qu'il eût souvent parlé de sa mauvaise santé et de sa grosse fatigue – et, avec sa Constitution sur mesure, il prenait aussi un an d'avance pour se faire élire. C'était la fin du rêve de Mercante. Mercante avait perdu les bonnes grâces de Perón, mais ce dernier ne pouvait pas l'éliminer aisément, non par respect pour une amitié si vieille, pour des images d'enfance, mais parce que Mercante non seulement avait acquis du prestige auprès des *descamisados*, mais encore en conservait beaucoup dans l'armée.

Ainsi, la seule manière de l'éliminer, c'était de le récompenser. Or il n'y avait plus de récompense qui fût à peu près à la hauteur de Domingo Mercante, colonel populiste, si ce n'était celle de vice-président. Perón avait donc déclaré à Evita, avec des ménagements, qu'il conservait le poste de vice-président pour ce Mercante qui cesserait d'être une équation inconnue sur laquelle on n'avait pas de prise, pour devenir un « danger chapeauté ».

Le 31 mars, un après-midi pluvieux, vêtu de son uniforme de parade, Mercante quitta son poste de gouverneur dans une voiture officielle. Il était convoqué à Buenos Aires par le général Perón. Aux abords de la ville, il entra en collision avec une voiture surpuissante qui roulait à vive allure. Mercante s'arracha de sa voiture en miettes. Il ne ressemblait plus, ce brillant colonel promis à la grande gloire, qu'à un clochard s'extirpant d'un bouquet de ronces. Ce fut un miracle pour lui de se tirer vivant de cet accident. Et la voiture qui l'avait heurté ne fut jamais retrouvée. Il en fut tellement commotionné qu'il abandonna aussitôt sa candidature à la vice-présidence, sans autre motif que ses dix-sept points de suture au crâne.

Un autre nom de la liste qui s'opposait à la candidature d'Evita et voulait saisir la place qu'elle convoitait, c'était Filomeno Velasco, le chef de la police fédérale. Le gros sanglier plein de sang avait été dénoncé par l'ambassadeur américain Braden comme le bourreau spécialisé de Perón. Il avait été expédié à Corrientes dans l'espoir d'apaiser les Américains au moment où ces derniers accordaient un prêt à Perón pour l'aider à se tirer du mauvais pas où l'avait placé sa jactance.

Filomeno Velasco possédait de grandes chances de succéder à Quijano. Il était le complice de Perón, le plus engagé. Et il en était aussi le plus dynamique. Perón convoqua Velasco à Buenos Aires pour discuter avec lui de quelques modalités concernant son accession à la vice-présidence. Velasco refusa de bouger. Il prétexta une maladie qui le clouait au lit. Mais on ne se fit aucune illusion à la Casa Rosada. Il s'agissait d'insubordination pure et simple.

Il fut évident que Filomeno ne voulait pas se placer dans le proche rayon d'action du bienheureux couple.

Pour une fois, l'homme qui imposait des craintes en éprouvait une : Evita.

Les changements d'humeur de cette dernière ne valaient rien pour lui. Il déclara dans un chaleureux télégramme – coïncidant avec l'accident de Mercante – qu'il serait trop heureux de voir la señora Duarte de Perón au poste de vice-président pour lequel il se sentait indigne.

Enfin le grand siège de vice-présidente était dégagé...

Evita pouvait lancer sa campagne...

3

La nuit tombe sur la grande ville et l'heure de la promenade devient, au crépuscule, une heure religieuse, d'incantation nationale. En effet, les noms d'Evita et de Juan Perón scintillent, en lettres énormes, sur tous les murs. Ces noms s'effacent, se fondent dans le soir bleu, mais ne périclitent pas. Ils continuent à peupler le sommeil de milliers de promeneurs. Un marchand de glaces en blouse blanche pédale sur un tricycle imposant comme une locomotive qui crache des flots de crème glacée. Un gaucho énervé fait au grand galop le tour de la place. Il plante en terre un fanion sur lequel se déploie le nom d'Evita. Les cadrans des grandes horloges brillent. La voix des haut-parleurs ne s'éraille guère à toujours affirmer : « *Perón cumple, Evita dignifica...* » La voix houleuse des haut-parleurs qui débitent sans repos : « *Perón, Evita Perón, Fórmula de la patria.* » Flot de musique militaire, puis de nouveau le haut-parleur crachote : « *Independencia económica...* » Tout cela vient d'une autre planète, d'un monde étranger à la fête foraine qui continue à moudre du vent. Les voyous péronistes posent des croix blanches sur les maisons des riches afin d'occuper le vide de leurs soirées.

L'Etat est devenu une fantastique agence de publicité qui n'accepte qu'une commande : la gloire du couple Perón. Juan et Evita se trouvent en perpétuelle concurrence dans ce tournoi de glorification qui n'en finit pas et qui utilise tous les services publics, tous les ministères, tous les journaux, toutes les radios, envahit toutes les oreilles et occupe en priorité tous les regards...

Tout dort dans la ville, sauf l'imagerie péroniste. Dix-sept millions d'Argentins doivent se prononcer sur le couple charmeur à l'automne 1951. En attendant, quelle force peut détruire ces images qui enchantent les murs de la ville ?

Evita, elle aussi, délire sur ces images. Perón est quatre-vingt-dix pour cent de cape et dix pour cent d'épée. Chez Evita, la cape s'agite autant que l'épée. Il y a quatre millions de femmes péronistes sous sa houlette. Les bénéficiaires de la Fondation qui ont reçu tant de cadeaux enveloppés dans des portraits géants d'Evita doivent marcher. La Fondation et le

Front féminin sont l'œuvre d'Evita, mais n'empêchent en rien que la C.G.T. et le parti péroniste soient noyautés par des gens à elle. Insensiblement, la Présidente est devenue la grande puissance du pays et, au milieu des habits noirs et des grands cordons, à côté de cette femme toute raide dans ses atours, Perón a beau affecter la négligence et retenir une cigarette au bout de ses doigts veinés, il sait que cette femme on ne la rassasie pas seulement de bijoux et de fourrures.

Les délégations des syndicats affluèrent de toutes parts, exigeant que leur Evita fût candidate à la vice-présidence. Des centaines de milliers d'affiches couvrirent en un jour Buenos Aires comme une rafale et toutes ces affiches exigeaient, suppliaient Evita de consentir à être élevée au plus haut rang. Jamais femme, à part deux ou trois reines dans l'histoire, n'avait visé aussi haut. Les paroles ayant été prononcées, cette candidature commandée par des mots écrits, affichés ou claironnés partout, il ne restait plus qu'à mettre les foules en mouvement. Le départ fut alors donné par la C.G.T. au rallye monstre qu'elle avait organisé pour le 22 août. Les hommes d'Evita envahirent les trains, les cars, les camions, les bateaux, et un fleuve de bicyclettes, une ribambelle de chevaux, tout cela annonça que la grande marche sur Buenos Aires avait commencé.

Le voyage, la nourriture, le logement et toutes sortes de distractions ne devaient rien coûter à ceux qui approchaient de la ville pour la fête folle. La capitale illuminée pour accueillir les pèlerins d'Evita s'était transformée en une ville de liesse. L'avenue du 9-Juillet foisonnait d'un peuple de campeurs, s'allongeant sur les trottoirs pour passer la nuit tout contre l'estrade décorée de portraits et de drapeaux...

4

Quand elle recevait des visiteurs à la Fondation, qu'ils fussent politiciens ou journalistes, que ce fût en un moment de travail ou de loisir, Evita détestait laisser parler son interlocuteur ; aussi important fût-il, elle l'écoutait et l'entendait à peine. Elle aimait surtout sa propre voix. Pour empêcher ses interlocuteurs de l'interrompre, elle avait développé plusieurs procédés : elle se concentrait par exemple sur ses ongles, ou se mettait à marcher très vite pour obliger ses interlocuteurs à presser le pas derrière elle, à s'essouffler. Quand, faisant fi de sa haine, elle avait été obligée de faire bonne grâce à un Américain – Edward Miller, Amigo Miller, secrétaire des Affaires étrangères américain qui venait pour discuter les modalités d'un prêt à l'Argentine –, elle l'entraîna dans la visite oiseuse d'un nouvel hôpital – il y avait toujours un nouvel hôpital en construction grâce à elle – et elle le fit marcher jusqu'à ce qu'il eut cessé de revendiquer des libertés pour la presse argentine.

Maintenant sa voix planait sur la ville, et rien ne pouvait couvrir cette voix, ni le roulement des trains sur les ponts métalliques, ni le ronronnement d'un avion dans le ciel, ni le chahut des fêtes foraines.

Des cortèges se traînaient dans la poussière, ouvriers agricoles, paysans, députations en atours tropicaux, Indiens accourus des neiges du bout du monde, enfants et vieilles femmes, tous attendaient le lever de rideau. Les enfants s'élevaient et zigzaguaient sur des avions. Des masques souriaient au-dessus des tavernes à gaufres. Et les couples s'enlaçaient en souriant à Evita.

Un exhibitionniste s'était jeté pour Evita du haut d'un pont. Un nommé Juan Martín avait fait cinq cents kilomètres en se déplaçant uniquement sur un tonneau qu'il faisait rouler sous ses pieds, et sur ce tonneau il avait inscrit en lettres blanches : *Evita, vice-présidente.*

Un couple d'unijambistes, l'un possédant le pied droit et l'autre le pied gauche, font quatre jours de bicyclette sans s'arrêter. Toujours pour elle !

Un couple avec un enfant vient d'accomplir trois cent trente kilomètres à pied ; ils portaient tous les trois sur leur dos une pancarte : *Evita, vice-présidente.* Et de nouveau cet acrobate qui se jette du haut d'un pont en hurlant aux oiseaux et à la foule ébahie :

– Evita, vice-présidente !

Evita s'émerveillait de cette série de démonstrations absurdes qui devaient imposer sa candidature. Elle avait mis en marche un gigantesque cirque humain.

Juan Martín était là à se laisser caresser par la foule des fidèles. C'était lui, le petit comptable de Santa Fe, qui s'était endimanché et qui s'était mis à sautiller sur un tonneau. Il avait vaincu une nationale de trois cents kilomètres. Et c'est à coups de savates sur son tonneau qu'il avait rejoint Buenos Aires.

Il criait pendant sa performance démente :

– Evita, vice-présidente !

Les deux unijambistes se hissaient aussi, là dans la foule, attendant l'apparition de celle pour laquelle ils avaient roulé à bicyclette pendant cinq jours, en poussant le même cri. Et aussi l'automobiliste qui avait voulu faire quatre cents kilomètres en marche arrière et qui s'était écrasé contre un arbre sur lequel il avait placé un écriteau : *Pour Evita, vice-présidente...* Evita l'avait visité à l'hôpital avec des fleurs. Et tous les journaux que cette foule brandissait avaient publié la photographie d'une Evita, alors plus souriante, plus heureuse que jamais... L'absurbe devenu religion.

Et il était là aussi, dans cette nuit du 21 août, dormant sur la place du 9-Juillet, avec toute la clique d'Evita, qui se tenait prête pour le grand jour du 22 août, il était là aussi, le paysan Tordo, avec sa femme et sa fillette, qui avaient fait deux cents kilomètres à pied, ayant inscrit sur leurs chemises trempées de sueur : *Evita, vice-présidente.* Ils l'avaient tous dans la peau, leur Evita.

Un autre avait porté deux cents kilos de blé à travers la pampa avec la même inscription sur son sac. Et il arriva au but qu'il s'était fixé, plus mort que vif.

Ce fut alors – avant le 22 août, date du paroxysme de la fête populaire – qu'Evita décida de couronner sa campagne en offrant des monceaux de bicyclettes et de poupées aux petits garçons et aux petites filles, afin d'attirer leurs parents dans la tonitruante démonstration. Elle voulait répéter – mais cette fois à son profit et multipliée – la manifestation du 17 octobre. Il y avait de quoi nourrir l'impatience de cette foule. Il lui fut offert autant de boisson et de nourriture qu'elle pouvait en absorber.

C'est ainsi qu'Evita avait décidé d'obtenir la vice-présidence par ses propres moyens.

La fantasmagorie était à son comble. Dans le parc Belgrano où elle avait fixé rendez-vous à deux cent cinquante mille enfants qui la réclamaient à cor et à cri comme vice-présidente, il y eut une bousculade terrifiante et beaucoup d'enfants ne purent entrer pour agripper les cadeaux.

Le rassemblement de tant de petits pour donner de la voix à Evita comporta un tragique impromptu.

En pleurs, les vêtements déchirés, beaucoup d'enfants se retirèrent de la cohue les mains vides. Deux enfants furent piétinés à mort. Leurs cadavres furent escamotés. Et les parents indemnisés pour se taire. La loterie du bonheur devenait ainsi la loterie du sang. Deux petits corps d'enfants pour atteindre le trône, cela commençait mal... Un marchepied d'un noir symbolisme.

5

Le zoo est adoré de la foule argentine. Evita a ordonné que l'on fermât le zoo ce jour-là pour que la foule ne puisse se distraire de la présidence d'Evita. Et aussi le match de football fut interdit à cette foule folle du ballon. Il ne fallait pas qu'il y eût dans la ville d'autre distraction qu'Evita Perón.

La calle Florida, la rue la plus surveillée de Buenos Aires, disparaît sous un tunnel d'échafaudages. Photos péronistes, slogans, emblèmes, les façades des hauts immeubles sont couvertes d'affiches et de drapeaux. La calle Florida est devenue un musée Evita, public et permanent. Dans les vitrines, parmi des bijoux ou des fruits, Evita sourit. Nuit et jour les speakers ont annoncé des chants, puis des « paroles immortelles » prononcées par Evita et par Juan Perón. Le public, saoulé et vide, cherche sa foi dans les sourires d'étoupe, dans les déluges verbaux.

Le lendemain après-midi, un million de personnes s'entassaient sur la place. La bombe, le cordon et la mèche !

Les maisons avoisinantes étaient décorées de bannières portant les inscriptions *Perón-Perón* et des grappes humaines s'accrochaient aux balcons. Et tous les groupes qui marchaient avec le gouvernement et qui n'avaient rien à perdre brandissaient les drapeaux de la prospérité. Les pancartes dressées au-dessus des têtes traitaient les Américains de gangsters et de criminels. (Ces pancartes étaient payées par l'argent de l'emprunt américain.) Des voitures munies de haut-parleurs hurlaient des slogans. La foule scandait les deux noms-clés de la fête : « Evita » et « Perón ». En fait, il ne s'agissait que d'un seul nom pour cette foule, attisée par les clameurs démoniaques que ne cessaient de faire retentir les haut-parleurs.

Il faisait sombre. L'estrade fut illuminée. Des torches s'allumèrent dans la foule, brandies comme des armes, prêtes à flamber pour de grands feux mystiques, destructifs, conjurateurs. Les acclamations partaient dans un roulement de tonnerre. Perón apparut. La foule criait de déception de le voir s'avancer seul. Les officiels s'affolèrent sur leur estrade.

Evita attendait que tout fût échauffé pour surgir.

Soudain, une longue voiture tapie dans une des rues adjacentes déboucha, fendant lentement la mer humaine. Vêtue d'une jupe plissée et d'un chandail bleu ciel, Evita, droite comme un if, sourire fixe, le visage effrayant de pâleur, avançait dans un silence fervent. On eût cru que son échine était maintenue dans un plâtre. Elle monta sur l'estrade sans répondre à aucun salut des officiels, ni même voir aucun de ces hommes en habit noir de gouvernement et de servitude.

La foule bruissait.

Puis le secrétaire de la C.G.T., l'obséquieux Espejo, demanda humblement au couple de ne pas abandonner la Casa Rosada. Perón accepta, dit le bien qu'il avait fait pour son pays et dit qu'il en ferait encore plus. La foule avidement approuvait.

Evita posa une main tremblante sur le micro. Les applaudissements ne finissaient pas de crépiter, de mourir et de renaître...

– Ceci est pour moi une surprise complète, dit enfin Evita.

En face des immenses bannières qui portaient toutes la double inscription *Perón-Perón,* Evita feignait la modestie avec une nonchalance qui frisait la démence. Elle n'avait plus à conquérir ce public par une interprétation, quelle qu'elle fût. Elle pouvait enfin se montrer tout à fait à son aise, tout à fait abandonnée. Elle penchait la tête, laissait retomber ses mains, aspirant avidement ce flot de bannières.

Elle n'avait plus qu'à avaler son succès de superstar aussi facilement qu'une hostie.

Evita remercia. Elle était là toute confite, immobile, et soudain elle éclata. Les oligarques, les riches, étaient toujours au centre de sa colère. Elle ne se possédait plus. Elle était de nouveau ballottée dans sa transe, cette transe qui l'avait empêchée jadis d'interpréter le moindre rôle, que ce fût au théâtre, au cinéma ou au music-hall. Tout n'était plus que cri, revendication, réparation exigée sur l'heure. Elle ne savait tenir aucun rôle, si ce n'est celui de la « crise », de la fureur aiguë et sans pardon. Elle hurlait maintenant contre ceux qui souhaitaient détruire ce qu'avait fait Perón pour l'établissement d'un ordre social juste.

Elle conclut, comme elle le faisait toujours, sur l'affirmation qu'elle restait tout entière au service des opprimés. Mais lesquels ? On pouvait alors se le demander, puisque depuis longtemps Perón et elle déclaraient partout qu'il n'y avait plus de victimes sous le grand soleil d'Argentine, un soleil qui refusait de se détacher du blason, demeurant à l'état d'emblème national.

Cependant, la foule n'était pas là pour analyser, mais pour se complaire dans son propre chant, se distraire de ses peines.

– Evita ! Evita !... clamèrent des centaines de milliers de voix.

Ils voulaient savoir si elle devenait leur vice-présidente. Elle n'avait pas, dans sa harangue, fait allusion à sa candidature.

Toujours ce retirement, cette pudeur. La panthère jouait les petites filles.

Alors, pleurnicheuse, un peu haletante, ravie de constater que cette foule était sensible au virus qu'elle lui avait infiltré, Evita s'avance, le pas faible, la tête penchée sur l'épaule. C'est de nouveau l'ange qui murmure :

– C'est une terrible décision à prendre pour une femme... Mes amis... Donnez-moi encore quatre jours pour me décider...

Elle plaidait devant le micro. Elle se tordait les mains. Ses traits étaient décomposés.

– Donnez-moi quatre jours encore, proclamait la toute frêle voix qui, à travers tant de haut-parleurs, devenait un odieux sanglot de jouissance.

La foule refusait tout atermoiement.

– Donnez-moi jusqu'à demain, implorait Evita, les mains jointes devant le micro.

La foule était tantôt aux pieds d'une déesse et tantôt déesse elle-même.

Evita tenait d'une seule main douce le micro d'acier.

Les haut-parleurs portaient aux quatre coins de la Plaza de Mayo sa voix rauque et angoissée, le froissement de ses articulations, presque chaque battement de son cœur.

Mais la foule demeurait intraitable. Et, sous la lumière des projecteurs, la femme issue de la servante basque de Chivilcoy, de l'amère et perpétuelle déracinée, cette dansante Evita continuait à se tordre les mains comme une humble domestique prise en faute et sous le coup de la terreur que lui inspirent ses maîtres.

– Donnez-moi jusqu'à neuf heures et demie ce soir, haletait-elle. Je vous demande deux heures seulement, suppliait-elle, suante, comme si elle était taraudée par la *picana eléctrica*.

Mais elle implorait, sans le moindre succès ; elle parlait, elle quémandait devant un mur. Le peuple lui arrachait les entrailles en voulant lui offrir tout de suite ce qu'elle demandait ; et elle gémissait comme si elle se trouvait soudain en gésine.

Et ce dialogue interminable avec la foule, cette impossibilité à la foule de se dépêtrer d'elle et vice versa, c'était le clou de la soirée.

Plus rien ne rayonnait sur cette place qu'Evita. Elle

éternisait l'indécision, le dialogue avec cette foule, questions et réponses dans une langue pourrie et amoureuse, comme sur un oreiller. Et ce chuchotement fantastique qui déferlait sur la Plaza de Mayo, c'était pour que Perón fût bien privé de cette foule. Et aussi pour que ses ennemis, à elle, sachent enfin et à jamais sa force. Les gens d'armée, les gens d'Eglise et les ouvriers félons, ils n'avaient qu'à bien ouvrir leurs oreilles, qu'à bien respirer cet encens : cette foule appartenait à Evita et son encens ne brûlait que pour elle. On pouvait maintenant tirer le rideau sur une nouvelle ère, celle d'Evita...

*

Lorsqu'elle s'était associée, collée, à Juan Perón, les militaires de l'entourage du dictateur étaient si imbus de la supériorité masculine qu'ils avaient refusé longtemps de croire à l'influence de la petite cachetonneuse sur les décisions de leur colonel.

Maintenant, Evita se tordait les mains, non d'incertitude, mais de satisfaction vengeresse. Elle avait rejeté tous ces militaires dans la trappe, y compris le général beau cavalier. Ils étaient bien obligés d'attendre qu'elle eût fini de s'expliquer, de se frotter en plein air avec cette foule. Elle et cette foule, pétries de la même lubricité. Les agences américaines pourraient bien prétendre qu'il n'y avait que deux cent mille personnes sur la place de Mai et que les trams roulaient vides. La foule étreignait Evita comme une pieuvre géante et Evita sur son estrade semblait vouloir se dépêtrer de ses tentacules immenses, de ses ventouses donneuses de jouissance.

D'ailleurs Perón se taisait, et de quoi pouvait-il se plaindre ? Quand la Constitution avait été réformée en 1949, il avait déclaré qu'il n'envisageait pas la possibilité d'être de nouveau président pour six ans ; en 1950 il parlait de fatigue, disait qu'il voulait se retirer, une fois debout le plan quinquennal dont il aimerait suivre les heureux effets du fond de sa retraite. Ce Cincinnatus d'estrade n'avait cessé d'évoquer son repos bien mérité.

Alors, dans un souffle, sous le regard de son mari qui ne pouvait faire autrement que de simuler la joie, Evita, imposant un silence de mort à plus d'un million de personnes, murmura enfin dans le micro. C'était un chuchotement, comme si on lui avait arraché l'aveu de la gorge. Elle déposa dans le micro les mots par lesquels elle capitulait devant le vœu de cette foule fleuve :

– Aux côtés du général Perón, je serai vice-présidente... Je ferai ce que demande le peuple...

Et, dans le feu des torches, Evita regagna, le cœur rompu de plaisir, son palais... Les torches semblaient agiter sur son visage le marathon des unijambistes et celui de l'homme au tonneau. Mais, du haut de son acrobatie, Evita elle-même, ce soir du 22 août, Evita ne va-t-elle pas tomber ? Il ne faut pas qu'elle tombe. Le *crazy show* ne doit pas se terminer par sa chute. C'est l'ascension permanente qui la maintient sur terre...

6

La nuit du 22 août, au cours de laquelle la ruée populaire avait prouvé qu'Evita savait manier les foules, cette nuit était lourde de menaces.

Jamais Perón n'avait connu pareille irritation, pareil dépit. Il avait toujours veillé à ce qu'aucun concurrent n'eût le temps de prendre du poids. Et soudain son plus grand rival, celui qui mettait sa puissance en danger, c'était sa propre épouse qui ne se résignait pas à demeurer la moitié de lui-même.

La date des élections, qui auraient dû avoir lieu le

24 février 1952, ayant été avancée au 11 novembre 1951, il restait à Juan Perón un peu plus de deux mois pour parer le danger.

Perón pensa aussitôt à l'armée, qui n'aimait pas Evita. Evita, en cas de mort du général Perón, deviendrait, selon la Constitution, le chef de l'armée. C'était la pire insulte que l'on pût rêver pour cette armée éprise de grandeur virile. Evita commandant aux généraux ! Cette menace était bonne à exploiter. Il fallait cultiver la mauvaise humeur de l'armée, la transformer en résistance ouverte.

Jusque-là, le dictateur et son épouse s'étaient sourdement opposés, l'un cherchant toujours à neutraliser l'autre. Evita, bien que devenue l'agent de publicité de son époux au moment de son accession à la présidence en 1946, cherchait à l'empêcher de parler plus qu'il ne fallait à la radio, qu'elle avait déclarée son fief.

Comment se débarrasser de lui ? Comment se débarrasser d'elle ? Juan s'éreintait à contenir Evita dans son rôle de femme. Pendant une campagne contre l'inflation, en 1946, il aurait voulu qu'elle enseignât par la radio aux jeunes ménagères la façon de préparer des repas économiques. Comment ? Evita devenir gâte-sauce radiophonique ? Il n'avait pas réussi à la cantonner dans ce misérable emploi. Pas plus qu'Evita n'avait réussi à persuader Perón que sa voix rude ne portait pas sur la foule et qu'avant de parler au peuple il lui fallait prendre des leçons de diction.

Perón se demandait toujours comment empêcher suavement Evita de devenir vice-présidente, alors qu'elle l'était déjà, du vœu de la *vox populi.* Comment renverser la vapeur ? Que pourrait-il donner comme compensation à Evita ? Le poste de gouverneur de Buenos Aires ? Elle ne se contenterait pas d'un vulgaire pourboire, alors qu'elle avait déjà le pied sur le trône. Planté dans l'or absolu.

Mais il craignait surtout qu'elle pût éventer ses manœuvres et voir en lui l'ennemi numéro 1 d'Evita : il savait comment elle se comportait avec ceux qui ne l'aimaient pas. N'avait-elle pas demandé une fois que les ennemis de Juan Perón fussent marqués au fer ?

Une femme qui manœuvre si aisément les foules, une telle furie est dangereuse pour les présidents, vice-présidents, généraux, colonels, ministres, évêques, gens de grande et petite puissance, pour tous ceux qui se trouvent agglutinés dans la superbe galère du pouvoir. Pour tous ceux qui cherchent à grimper sur l'estrade et qu'Evita peut culbuter d'un croche-pied, cette femme est dangereuse. Elle serre ses griffes sur le pouvoir plus fortement que n'importe quel mâle de carrière. Comment s'en débarrasser ? Elle est montée, depuis le 22 août 1951, d'un cran plus haut que tous ceux qui ont possédé le pouvoir en Argentine et en Amérique latine depuis des siècles. Encore un cran et tous ceux qui sont en place ne paraîtront plus que valetaille d'Evita, ne seront plus qu'un entourage qui dansera au coup de sonnette. Et la première victime de la victoire de cette femme, ne serait-ce pas Juan Perón ? Alors, comment se débarrasser d'elle ?

Loin de la foule dispersée, Juan Perón, resté seul en face d'Evita, scrute son associée. Il ne peut pas lui dire tranquillement : « Tu ne dois pas accepter la vice-présidence... », alors qu'il lui a été impossible de maintenir Quijano, Mercante ou Velasco à cette place. Quand Perón veut faire céder quelqu'un, il n'a que deux moyens : sa police secrète et ses chevalets de torture, ou sa large paume sur l'épaule du récalcitrant. Or, aucun de ces deux moyens radicaux ne peut être utilisé avec Evita. Alors, quelle combine employer ?

Comment se débarrasser d'Evita avant qu'elle-même ait eu le temps de se débarrasser de lui ?

Les voitures, les trams, les trains et les bus sont prêts à rouler de nouveau vers la capitale, remplis des femmes et des hommes d'Evita. Le grand cirque est prêt à l'acclamer. Ses *viveros* sont prêts à venir se battre pour elle, pour ses dérisoires mais si merveilleux cadeaux, une poupée d'enfant, une bicyclette, une passoire, un logement, un emploi, et un sourire rempli de sources claires... C'est le père Noël de toute l'année, cette Evita ! Il ne faut pas toucher à Evita, diapason d'or des foules désespérées !

Les foules, pour Evita, viennent toujours au rendez-vous, jamais fatiguées, jamais capricieuses ou méchantes. La Fondation ne lésine jamais et tire à boulets lourds ses présents. Juan Perón se demande comment enlever la Fondation à Evita. Mais est-il certain qu'en lui volant la Fondation, il lui volera aussi ses foules ?

Perón avait deux mois et trois semaines devant lui pour éliminer Evita. Il réussit son coup en onze jours exactement, onze jours d'agonie, d'abord secrète, puis aveuglante.

D'une pierre, il allait faire deux coups : éliminer Evita et retrouver l'appui de plus en plus aléatoire de son armée.

Il avait plus besoin de son armée en 1951 qu'en 1947 ou en 1948, parce que sa démagogie s'était effondrée. La dévaluation a anéanti les diverses augmentations de salaire. L'Eglise hésite désormais à couvrir ses opérations de prestige personnel. Il doit changer de cheval de bataille, retrouver l'ancien, celui qui était le bon à l'origine : l'armée. Perón convoque donc celui qu'il sait être son ennemi personnel, le général Lonardi, dont le prestige est aussi grand dans l'armée qu'auprès de l'Eglise.

7

Lonardi a cinquante-cinq ans. Il est né dans la province d'Entre-Ríos. Il est brun, élancé, de haute stature, avec des lunettes de clergyman. Catholique de profonde dévotion, il n'a jamais aimé le pouvoir personnel. Il a toujours été pour Perón un irréductible opposant du type silencieux.

Il avait été incarcéré à plusieurs reprises et, quand il avait été un moment destitué de son commandement, il avait vendu des annuaires pour gagner sa vie.

Perón, ayant convoqué le général Eduardo Lonardi à la Casa Rosada, lui demanda plaisamment quelle serait à présent la réaction de l'armée devant une double élection *Perón-Perón*. Sans laisser à Lonardi le temps de manifester son opinion, Perón prit les devants et annonça :

– Je suis inquiet de ce que pensera l'armée, mon cher général. Imaginez qu'elle se trouvera devant un commandant en chef en jupons. Cela ne s'est jamais vu dans l'histoire d'aucune armée. Surtout en plein vingtième siècle... Il s'agit non pas tant d'éviter un danger qu'un ridicule catastrophique pour l'Argentine sur le plan international...

Lonardi répondit posément qu'une armée, même très galante, ne pourrait concevoir Evita Perón comme général en chef au cas où il arriverait quelque accident à Juan Perón. Lonardi visait obstinément au départ du couple et non pas seulement à l'éviction de l'indésirable Evita. Mais Perón ne discutaillait qu'à propos de la seule Evita, comme si elle avait été finalement la raison de tous ses maux, de tous ses échecs de gouvernant.

– Il faut regarder cela en face, répétait Perón.

« Il ne faut pas qu'elle passe », pense Lonardi.

Et Lonardi imagine qu'il s'agit là d'une première capitulation et que celle de Perón finira automatiquement par s'ensuivre. La chute d'Evita, c'est tout de même la chute de l'appareil publicitaire, de l'appareil mythique et mystique du dictateur de charme. Car son vrai charme, c'est Evita !

– Il ne faut pas qu'elle passe, finit par concéder Lonardi.

– Ce sera difficile de lui annoncer cela, dit Perón en souriant.

– Ce sera moins dur que de vous retrouver à Martín García ! réplique Lonardi qui s'encourage de tant de faiblesse avouée.

Perón pâlit devant ce rappel.

– L'armée marcherait contre elle ? demanda Perón.

– Oui, dit Lonardi.

Il ne voit pas Evita, ce général Lonardi ; il voit le système. Et Evita partie, effacée, il reste une brèche dans le système, une brèche qu'il faudra élargir...

8

Vers cette fin d'août, le domaine de San Vincente resplendissait de ses fleurs fanées. Les oiseaux abandonnaient les arbres secs en tourbillons de couleurs. Evita Perón, en pantalon léopard et veste blanche à boutons dorés, était allongée dans un grand fauteuil au soleil. La nature qui s'effritait ne faisait qu'exalter la joie de sa victoire. La nuit du 22 août continuait à déverser dans son esprit des exaltations à pleines brassées.

Quand Perón apparut, il était sombre. Il n'avait pas cessé de se montrer morose depuis l'apothéose d'Evita dans la nuit violette. Perón faisait des gestes saccadés. Il chassait de lui son secret comme pour se dépêtrer de fils d'araignée.

Enfin, il faut qu'il se décide.

Il joue l'affolement, ses yeux et ses doigts s'affairent, sans voir et sans saisir.

Il dit enfin – devant le miroir de ce plateau d'argent où attend le petit déjeuner et dans lequel son visage devient flou –, il dit enfin, les yeux baissés, que ses services secrets viennent de lui apprendre le complot qui se prépare dans l'armée contre lui. Quelque chose de vaste, d'insurmontable, et toute cette marée prête à déferler sur eux deux pour la seule raison que l'armée ne veut pas d'Evita comme vice-présidente, comme commandant en jupons, au cas où il lui arriverait malheur à lui, Juan Perón.

Tout cela est haché, craché.

Et puis les yeux se lèvent vers elle, ces yeux trop larges, trop creux...

Si elle acceptait de retirer sa candidature à la vice-présidence, tout rentrerait dans l'ordre...

C'est à elle, Evita, de décider...

Evidemment, c'est terrible pour elle d'abandonner sa victoire de son propre gré – mais ne serait-ce pas plus terrible pour eux deux d'être immédiatement écrasés ?...

La lutte, dit Perón, n'est plus possible contre toute cette armée qui les attend dans l'ombre... Ne vaut-il pas mieux arrêter le rouleau compresseur par une petite concession que de défier ce rouleau, de disparaître dessous ?... Ne vaut-il pas mieux patienter ?...

Il parle, argumente, blablate...

Mais l'orage n'éclate toujours pas, l'orage qu'il attendait. Evita ouvre tout doucement les bras et laisse tomber le bébé lama à terre.

Elle ôte de ses lèvres la cigarette blonde et la jette sur le rebord de la terrasse.

Le lama dégringole deux marches et gémit doucement, presque humainement. Le regard d'Evita devient d'abord comme un brasier, puis les lumières, une à une, s'éteignent sur ce visage. Pliée en deux avec sa veste amiral et son pantalon léopard, elle disparaît vers sa chambre.

Plein d'incertitude, Perón attend sur la terrasse.

Puis il se précipite comme un fou vers son bureau. Mais tous les téléphones de la maison restent silencieux. Evita n'a pas couru pour s'emparer du téléphone et ameuter ses hommes. Elle n'est pas partie brusquement pour déclencher les foudres secrètes de ses foules.

Mais que fait-elle ? Où est-elle ?

Rassuré tout d'abord par tous ces téléphones qui n'ont pas été déplacés, Juan Perón entrebâille enfin la porte de la chambre d'Evita.

Elle est allongée, les mains jointes à la hauteur des paupières comme pour les protéger de l'éclat de rouille du soleil d'août, de cet hiver fade.

Cette posture semble celle d'une agonisante.

Elle ne brandit plus les forces de la vie mais les sent désormais bouger ténébreusement en elle, pour sa perte... Immergée dans l'oubli du réel, la madone des abattoirs devine que le virus se multiplie dans son sang.

*

Chez certains êtres fragiles, l'énergie nerveuse tient en respect les déficiences de l'organisme. Les lésions secrètes du corps demeurent cimentées par cette énergie décuplée. Fragile paravent d'un psychisme en cours de dégradation.

Mais lorsque soudain, sous le coup d'un chagrin, d'une défaite, cette énergie s'affaisse, c'est le bouclier du corps qui tombe avec elle.

Et la lésion cachée, ignorée, sous la chaleur du chagrin s'ouvre béante comme une fleur de nuit.

9

Evita s'écroule lentement pendant une interminable semaine... Elle ne bouge plus, pendant qu'à la tribune de la Chambre on discute de la préservation des pingouins en Antarctique. Elle ne passe plus à la Fondation où elle traversait la cohue qui l'attendait, serrant quelques mains, et s'engouffrait dans l'amphithéâtre où, sous un déluge de lumière d'appareils photographiques, elle recevait un chèque pour ses œuvres sociales, de la part du syndicat du cinéma, des employés de l'alimentation. Elle congédiait dans la même journée le personnel d'un centre d'accueil pour pauvres gens parce qu'on avait laissé les housses sur les fauteuils, estimant sans doute que ces pauvres n'étaient pas dignes de ces fauteuils. Puis elle repartait très vite, dans une longue voiture noire, avec ses deux renards blancs autour du cou et ses pendentifs triangulaires, pour une séance de travail avec le journaliste espagnol Manuel da Silva, qui devait l'aider à écrire un long panégyrique d'elle-même et de Perón, une sorte de pâteuse plainte liturgique intitulée *la Raison de ma vie.* C'est Perón qui lui avait dit au mois de janvier : « Pourquoi ne serais-tu pas écrivain ?... », pensant déjà la distraire de toute autre ambition. Aujourd'hui, tout cela est desséché. Elle ne désire même pas manipuler les petites boîtes pourvues chacune d'un numéro et qui contiennent toutes des diamants, boîtes rangées dans des meubles classeurs, comme chez les bijoutiers...

Juan Perón a dévoilé ses batteries. Evita n'a pas la force de se retrouver, de préparer une riposte. Cette bataille est trop lourde pour elle, alors qu'elle se reposait d'une bataille qui venait de la déposer au sommet.

Elle fait peur, par sa maigreur, le vide de ses yeux.

Perón essaye de la distraire et de se faire oublier. Assassin aux mains de velours et au cœur de pierre.

Il lui propose de retourner au cinéma, non pas en vedette mais en sujet de film, cette fois.

Il téléphone à Cecil B. De Mille à Hollywood, à André Cayatte en France. Il leur demande de venir immédiatement à Buenos Aires, il propose des sommes colossales pour un film à la gloire d'Evita. Il espère, par ce petit cadeau rutilant, désamorcer Evita, car cette femme écroulée, il la craint toujours. Le bouquet de fleurs qu'il lui offre pour camoufler sa trahison, c'est cela : un film sur elle. Mais les grands metteurs en scène étrangers récusent cette besogne. De toute façon, Perón est bien content qu'ils aient refusé. Ce qu'il en a fait, c'est simplement pour remuer des paroles et du vent, pour montrer à Evita à quel point il lui est attaché. Le spectaculaire coup de téléphone donné devant elle ne devait surtout pas avoir de suite. Il valait pour le clin d'œil de Perón à Evita : « Regarde comme je m'occupe de toi... Je veux qu'un grand film soit fait à ta gloire... »

Mais cela n'est que baume mortel.

Car c'est Evita elle-même qui doit annoncer à la radio qu'elle abandonne le poste de vice-présidente.

Peut-elle faire marcher ses foules contre ce Perón, ennemi si enveloppant, atone, si perdu ! Peut-elle réveiller en sa faveur ses quatre millions de femmes argentines auxquelles elle a fait obtenir le droit de vote, pour qu'elles puissent en faire usage pour le seul bien de leur « bienfaitrice » ?

Beaucoup de ses petits favoris attendent avec impatience dans l'ombre qu'Evita annonce son retrait. Enfin ils peuvent respirer, manifester leur mépris envers cette femme qui se servait d'eux. Ministres et généraux, ils n'étaient que petits goujons en sa compagnie. Tous ces gens pour elle n'étaient que tremplin, passerelle. C'était toujours à son propre bond en avant qu'elle veillait.

Et comment peut-il se sauver, lui, Juan Perón, se sauver *in extremis,* si ce n'est en donnant enfin à l'armée l'impression qu'elle a remporté une importante victoire, qu'elle s'est débarrassée d'Evita ? Juan Domingo doit sacrifier Evita pour arriver à se maintenir au pouvoir. Et il la rejette d'un cœur léger car c'est en même temps une pierre qu'il enlève de son cou ; l'esclave se débarrasse de ses chaînes, on ne peut même pas parler de douces chaînes. Pas de volupté pour un sou dans cette affaire. Lorsqu'il fut arrêté pour être conduit dans l'île Martín García, se détournant d'Evita, il fit un mouvement pour embrasser ses gardes de corps.

Le Perón esclavagiste n'est d'abord et avant tout que l'exécutant d'Evita qui, de temps en temps, risque une frasque, un geste, un mot, auxquels elle n'a pas accordé son imprimatur, son coup de tampon...

Mais enlever à Evita la vice-présidence, c'est le coup de grâce, et tous le savent, à commencer par Juan Domingo ; et de là vient soudain leur excès de politesse, leurs courbures d'amabilité...

Il a hypothéqué un être vivant. Il a donné comme gage de sa bonne foi sa méchante moitié envahissante et il a fait d'une pierre deux coups...

Il a jonglé avec les mots qui tuent.

Elle s'est débattue pendant une semaine, une semaine de rumeurs et d'incertitude. Enfin elle s'est traînée au micro, plus morte que vive.

Elle s'est vêtue d'une sévère robe noire. Elle porte déjà le deuil de sa gloire. Sa voix tremble :

– Je désire communiquer à mon peuple une décision précise et irrévocable. Une décision que j'ai prise moi-même...

Un arrêt, un autre tremblement, un étouffement :

– Celle de renoncer à l'insigne honneur qui m'a été conféré par le meeting du 22 août...

Elle sanglotait à présent :

– Je ne renonce pas à mon œuvre... Je ne refuse que

les honneurs... Je continuerai à être l'humble collaboratrice du général Perón...

Puis elle termina, toujours entre deux sanglots, les premiers sanglots vrais, des sanglots qui la dévastaient :

– Tout ce que je demande, c'est que l'histoire se souvienne qu'il y avait au côté du général Perón une femme qui lui présenta les espoirs et les besoins du peuple, et que cette femme s'appelait Evita...

Mais il lui faut expliquer pourquoi elle renonce, afin que cette renonciation paraisse vraiment sublime.

– Je renonce, dit-elle, parce que la Constitution me trouve trop jeune... J'ai vingt-neuf ans et, pour être vice-président, il faut avoir trente ans révolus... Je ne veux pas changer la Constitution pour moi seule...

C'était là un pieux motif à sa défaite et un mensonge criant, car elle n'avait pas alors vingt-neuf mais trente-deux ans...

Il ne fallait surtout pas trahir son affreuse capitulation. C'était Perón lui-même qui avait trouvé cette noble idée, cette parade spécieuse concernant son âge, cette esquive idiote.

Immédiatement, la C.G.T. du concierge Espejo suggéra que le 31 août, date à laquelle la Dame Espérance avait décliné l'honneur qui lui avait été fait, fût commémoré chaque année, et la presse péroniste exalta aussitôt le geste d'Evita.

Quijano, qui s'était déjà installé dans sa petite villa de retraite, fut rapidement ramené à la surface et, malgré son grand âge, son apathie et son mauvais état de santé, fut hâtivement nommé candidat en remplacement d'Evita.

Perón, lui, dans la même soirée où Evita venait d'annoncer son retrait, fit un communiqué dans lequel il déclarait qu'il était profondément touché par le sacrifice d'Evita. Il décida aussitôt, affairé et toujours plein de peur devant cette Evita figée et brisée, que le 18 octobre serait nommé jour de Sainte-Evita.

Comment apaiser la fureur silencieuse de cette femme, si ce n'est en lui offrant une auréole en compensation d'un pouvoir réel ? Il vaut mieux poser Evita sur une page de calendrier que sur le fauteuil de la vice-présidence. Vice-présidente, elle eût pu se faire sacrer impératrice de l'Argentine et, qui sait, de l'Amérique latine : on ne peut jamais mesurer le pas de son démon.

Cette feuille transparente de calendrier, c'est désormais Evita qui tremble au moindre vent, et la médaille frappée en son honneur « pour le patriotisme dont elle vient de faire preuve », cette médaille de bronze ne change rien aux battements fêlés d'un cœur noyé, repoussé dans la seule gloire des ténèbres...

10

Evita Perón ne peut plus régler sa maladie comme elle a réglé son succès, en soulignant tous les effets. C'est la maladie qui dirige les effets, ce n'est plus Evita. C'est la maladie qui occupe la scène, et cette scène, désormais, c'est Evita. L'actrice ne se meut plus sur le plateau, le plateau se meut à l'intérieur de l'actrice.

Les paroles historiques se fabriquent mal, passent mal la gorge encrassée par les piqûres destinées à faire trouver le repos à cette femme qui l'a toujours refusé.

Les bruits courent. On dit qu'une bombe destinée à Perón a atteint Evita ; une bombe dissimulée dans les lavabos. Ce bruit, c'est Perón lui-même qui l'a lancé. Il utilise enfin la maladie d'Evita. Cette bombe qui l'a épargné, c'est pour faire croire que c'est lui l'Elu, et non Evita, que la chance de Perón défie les complots des hommes. Et si la Plaza de Mayo doit se remplir de monde, il faut que ce soit pour Lui, rien que pour Lui désormais. Le Cher Peuple ne pourra pas marcher contre la Chère Armée, car Evita est au lit... Et qu'elle n'en sorte plus !

Les admirateurs d'Evita ne prennent pas les armes... Ils murmurent, eux aussi, comme tout le monde. Ils attendent qu'Evita guérisse pour savoir ce qu'elle veut... Ils l'auréolent de pitié désormais... Le prestige de la maladie qui n'en finit pas n'est pas bon pour le mythe... La maladie sans remède fait peur aux foules...

La chute de la malade... Son teint de star se ternit, ses yeux ne brillent plus, ses cheveux blonds ne sont plus tirés avec rigueur sur la nuque. Evita est au lit. Et Perón n'est plus à Martín García. Il est toujours à la Casa Rosada. Et les ennemis d'Evita se portent de mieux en mieux. Le colonel Mercante vient d'acheter un journal influent à La Plata, *El Día*.

L'ardeur de l'ambition consume plus vite la femme désarmée qui repose dans un lit. Perón savoure sa liberté. Il ne pense pas que sa position soit désormais en péril. Il attend que le vent tourne et rabatte vers son visage le flot mystique des foules d'Evita.

En attendant, il prend seul son petit déjeuner, n'a plus devant lui Evita, tout occupée à bâtir sa statue de bronze plus haute que celle du général-président. Il ne doit plus affecter alors de parler devant elle de choses sans importance...

Evita ne vit plus de l'amour des foules... Elle ne vit plus que de transfusions sanguines. Elle devenait pâle et verdissait, hier, alors qu'elle était en pleine activité. Elle avait de brusques jaunisses. Personne n'osait poser d'étiquette sur son mal...

Sa personne reflétait une tension démesurée. Maintenant il n'y a plus de tension, il n'y a même plus ce sourire poreux, asexué, grand public. Elle ne peut même plus offrir ce débris de grâce aux infirmiers et aux médecins. Ne frémissent plus autour d'elle les éclats des *viveros,* mais seuls des mots affreux, des mots incompréhensibles, des mots de spécialistes...

Elle avait affirmé que sa jeunesse n'était pas constitutionnelle, pour expliquer son refus de la vice-présidence.

Mais, sur le lit de la clinique, il semble soudain que la jeune femme a disparu, la jeune femme qui n'avait pas besoin de se rajeunir... Et toute la vieillesse du monde se débat dans ses yeux...

HUITIÈME PARTIE

LES STATUES MEURENT AUSSI

1

Le jeudi 28 septembre 1951, le général Perón et ses ministres passent l'après-midi avec le héros français de l'Annapūrnā, Maurice Herzog, que Perón décore de la médaille d'andiste distingué. On chuchote le soir même dans quelques clubs de Buenos Aires : « Demain, ça va chauffer pour le général... »

Le lendemain, à huit heures trente, dans le ciel clair de Buenos Aires, quatre avions généralement utilisés pour les baptêmes de l'air volent à basse altitude, menaçants comme des chouettes de carton-pâte.

Une demi-heure plus tard, dans la caserne de Campo de Mayo, à vingt-huit kilomètres de la capitale, on apprend que Perón, qui devait se rendre à la caserne, a décommandé cette visite. Alors, les cinquante insurgés qui l'attendaient de pied ferme décident de marcher sur Buenos Aires. Un caporal qui a trop bavardé est tué. Deux tanks sortent et s'engagent sur la route de la capitale. Les cinquante rebelles suivent à pied en deux colonnes.

A neuf heures un quart, le gouvernement fait bloquer toutes les routes conduisant à Buenos Aires par des barricades formées d'autobus dont les pneus ont été crevés. Les aérodromes sont interdits, les bateaux bloqués dans les ports.

Les bourgeois de Buenos Aires chuchotent : « *la*

guerra interna. » Les boutiques se ferment, les bijouteries les premières. Des parties de football s'organisent dans les rues. Les écoles ont déversé sur le pavé de la capitale des écoliers turbulents qui cherchent avec quoi jouer. La C.G.T. a décrété la grève générale pour permettre aux ouvriers de venir au secours du régime. Mais les transports en commun continuent à circuler. A dix heures moins dix, la radio annonce entre deux tangos « *la guerra interna* » décrétée sur tout le territoire. Tout militaire rebelle sera immédiatement passé par les armes. Le général Perón fera un discours sur la Plaza de Mayo à trois heures et demie. Un colonel arrêté dans la rue par la foule soupçonneuse crie, les bras en l'air : « Vive Perón ! » Alors, ainsi justifié, on le laisse aller.

Les rebelles sont arrêtés à la hauteur des autobus renversés. Et, comme ils n'osent sauter par-dessus l'obstacle, ils capitulent. Soixante insurgés qui, eux, attendaient dans leur caserne le résultat de cette promenade, s'empressent de fuir en Uruguay.

Le général Perón caracole sur son cheval favori, blanc, ocellé de noir, Criollo, dressé spécialement pour les revues militaires. Et les journaux publient la photographie d'Evita – qui pourrait faire croire qu'elle est debout – mais c'est Evita dans son lit ; elle vérifie son chignon blond dans une petite glace, pendant que ses poignets et son cou envoient des feux de diamants...

A onze heures, grimpés sur les toits, les gens attendent, en spectateurs écrasés d'ennui, les parachutistes de la révolution, et ne voient que deux ou trois oiseaux blancs du côté de l'océan. Le bruit court que des centaines de régiments marchent sur Buenos Aires. Des cordons de police entourent les ambassades étrangères prétendument pour empêcher les complices des rebelles de s'y réfugier.

Sur la Plaza de Mayo, à trois heures et demie, la foule péroniste s'est rassemblée. Les réverbères sont pris d'assaut. Debout dans les camions, les ouvriers scandent leurs tristes appels d'oiseaux englués : « Perón ! Perón ! » Enfin le général Perón paraît sur ce balcon où il vient chercher sa revanche de la nuit d'Evita du 22 août. Il annonce : « Tout est terminé, rentrez chez vous... »

La C.G.T., pour ne pas atténuer l'enthousiasme de la foule, décide malgré cet appel de prolonger la journée de repos jusqu'au lendemain matin. La révolution a du bon, c'est un jour de congé supplémentaire. Des femmes parcourent les rues en brandissant le drapeau blanc et bleu et en chantant des cantiques pour Evita.

Des camions bourrés d'hommes parcourent la ville, leurs occupants chantent Perón sur l'air des lampions. Les banderoles flottent au-dessus des criards. *Perón est le sauveur de la patrie. Votez pour Perón. Qui ne vote pas pour Perón, trahit la patrie...*

La radio diffuse un message enregistré de son lit par Evita Perón. Elle sanglote. Elle dit qu'elle serre toute la nation sur son cœur d'une seule grande étreinte. Elle termine par ces mots : « L'amour de Perón et de mon peuple est la plus grande chose que j'aie connue... Il faut défendre Perón parce que c'est un grand homme... Ses ennemis sont les ennemis du peuple... »

Le peuple, lui, ne se décourage pas d'être mis à toutes les sauces. Le peuple accepte la grande étreinte et essuie une larme. Evita vient de subir sa transfusion quotidienne. Finira-t-elle par boire goulûment, de tout son corps épuisé, tout le sang de ce peuple, pour pouvoir tenir un jour de plus, faire un discours de plus, faire retentir les haut-parleurs d'un sanglot de plus, qui vient cette fois de si loin ?...

On parle toujours de grave anémie générale. Mais boutiques, restaurants, bars et cinémas rouvrent et, à midi, les aérodromes sont rendus au trafic international. « Nous n'avons pu atterrir en raison du mauvais temps », déclarent les compagnies aériennes.

Un merveilleux soleil brille sur Buenos Aires.

Perón se frotte les mains et penche délicatement la tête en posant devant les photographes. Il a toutes les raisons de se réjouir. Il est là, encore là, toujours là. Il songe à peine à cette révolution bolivienne de juillet 1946, où le corps du président Gilberto Villarroel fut traîné par la foule dans les rues de La Paz. Il fut pendu à un lampadaire devant le palais de la présidence et y resta exposé trois jours et trois nuits.

Perón sourit devant la petite forêt pétrifiée des microphones.

– L'attitude des travailleurs montre quelle sera la réponse du peuple à toute tentative de soulèvement...

Il ajoute :

– Les lâches se sont rendus sans même un coup de fusil pour eux-mêmes...

Le drapeau que Perón devait remettre aux sous-officiers du Campo de Mayo est resté dans sa gaine.

Pour Perón, le déplacement des deux tanks, des quatre avions-écoles et des cinquante soldats, c'est une brave opération publicitaire. Le vendredi 28 septembre sera désormais une journée nationale en Argentine, une de plus !

Maintenant, le général n'a plus besoin des mises en scène d'Evita pour s'imposer, pour durer tout au moins. Il fait lui-même sa mise en scène.

Perón s'est débarrassé de celle qui lui a donné, en 1945, vie et consistance. A lui désormais de se sustenter.

Il veut être lui-même et non plus M. Evita.

Il cherche à se montrer enfin général.

Que s'est-il passé ? Le vieux général ultraconservateur et fort impopulaire, Menéndez, savait que l'armée attendait son moment pour abattre Perón, mais le vieux général n'avait pas le temps d'attendre, guetté comme il l'était par la mort. Il lui fallait sa part de bonheur et il s'est mis en marche, de son propre chef, trop tôt, pensant que cette marche suffirait à faire peur au général de la Maison Rose. Mais ce travail d'amateur mégalomane le conduisit sous les verrous, désavoué par tout le monde.

Cette conspiration d'opérette, présentée aux ouvriers comme une menace pour eux, et l'anxiété de la foule devant l'hôpital d'Evita, cela devait créer l'atmosphère favorable à la réélection de Juan Perón le 11 novembre 1951.

Evita, dans son hôpital de banlieue besogneuse, n'atteint plus ses foules industrielles, ses foules océanes, que par des ondes ultracourtes. Et Perón peut enfin contempler ses foules, seul à seul, sa première vraie réjouissance depuis qu'il est Président...

Cette révolte qu'il avait presque encouragée arrangeait Perón de cent façons ; il prouvait à Evita, allongée dans son lit, qu'il n'avait pas menti, lui général Perón, en lui demandant d'abandonner prestement la vice-présidence parce que tous deux étaient en danger...

Mais où se trouvait le vaste flot qui devait les emporter, lui et Evita, si elle ne cédait pas ? Le vieux Menéndez, cinquante hommes, quatre coucous et deux tanks !...

Menéndez avait pris les devants, saisi par cet insurmontable prurit de puissance qui s'empare soudain des vieillards qui continuent à porter leur uniforme de combat en alternance avec leur pyjama de valétudinaire. Menéndez ne pouvait plus attendre. Il voulait sa part de carnaval. L'armée, qui voulait profiter de la baisse de tonus pour Perón, dans le peuple et dans le clergé, afin de balayer la Casa Rosada, l'armée n'avait vraiment aucune intention de se choisir comme porte-fanion le pauvre vieux général.

Perón, tout à fait au courant, a laissé la famélique petite révolte arriver jusqu'à Buenos Aires pour pouvoir démontrer théâtralement sa force. Il n'a pas égorgé une hydre, mais un poulet passablement déplumé. Le quartier général du Campo de Mayo a laissé partir les petits excités et leur vieil homme, sans les retenir ; d'abord pour s'en servir comme d'un test, et ensuite parce que c'était la plus charitable façon de s'en débarrasser.

Perón a peur, malgré tout.

Et il sait que toute cette armée est dans l'attente.

Alors, il décide de donner le second et suprême gage à cette armée dont il a vu secrètement l'un des plus importants représentants : le général Lonardi.

Perón ne veut pas que sa petite comédie à double tranchant fasse croire à cette armée qu'il veut s'opposer à elle ; il veut travailler avec elle...

Aussi fait-il annoncer par le ministère de l'Information, et pour la première fois au monde, qu'Evita souffre d'une anémie inguérissable. « Seul Dieu sait combien de temps il lui reste à vivre... », précise lourdement le communiqué.

L'armée a obtenu l'assurance qu'Evita Perón est condamnée à mort...

Le général pourra, enfin seul avec ses amis, faire de la belle et bonne politique, sans que la scène du pays soit perpétuellement traversée au pas de charge par une femme, ses caniches, ses robes, ses diamants... et ses foules...

Perón, le cruel marché mené à terme, s'embarque pour une nouvelle élection avec de grandes ailes blanches, et le prestige de l'agonisante travaillant cette fois pour lui, sans choc en retour...

2

Le temps fraîchit. Les petits chevaux indiens trottent vers l'étable. Les pêchers et les abricotiers transforment la vallée en bouquet. Maman Duarte se porte bien – dans un rocking-chair, une couverture navaho sur les genoux, un grog au beurre et au gingembre à portée de main.

C'est le jeudi saint. Les hauts plateaux jettent des ombres rouges. Un chant de pipeau, nasal et monotone, vagabonde dans le crépuscule. Une procession monte la pente. Elle est conduite par un homme coiffé d'un chapeau noir. Des cactus ceignent son torse nu, sa poitrine et son dos. Il est hérissé de cactus comme une plante maudite qui se serait mise en marche. Ses pantalons relevés jusqu'aux genoux dévoilent des jambes lacérées.

La procession avance dans les fourrés de sauge. Les visages des processionnaires semblent haleter. Un homme à demi nu tente de hisser un fardeau. Une corde lui passe sur les bras et arrache sa nuque. Les extrémités du câble sont fixées à un chariot chargé de pierres. Juché sur le chargement, un mannequin représente la mort. Un arc dans les mains, en habit noir, il s'écroule à chaque cahot, le sourire comme une plaie.

Cinq porteurs de croix piétinent devant le chariot. Les pénitents du cortège se frappent bras et jambes et certains s'administrent des coups de baïonnette rouillée. Les hommes de la procession se couvrent soudain de plaies, d'écorchures, d'estafilades.

Mais l'hymne qu'ils chantent devient plus déchirant.

Penitencia, penitencia
Ya no peques, hombre atro.
(Pénitence, pénitence
Cesse de pécher, infortuné.)

Ils s'enfoncent dans une chapelle que cachent les buissons. On entend toujours pleuvoir les coups comme de la grêle, résonner les chants comme un orage.

Partout, pêchers et abricotiers fleurissent et, au village voisin, des jeunes gens jouent au football sur la place. Mais l'un cache vivement sous sa chemise trois écorchures toutes fraîches.

Penitencia, penitencia

Le chant ne flotte plus dans la nature. Les grosses pierres de la carriole ont versé dans un ravin et le mannequin de la mort est caché jusqu'à l'an prochain dans une cabane à outils. Les blessures volontaires saignent silencieusement et collent les vêtements à la peau. L'homme porte Evita en amulette au cou.

Penitencia, penitencia
Ya no peques.

La charrette, dont l'axe des roues est fixe, est de nouveau mêlée aux charrettes paysannes. La souffrance théâtrale a laissé de profondes traces dans les chairs hier sans tache.

Cependant que maman Duarte pleure sans savoir pourquoi, à Buenos Aires, les vingt-quatre magasins de la Fondation continuent à vendre à des prix inférieurs aux cours normaux. Mais au siège, la distribution de vivres, d'argent et de conseils se fait au ralenti. Evita n'est plus là. Les longues queues de mendiants professionnels n'en sont pourtant guère perturbées.

C'est le 11 novembre 1951. Perón a obtenu soixante pour cent des voix. 1 478 372 contre 1 211 666. C'était en 1946. Maintenant en 1951 : 4 652 000 contre 2 358 000. Ce sont les femmes d'Evita qui ont voté cette fois pour lui. Cela ne déplaît pas à Juan Domingo de devenir peu à peu l'idole de remplacement, d'attraper les foules féminines d'Evita au piège de son seul sourire. Mais ces femmes obéissantes, domestiquées depuis toujours, utilisées et méprisées par l'homme, ne peuvent s'affranchir que dans le succès de l'une d'entre elles, dans la vision d'une femme-loterie comme Evita...

3

On approche le micro de ses lèvres vertes. Elle ne vit plus que pour cela : l'apparition du micro auquel elle s'était accrochée à Radio-Belgrano, après son échec d'Hollywood. Et ce micro planté dans sa main maigre, comme un chandelier d'apocalypse, elle susurre, liée à son lit :

– Aujourd'hui, 18 octobre, je me suis levée de mon lit de malade pour payer une dette de gratitude à Perón et aux travailleurs. Peu m'importe de payer cet honneur avec des lambeaux de ma vie...

Elle récite son texte comme une somnambule. Espère-t-elle retrouver à travers ce fatras de mots la merveilleuse époque du grand bond en avant ?

Perón, lui, tour à tour apathique, indifférent ou traqué, avait déclaré l'état de siège lors de sa réélection. Il avait peur de son ombre. Il ne fit en tout et pour tout que quatre discours à la radio ; c'était presque de l'aphasie, à côté de ce qu'il avait précédemment déversé sur les ondes, sous des prétextes moindres...

Il ne se préoccupait que d'accélérer sa cour vis-à-vis de l'armée. Il avait décoré le chef occulte de ceux qui ne voulaient plus de lui : le général Àngel Solari. Mais quarante-huit heures après, craignant que son geste ne fût mis au compte de la faiblesse, il le destitua. En fait, il nageait entre deux eaux, ne sachant à quel saint se vouer. Il destitua vingt-cinq colonels qu'il savait irréductibles à son égard, mais sous prétexte qu'ils n'avaient pas voulu de la candidature d'Evita. Il espérait ainsi non pas tant effacer un remords que donner un gage à cette Evita malade qui continuait à l'épouvanter du fond de son lit. Il devait la ménager, l'endormir...

Du moment qu'il l'avait récompensée par ce 18 octobre déclaré Sainte-Evita, il pensait obtenir quelque répit et ne communiquait plus d'Evita que des nouvelles aussi floues que l'image qu'elle était devenue dans sa vie.

Il dit à un groupe de candidats péronistes :

– Un travail exténuant a laissé des traces profondes sur une nature délicate...

Ce fut un mois après qu'un passeport diplomatique fut accordé au docteur Georges Pack, du Memorial Hospital, un réputé chirurgien du cancer.

C'était le docteur Abel Carcano, le plus grand spécialiste argentin du cancer, qui avait été le chercher à New York. En effet, les sommités médicales argentines ne pouvaient plus rien pour sauver Evita.

Le 4 novembre, Evita entra à la polyclinique President-Perón, et deux jours après seulement on parla ouvertement d'excroissance utérine.

Le docteur Pack tenta plusieurs interventions chirurgicales.

Pendant qu'une de ces opérations avait lieu, un homme ouvrit la porte du bloc opératoire et lança :

– Contrôle de l'Etat... Cette opération a été conduite par le docteur Albertelli...

Albertelli était argentin.

Un étranger que l'on venait de maudire au balcon, une fois de plus – l'Américain –, ne pouvait pas avoir opéré la reine des sans-chemises, qui, elle aussi, avait si souvent vomi en public sa haine contre les Américains, les traîtres de Hollywood...

Il fallait bien rendre cette chose claire au personnel de la clinique.

Le truquage de sa vie pénétrait jusque dans le corps d'Evita... Cette Evita taillée en pièces par un « gangster du dollar »...

4

Sur une table de caoutchouc, Evita est palpée, massée, triturée, mais les mains de l'infirmière semblent voltiger sur une matière sans consistance. L'isolement ne donne aucun résultat avec elle. Elle ne sait pas se nourrir d'air pur et de silence. Elle ne ressuscite qu'au moment où on lui permet de s'adresser par les ondes radiophoniques à ses chères victimes de l'injustice sociale.

Elle se laisse retomber dans son lit, épuisée, souffrant de ne plus entendre cette rumeur d'outre-océan que fait la foule. Elle voudrait aussi tellement élargir son public, convaincre de sa grandeur les peuples au-delà des frontières, et que le monde vibre pour elle...

Chagrin et cancer. La machine devient folle. Le mauvais sang s'accumule, forme dans l'âme des mares stagnantes, des rivières de pourrissement. Parfois, elle demande à regarder de sa chambre ce qui se passe dans la polyclinique. Mais on éloigne les gens de sa porte. Elle entend parfois derrière cette porte des sanglots convulsifs et anonymes : ses femmes sans-chemises. Cela l'effraie et la transporte à la fois. Elle est fière et se fait toute petite de bonheur à l'idée d'avoir provoqué ces larmes... Sa foule l'aime donc...

Juan Perón demanda à la Chambre des députés et au Sénat de lui accorder un congé de six mois. Le bruit courait qu'Evita irait à l'étranger, peut-être en Suisse, pour se soigner, et que Perón l'accompagnerait.

Les opposants qui s'étaient exilés en Uruguay pensèrent alors que Perón préparait sa fuite. En fait, il eût aimé partir pour la Suisse, vivre dans les neiges ; mais Evita le retenait. Bien que clouée au lit, elle pensait qu'elle retrouverait ses forces et qu'elle ferait plier l'armée.

La calle Florida était désormais couverte d'une arlequinade de néon colorié destinée à chanter les vertus du seul Perón. Il avait sa revanche en matière d'affiche. Il se tenait enfin seul au balcon de la Casa Rosada sans devoir attendre, le sourire contrit et les mains enlacées, qu'Evita eût terminé son numéro de tendresse publique.

En novembre 1951, pour se faire à tout prix de nouveaux amis, il avait invité soixante sénateurs américains à visiter l'Argentine, s'empressant ainsi de gonfler sa personne, maintenant que le trône était libéré de la présence d'Evita. Et le clou de cette libération de Juan Perón rejetant l'ombre gigantesque et étouffante de sa fausse moitié fut la cérémonie par laquelle la province d'El Chaco fut débaptisée pour prendre le nom de province Président-Perón.

Cette cérémonie eut lieu en décembre 1951, afin d'y faire participer les réjouissances de Noël. Evita, tout en se débattant contre le bistouri qui chaque fois lui arrachait un peu plus de vie, résolut de reprendre les rênes en mains, de freiner la frénésie de Perón à se déifier en toute tranquillité. Elle exigea de parler de son bureau de la Fondation, pour prouver qu'il fallait encore compter avec elle. Mais les médecins lui interdirent le déplacement. Et ce fut de son lit qu'elle saisit le micro pour lancer :

– Femmes d'Argentine, je vous parle de mon bureau de la Fondation...

Perón, lui, faisait moins que jamais l'histoire, cette histoire qu'il n'avait cessé de transpirer sous le fouet d'Evita. Les grandes colères mussoliniennes, c'était Evita qui les éprouvait et non pas lui. Elle, elle ne se déguisait plus en cacatoès pour paraître gracieuse, détendue et gentille au bras d'un ministre guitariste. Elle n'était plus la puissance politique transformant en garçons de course les hommes du gouvernement.

Elle n'avait plus ses joyaux de maharané, ses fourrures de tsarine, mais seulement sa chienne Negrita au pied de son lit, qui gémissait. Elle n'avait pas sa famille, qu'elle avait repoussée pour anéantir aussi ses souvenirs d'enfant maudite par d'autres enfants à Chivilcoy et à Junín.

Les riches l'avaient considérée comme une entraîneuse de cabaret qui se serait fait du peuple une parure canaille.

Elle continuait, de son lit, à se faire passer en Argentine et dans le monde pour l'héroïne d'une histoire d'amour qui n'avait pas existé un seul jour, une seule heure.

Elle n'avait pas été le repos du guerrier, elle avait été la guerre perpétuelle du guerrier qui désirait le repos. Elle s'était servie de Perón comme d'un emblème de combat. Elle ne pouvait être le repos de personne, elle qui n'était pas un oreiller de chair, mais un fouet de nerfs. Elle, le plaisir des sens, elle ne savait pas ce que c'était. Son plaisir, c'était sa photographie sur toute la hauteur d'un mur, sur toute la largeur de toute la ville... Gouverner en tandem, elle ne pouvait pas.

La diète involontaire qu'elle avait subie pendant ses années de misère sur les bas-côtés de l'Avenida Corrientes, puis la diète qu'elle s'était imposée une fois Présidente, le feu qu'elle avait dépensé pour devenir vice-présidente, et pour ne pas ressembler à l'épaisse matrone qu'était devenue sa mère à Junín, s'ajoutèrent au poids de la maladie qui ne s'attaquait plus à la chair, mais à l'os.

Ce fut alors que son sang s'appauvrit d'un coup. Son frêle corps fut secoué et dévasté. Elle murmura : « Je suis trop petite pour tant de souffrances... »

Son corps avait gonflé sous l'invasion des métastases.

Et sa main se détacha de l'acier froid du micro placé

tout près d'elle, sa main épaissie retomba au pied du lit où la chienne Negrita n'eut pas le temps de la lécher...

5

Les grilles se ferment devant la Résidence. Le général Perón a présidé une revue de réservistes. Le jour de la fête nationale, le 9 juillet, les dernières marches militaires, les derniers pétards retentissent. Cette Résidence est une immense villa au cœur d'un parc presque désert. Les jardiniers, à coups de serpe, coupent des branches mortes.

La dernière apparition d'Evita en public eut lieu le 4 juin. Elle grelottait dans son vison. Dans les trois mille cinq cents églises argentines, on priait pour elle. Les substantifs pleuvaient sur elle : *belleza, exuberencia, gracia, vida, jovialidad, poder,* des substantifs dépourvus de sens. A la fête du 1er mai, elle était apparue avec un visage ravagé. Elle se tenait debout dans la voiture présidentielle et ne cessait de saluer, le bras levé, à côté de son mari.

A la Résidence, Avenida Alvear, à travers les feuillages du parc, brillaient de faibles lumières. On votait cependant à la Chambre des crédits exceptionnels pour élever une statue à Evita dans toutes les grandes villes. Elle se meurt, mais son agonie sert à quelque chose. Le tragique numéro du destin, elle ne peut le faire à l'abri des applaudissements. Sa souffrance devient un théâtre.

La *gentry* argentine continue pourtant à faire du sport, à fréquenter les salles de concert et à s'inviter, non pour le plaisir, mais comme on accomplit un devoir aussi impérieux que le service militaire. Pourtant, sans Evita, à la Fondation il y a la panique. Isabel Ernest, la secrétaire syndicale d'Evita, ne peut plus égrener devant des journalistes internationaux que des souvenirs, comme si la patronne était déjà morte. « Evita Perón n'a jamais accepté un portefeuille de ministre, pour ne devoir de comptes à personne... » Les sonneries de téléphone n'arrêtent pas. Le matériel photographique et les bouquets de fleurs encombrent les bureaux. Mais ces bouquets de fleurs, Evita n'est pas là pour donner l'ordre de les emporter. Ils s'entassent déjà à la Fondation comme sur une tombe.

Officiellement, on annonce tantôt que cela va mieux, tantôt que cela va très mal. Et on multiplie les offices pour sa guérison, pour lasser l'imagination populaire. « Aucun changement », dit le communiqué, chaque jour de ce début de juillet. Aucun changement, nuit calme. Mais les cancérologues – des Allemands, des Viennois, des Argentins – ne cessent de s'entretenir entre eux. L'un va chercher l'autre, on parle chaque fois d'un nouveau traitement, mais on annonce soudain que l'ambassadeur de France supprime la fête habituelle qu'il donnait chaque année le 14 juillet pour la colonie française à Buenos Aires.

On continue à juger de l'état d'Evita par des indices ; Perón n'est pas aujourd'hui à son bureau ; les rues sont barrées autour de l'Avenida Alvear.

Le 22 juillet se déroule en plein air la messe de la C.G.T. Il pleut sur la grande place de la République et toutes les chaînes de radio transmettent le chuchotement de la pluie qui vient recouvrir celui du père Benítez, qui officie. « Dieu, en choisissant Eva Perón nous a choisis, puisque ses souffrances sont nos souffrances », dit-il. Et les applaudissements, pendant ce temps, crépitent comme au Sénat, où à l'unanimité on a choisi *la Raison de ma vie* comme livre d'école, imposé par la loi. Les ouvriers, dans tout le pays, ont arrêté pendant dix minutes le travail pour écouter la messe sur laquelle dégouline la pluie.

La police, cependant, protège la Résidence du flux des curieux ; seuls les ministres peuvent passer le cordon. La foule continue à être douchée ; Evita va mieux, Evita va plus mal...

Toutes les artères conduisant à la Résidence sont définitivement fermées afin de *faire le calme* pour Evita, dit un communiqué. La presse publie alors d'elle une photographie fantôme, semblable à celle d'une revenante d'Auschwitz. Avec une natte blonde qui pend entre des épaules voûtées, des yeux éteints dans la profondeur des orbites et un minuscule rictus de gargouille.

Cette photographie a été publiée le 16 juillet. La décoration de San Martín récompense son agonie. On a dit qu'elle avait alors une seule hallucination qui la ramenait dans la ferme de Chivilcoy ; des poules qui venaient picorer partout dans sa chambre, sur son lit, dans ses mains.

Elle avait toujours eu des moments d'intense faiblesse, souffrant de ce que l'on pourrait appeler *l'exaltation du balcon.*

Elle avait toujours ignoré sa maladie parce que les hurlements de la foule la sauvaient de toute prise de conscience. Une émotion perpétuelle n'avait cessé de modifier le terrain, d'élargir la brèche, tenaillée comme elle l'était à la fois par le plaisir que lui donnait la foule et par sa faiblesse physique.

La foule piétine dans la rue mouillée pour l'ancienne *bataclana,* la *girl* de music-hall. Et puis, brusquement, au second étage de la Résidence, la lumière s'éteint.

Les cafés ferment, puis les cinémas, puis les théâtres, et le public sanglote dans les rues. Toutes les vedettes qui se trouvent en tournée à Buenos Aires peuvent se retirer sur la pointe des pieds. Les feux de la rampe se sont éteints par ordre d'en haut.

La foule ne retrouvera son Evita que sur les timbres-poste. Et devant un gigantesque portrait, à vingt heures vingt-cinq, les torches de la foule se sont éteintes. Le sabreur de la Casa Rosada est seul désormais.

Partout, Evita. Dans l'avion, sur les vitres de l'aérogare, sous la plaque de verre des guichets des postes, au-dessus des horaires, sur les glaces des taxis, sur les palissades des maisons en construction, de part et d'autre du Christ sur les murs familiaux ou administratifs.

Des femmes impudiques se sont juchées sur les grilles de la Résidence et crient, appellent la morte. Comme pour l'étreinte.

6

A neuf heures trente, dans le jardin de la Résidence présidentielle, porté par Perón, par Juan Duarte, le secrétaire de l'Information et le président de la Chambre, le cercueil avance...

Combien de temps durera le spectacle ? Jusqu'à ce qu'il n'y ait plus personne pour défiler. L'immeuble du ministère du Travail est devenu un cénotaphe, en attendant un mausolée avec vingt-quatre répliques dans les principales villes de toute l'Argentine.

Protégée de la pluie par des journaux ouverts posés sur les têtes, la foule attend. Le peuple porte Evita en médaillon sur son cœur, sur le dos des miroirs de poche, le peuple crie sa litanie...

Et le corps ne cesse d'errer entre la C.G.T. et le ministère du Travail, d'aller et de venir sous la pluie et à travers les foules. Chacun voudrait détourner la morte à son profit. José Espejo et Juan Perón se disputent le privilège de porter le cercueil sur un coin de leur épaule.

Buenos Aires est une ville morte. Aux perches des tramways pend un morceau de crêpe. La distribution de l'essence est interrompue depuis deux jours. Plus de voitures. Les rues sont vides de moteurs. Seuls, quelques privilégiés peuvent rouler. Les troubles nerveux deviennent de plus en plus fréquents dans la foule. A un seul poste de garde, on a soigné deux mille personnes dans une journée. Les ambulances ne cessent de sillonner la ville.

Il y a de hautes piles d'objets perdus devant l'immeuble du ministère du Travail. Parfois, en sanglotant, des femmes y fouillent pour y trouver l'imperméable ou le sac égaré. Peut-être des gens indélicats se servent-ils tout seuls dans ces piles de vêtements. Personne n'y prête attention. Cette montagne d'objets perdus, c'est comme l'ultime cadeau de la morte. Que le peuple se serve !

Evita est dans le cercueil, les mains fermées sur un bouquet de fleurs, le collier du Libérateur au cou. Au-dessus, le drapeau argentin sur lequel se détache un énorme crucifix, un crucifix sanglant de l'époque coloniale.

Les ministres montent la garde, relevés toutes les deux heures. Huit personnes déjà ont été étouffées dans la bousculade. Des centaines de blessés sont emportés sur des civières. Le général Vaccan, président du cercle militaire, a succombé. C'est que tout le monde veut approcher pour la voir jusqu'à mi-corps, en robe du soir, amaigrie et calme, les femmes en foule avec quelques violettes, les hommes en foule avec un brassard noir. Les fleurs s'amoncellent partout. Un mois de deuil, ont décidé Espejo et la C.G.T. Les sifflets des locomotives à Tucumán sifflent pendant une demi-heure, et ces appels déchirants doivent crier la tristesse de ceux qui, les premiers, ont signifié à Evita leur mécontentement.

On voile les lampadaires, on accroche partout de grandes photos. La nuit, des cierges brûlent à toutes les fenêtres. Dans toutes les écoles le portrait accroché est fleuri chaque matin, dès l'entrée en classe. Et le grand piétinement continue.

La mère d'Evita est arrivée avec ses deux filles aînées, veuves toutes deux. Elles se fraient un passage entre les camions de sandwichs et les camions de bouteilles de cidre que l'on offre à la foule pour la remercier de sa présence. Partout, en ville, de petits autels avec l'image d'Evita, et autour la flamme des cierges qui tremble sous la pluie. Les fleurs débordent de l'immeuble sur les trottoirs et les balayeuses municipales doivent les récupérer à la nuit, par tonnes, écrasées, déchirées. Les boutiques de fleurs de la ville ont été dévalisées. Elles sont vides et fermées.

Toutes les corporations défilent, y compris le rabbin Amaram Blum qui vient offrir les larmes de douze jeunes filles en blanc.

Toutes les deux minutes, les portes du ministère du Travail s'ouvrent, les premiers rangs sont projetés dans la chapelle ardente. Puis la foule continue à s'écraser contre les portes qui viennent de se refermer brutalement. Toute circulation de véhicules est interdite aux abords du ministère. Des centaines de milliers de gens, la plupart en costume de travail, les femmes couvertes d'une mantille noire, beaucoup arborant l'insigne du parti péroniste, continuent à patienter pendant des heures.

Les piles de cartes postales ne bougent plus à la Fondation, les cartes postales par lesquelles elle répondait à toutes les lettres d'Argentine et du monde, et sur lesquelles elle apparaissait sans un bijou, les cheveux bien tirés, le visage au repos. La carte portait comme seule mention : *Madame Eva Duarte de Perón, protectrice des humbles...*

Le serpent humain s'allonge à travers les rues et fait entendre ses hautes lamentations. Des femmes crient : « Je serais morte pour qu'elle vive !... » Le syndicat des employés de l'alimentation (cent soixante mille membres) expédie au pape un message en forme d'ultimatum : « *Béatifiez Evita...* »

Un million de parapluies s'ouvrent et se ferment

comme des fleurs désolées qui s'épanouissent et meurent. Le long des files, le petit commerce prospère : mauvais café, mauvais chocolat, bonbons durs comme pierre ; et son livre.

Le collier du Libérateur que le cadavre porte au cou compte sept cent cinquante-trois pierres précieuses. Une journée de travail sera abandonnée par toute l'Argentine pour le monument de cinquante millions de pesos que l'on a décidé d'élever à Evita trois semaines avant l'issue fatale. Des camions arrivent, chargés de fleurs que l'on va arracher loin de la capitale. Et même une voiture de pompiers a été mobilisée pour ce transport de fleurs...

La foule continue à fouiller dans le bric-à-brac les montagnes d'objets perdus...

*

Elisa de Arieta, Blanca de Àlvarez Pereya et Arminda de Bertolini, les trois sœurs d'Evita, regardent cette foule sans comprendre. Elles entrent furtivement dans le monde que la Présidente leur interdisait. Elles apprennent aujourd'hui seulement qu'Evita, à la Résidence, occupait alternativement quinze chambres pour désorienter un problématique assassin. Alors qu'il était en elle !

Dans les premiers jours d'octobre 1951, elle avait commandé en Angleterre une voiture blindée. Le verre de quatre centimètres d'épaisseur était à l'épreuve des balles. Cette voiture pouvait passer sans dommage au milieu d'une fusillade nourrie et elle pouvait rouler pendant quatre-vingt-dix kilomètres après crevaison des pneus.

Contre toute espérance, Evita croyait guérir. Elle avait reçu de nouvelles robes de Dior et de Fath. Elle ne pouvait se lever, elle les faisait essayer par une femme de chambre qui avait ses mesures et jouait au mannequin autour de son lit. Un jour, Evita réclama tous ses bijoux. Elle les fit mettre sur son lit, ouvrit les écrins.

– Je n'en laisserai aucun à ma mère ni à mes sœurs, dit-elle. Je veux qu'ils soient réunis dans un musée !

Cependant, un architecte munichois accourait déjà avec la maquette d'un mausolée colossal. Cet Ebert avait dessiné une cloche monstrueuse de cinquante tonnes. Trente-trois marches conduisent à trente-trois candélabres entourant le caveau. Le mausolée était surmonté d'une étoile qui jetterait des étincelles. C'était un bâtiment d'acier de quarante mètres de haut et la cloche dont il était pourvu sonnerait automatiquement le glas tous les 26 de chaque mois.

Seul un pasteur suisse s'écrie : « C'est un scandale de voir un parti utiliser la mort d'un être humain ! La mort d'un être humain est sacrée. Elle ne doit servir à personne... »

L'armée efface Evita et le peuple la divinise. Mais, dans toute cette émotion populaire, seuls demeurent placides Perón et ses ministres, qui reçoivent les poignées de main et les larmes avec le même hochement de menton, qui semble soudain le signe de reconnaissance d'une société secrète : les hommes qui respirent d'être si facilement délivrés, et que cette cérémonie interminable débarrasse de toute poussière sur la conscience.

Le Vatican avait rappelé en hâte le nonce apostolique, Giuseppe Fietta, doyen du corps diplomatique, qui eût risqué de devoir prendre la tête des funérailles de cette voleuse de piété.

7

La Présidente reposait sous le couvercle de verre. Ils se penchaient pour déposer un baiser sur la vitre. Une infirmière effaçait aussitôt la trace avec un mouchoir de soie. Puis tombait le baiser du suivant. Des milliers de baisers d'hommes, vieux ou jeunes, de femmes, belles ou laides, d'enfants, gais ou tristes ; jamais, dans l'histoire humaine, femme n'avait accepté autant de baisers, aussi rapidement effacés, aussi glacés, aussi désespérés. Elle n'avait jamais reçu, vivante, un baiser sincère. Morte, elle pliait, elle devenait de plus en plus petite sous les baisers de la multitude, et ce n'était guère qu'une buée.

Quatre cadets de l'Ecole militaire se tenaient au port d'armes devant le pavillon, regardant passer sans sourciller la multitude en pleurs.

Un grand soleil d'hiver se leva sur Buenos Aires le samedi 9 août. Les uniformes des soldats rutilaient tout le long de la haie qu'ils formaient dans l'Avenida de Mayo. Un silence énorme s'élevait de la foule. A dix heures, le cercueil descendit les escaliers du ministère pour atterrir sur une prolonge d'artillerie surélevée de telle manière que la boîte de cèdre noir incrustée d'argent dominât la foule. L'horloge marquait toujours huit heures vingt-cinq, l'heure de la mort d'Evita. Le cortège s'ébranla.

Des motocyclistes, des gardes à cheval, la musique des cadets. L'affût mortuaire s'avançait sur un rythme lugubre, halé par trente ouvriers en chemise blanche. Une triple haie de soldats, d'étudiants et d'infirmières escortait cet attelage humain. Les membres du gouvernement se tenaient sur un rang, dans toute la largeur de l'avenue. Perón était en gris clair et cravate noire, un simple crêpe au bras gauche. A sa droite se tenait, raide, le frère d'Evita, Juan Duarte.

Deux mille civils et les dignitaires de l'armée fermaient la marche. Les militaires la saluaient militairement, ils n'avaient plus rien à craindre d'elle. Tous les autres affichaient un visage peiné.

La foule gagne en cortège le palais du Congrès, pour une dernière veillée. Les colonels font la haie, l'épée tendue, comme pour indiquer à Evita que la route est libre...

Le lendemain, dimanche, c'est encore une procession.

C'est le même chemin, mais en sens inverse. C'est la Maison des syndicats qui, cette fois, accueille Evita, veillée par le cierge géant de la C.G.T. Pendant un an, elle ne sera troublée que par l'embaumeur espagnol Fernando Ara, qui doit l'apprêter avant qu'elle soit enfermée dans un mausolée.

Evita Perón reprendra alors sa vie publique. Exposée dans son mausolée, elle y recevra les déshérités, et les suppliques déposées auprès de son cercueil seront examinées comme naguère. La Fondation désormais recevra dans ce caveau. Elle est morte à l'âge de trente-trois ans, à l'âge du Christ, crucifiée par la publicité et par une soudaine panne de courant dans cette publicité cancéreuse...

Velasco, le chef de la police secrète, avait suivi le corbillard d'Evita comme tous les autres membres du gouvernement.

Or Velasco avait pour manie de suivre le corbillard de ses victimes, des opposants à Perón qui s'éteignaient sous ses tortures. Il suivait le mort comme pour être certain de l'avoir totalement éliminé. Il craignait sans doute qu'un peu de l'esprit des rebelles ne s'échappât du corbillard pour allumer quelque part dans le pays un incendie secret.

Le corbillard d'Evita, il ne le suit pas clandestinement, mais chamarré, au milieu de cette armée jamais sortie en masse de ses casernes de cette façon depuis qu'elle a été battue par Evita en octobre 1945...

8

Et alors peut recommencer pour Perón la ronde des femmes qu'on lui attribue, égéries de tout âge, de toute nationalité, dont on dit qu'il doit les épouser prochainement – pour entretenir un doux mystère autour de sa personne.

D'abord Marian Teran Weiss, une amie d'Evita prétend la rumeur, qui ne mesure qu'un mètre cinquante-deux, mais qui passe pour une des meilleures joueuses de tennis du monde. L'époux de Marian vient de mourir de leucémie. Elle a obtenu de Perón l'annulation des épreuves de tennis féminines de Buenos Aires. Le 18 mars 1953, on dit qu'Edda Ciano, la fille du Duce, l'infortunée veuve du beau Ciano, doit épouser Perón. Tout cela rameute les photographes à la Casa Rosada. Lui sourit et s'incline. Il présente en même temps devant l'objectif le chien Alex, cousin germain de Falla, animal favori du président Roosevelt.

Maintenant, Juan Perón est un peu grisé d'être seul. Il a retrouvé sa signature, qui n'émane que de lui. Il avait perdu, après tout, les délices connues au temps du G.O.U. dans l'exercice d'un pouvoir occulte. Maintenant, la masse du pouvoir le tire par le cou. Evita était à la fois une entrave et un allégement. Elle partageait son angoisse de la puissance. Maintenant, Juan Perón ne sert plus de pont à une femme. Il peut arborer sans éclipses son sourire efficace et prestigieux.

La sorcière des forces sociales a disparu. Il peut prétendre à devenir l'unique inspirateur. La révolution bolivienne d'avril 1952 de Paz Estenssoro, le succès d'Ibáñez au Chili, il les met au compte de son influence spirituelle. Il pense même cinéma, comme il n'aurait jamais pu le faire du vivant d'Evita ; il a eu l'idée d'un festival cinématographique international à Mar del Plata, à quatre cents kilomètres de la capitale.

Le 8 juillet 1954, un projet de loi est présenté, proposant la construction d'un arc de triomphe en l'honneur du président Perón, « personnalité qui brille dans un monde chaotique ». Où devra s'élever cet arc de triomphe ? Mais dans la ville qui a pris le nom d'Eva Perón, et comme pour conjurer l'image de celle-ci !

S'il s'est défait de cette Evita qui l'a façonné et illuminé, il ne peut se défaire de sa légende, il doit s'en accommoder.

En Argentine, tous les chemins mènent à Eva. Les villes, les villages, les boulevards, les rues, les places et les maisons rebaptisés Eva Perón ne se comptent plus. Les lettres vont et viennent plusieurs fois entre les diverses « Eva-Perón-ville » et de rue en rue « Eva-Perón », avant d'atteindre leurs destinataires. Au téléphone, les standardistes de La Plata annoncent désormais leur ville en disant : « Allô ! ici Eva-Perón... »

Il a été défendu aux postiers d'appliquer leurs cachets sur les timbres portant l'effigie d'Eva Perón pour ne pas défigurer son portrait. Comme ces timbres surabondent, oblitérer devient un travail d'orfèvre.

Les petits vaisseaux rouges ont disparu sur les pommettes de Juan Perón. Il s'étale largement à présent sur son bureau au milieu des tracteurs miniatures avec lesquels son index joue sans hâte ; et, de son briquet en or massif, il aime allumer la cigarette de ses visiteurs. Il paraît reposé.

– Je ne peux pas me retirer pour vivre comme un prince, dit-il alors. Je ne veux pas lâcher mes pauvres. Je dois rester président pour les défendre. Si je pars, les riches vont s'emparer de la chemise des pauvres...

9

Dans la propriété d'Olivos, le lit d'Evita était toujours à la même place, toujours aussi impérial, surchargé de dentelles.

Olivos, c'est une banlieue de style anglais où s'alignent collèges, clubs et villas le long d'avenues monotones troublées seulement de temps à autre par le passage furtif d'une nurse ou d'un chien tenu en laisse.

Le général avait décidé que cette propriété deviendrait un lieu de villégiature pour les jeunes filles des écoles secondaires. Elles étaient quelques centaines à évoluer dans un immense parc, surgissant tous les matins parmi les arbres, les fleurs et les statues, en culottes courtes ou en maillot de bain.

Nelly Rivas, l'une de ces jeunes filles, avait été entraînée par une amie sur ce prestigieux terrain de sport. Avant de le connaître, elle tuait les dimanches à voir jusqu'à quatre films. C'était un petit animal enjoué, fille d'un manœuvre d'une raffinerie de sucre. Dans le quartier ouvrier de San Telmo, sa mère était concierge, ce qui lui avait valu de quitter une soupente pour loger dans une vraie pièce.

Le général aimait se mettre au garde-à-vous devant les plus petits désirs des écolières d'Olivos. Elles dansaient de joie autour de lui. Il lui plaisait d'avoir cette puissance-là.

Il déambulait à travers le parc, remettant des enveloppes sous forme de prix aux élèves qui avaient réussi à leurs examens.

Il avait déjà remarqué Nelly, devant le garage des scooters dont raffolaient les écolières. Il lui avait dit : « Bonjour, mon petit. Comment trouvez-vous le club ? » Nelly avait été éblouie par le parfum du général et par sa cordialité.

Perón arriva à la hauteur de Nelly. Il tâtait ses poches. Il avait épuisé sa provision d'enveloppes.

Alors, il lui demanda :

– Avez-vous réussi à votre examen ?

– Oui, dit Nelly.

– Alors, vous avez droit à un prix. Je vous le donnerai tout à l'heure.

Il lui remit une enveloppe quelques heures après, avec un bon sourire et à l'écart des autres filles.

Peu après, Nelly le remerciait ainsi :

– Général, mon père a été malade. Je lui ai donné le billet neuf de cinq cents pesos. Il m'a demandé de vous exprimer sa gratitude.

Fin novembre, le général l'appelait par son nom. Il invitait souvent huit jeunes filles dans la salle à manger de son chalet personnel. Au cours d'un de ces repas, dans l'aimable et joyeux bavardage qu'il réservait aux jeunes filles, il se tourna vers Nelly et dit :

– Comment vous comportez-vous sur un scooter ?

– Je ne sais pas monter.

– Et pourquoi donc ?

– Les autres filles ont leur professeur et moi j'attends que ce soit vous, général, qui m'appreniez à monter !

Perón eut un regard fixe, un long silence, puis soupira :

– Quel bain de fraîcheur !

Il proposa à Nelly de la rencontrer le samedi matin avant l'arrivée des autres jeunes filles, afin de lui apprendre à monter à scooter, mais sans faire de peine aux autres.

– Si elles savaient que je vous vois seule, elles en seraient malades, dit-il.

Pour la fête de Noël, il fut établi une liste d'une vingtaine de jeunes filles qui représenteraient le comité des Sports auprès du général-président. Les parents de Nelly furent surpris d'apprendre que leur fille unique n'allait pas cette fois passer Noël avec eux comme elle le faisait chaque année depuis sa naissance. Mais Nelly leur expliqua que Perón n'avait personne, qu'elle ne pouvait l'abandonner à sa solitude.

La réunion devait avoir lieu au chalet du général. Les autres filles arrivèrent élégamment vêtues. Nelly n'avait que sa jupe noire et sa blouse. Quand Perón surgit en costume de sport, il s'exclama :

– Quelle élégance ! Il fallait me prévenir. Je me serais habillé autrement...

Il demanda aux jeunes filles de choisir leur place et, à la faveur de la bousculade, il installa Nellida à sa droite. Il y avait là des filles de vingt ans qui étaient belles et très élégantes. « Pourquoi moi ? » pensa Nelly. Elle avait l'air d'une petite fille, quoique plus développée que les filles de son âge.

Sous les serviettes des jeunes convives, on avait dissimulé les cadeaux, bracelets, boucles d'oreilles et broches. A la fin du dîner, il y eut une séance de cinéma. On projeta *Les Hommes préfèrent les blondes,* avec Marilyn Monroe.

Ce fut ensuite que le général fit allusion aux nombreuses toilettes et aux innombrables bijoux de la Señora.

Il ne désignait jamais sous un autre terme Evita Perón. *La Señora.* Comme un majordome stylé eût parlé de sa maîtresse, pour lui simple objet de déférence, ni mort ni vivant. Il avait constitué avec les orgueilleuses dépouilles d'Evita une sorte de musée destiné à éblouir les petites filles.

On décida alors, sous la houlette du général-président, de visiter ce musée par groupe de six jeunes filles.

Une pièce contenait tous les vêtements de sport d'Evita : pantalons, blouses, sweaters. Une autre était remplie de vêtements du matin. Robes pour le thé et le cocktail. Une troisième contenait des chapeaux et des chaussures de toutes formes et de toutes couleurs.

Puis il y avait la garde-robe gigantesque et fascinante de tout ce que possédait Evita pour sortir le soir. Etoles et manteaux de vison, capes d'hermine, interminable collection de fourrures, de quoi remplir un grand magasin.

Nelly s'exclama :

– Vous êtes seul dans cette trop grande maison !

10

Nelly avait organisé la réception du nouvel an que les jeunes filles d'Olivos réservaient au général, pour le remercier de ses bontés envers elles.

Ce fut Nelly qui prononça les paroles d'accueil :

– Général, vous avez été si bon à notre égard. Nous ne voulons pas que vous restiez seul. Nous avons obtenu la permission de nos parents...

– Vous connaissez ma villa San Vincente, dit-il. Ce serait l'endroit idéal pour notre réunion.

Le général envoya une voiture pour prendre les filles ravies et les conduire à San Vicente, à deux heures de Buenos Aires, par la route. Elles trouvèrent en arrivant le général qui bêchait son jardin, les chaussures crottées de terre. C'était une belle image, un peu hâtive, de simplicité et de grandeur.

– Bienvenue à vous toutes, dit-il avec un large sourire.

Elles firent alors une ronde en s'emparant de ses mains, et ce fut ainsi qu'ils s'entraînèrent mutuellement au lunch qui les attendait.

Puis le général les quitta pour faire sa sieste. Les jeunes filles prirent alors place autour de la piscine et trempèrent leurs orteils dans l'eau en bavardant.

Nelly dit plus tard au général :

– Nous ne pourrons plus rentrer ce soir à Buenos Aires. Pouvons-nous passer la nuit ici ?

– Que diront vos parents ?
– On va leur téléphoner.
– Avez-vous seulement des vêtements de nuit ?
A minuit, elles portent un toast au général. Les autres filles s'installent à deux par pièce. Seule Nelly occupe une chambre individuelle.
Pendant les trois premiers jours de 1954, le général ne se montre pas au club des jeunes filles. Nelly se rend à la Casa Rosada et réussit à forcer le barrage.
– Qu'y a-t-il ? demande Perón en la voyant.
– Je vous croyais malade. Vous n'êtes pas venu au club depuis si longtemps.
– J'ai eu beaucoup de travail, dit-il en riant. Restez donc à déjeuner.
Nelly passa désormais ses après-midi à voir film sur film dans la salle de projection privée. Ils dînaient tous deux et elle rentrait chez ses parents à la nuit. Pendant la projection du film dont elle était la seule spectatrice, elle gardait entre ses bras, contre sa joue, le caniche blanc aux boucles chaudes, Monito. Elle avait demandé à Perón la permission d'emporter le chien chez elle chaque soir. Monito le bienheureux, qui avait connu toutes les plus riches caresses et sans doute les seules qu'Evita eût jamais prodiguées à un être vivant, Monito dormait dans le lit de Nelly, dans la loge de concierge de ses parents...
Une nuit, Monito prit froid. Et le petit caniche femelle gris fumé, Tinolita, le préféré d'Evita, pleurait de se sentir privé de son compagnon à quatre pattes. Nelly exigea de son père qu'il la laissât coucher à la Résidence du général, parce que cela ne valait rien pour la santé de Monito d'être transporté tous les soirs à la loge pour revenir chaque matin à la Résidence.
Le père Rivas se mit à trembler de vertueuse indignation.
– Je n'ai d'autre ambition que de faciliter la vie du général, dit Nelly de sa voix unie et puérile. Je dois

rester avec le général. C'est mon devoir. Avez-vous oublié ce que le général a fait pour vous ?

Le lendemain, Nelly informa Juan Perón qu'elle passerait la nuit chez lui, et elle le lui dit avec un petit sourire de victoire et de modestie.

– Qu'en pensent vos parents ?

– Mon père a accepté.

Le majordome téléphona aux Rivas pour avoir confirmation et, l'ayant obtenue, se permit d'ajouter : « Tout ira bien pour votre fille si elle reste... »

Perón donna l'ordre au majordome Renzi de traiter Nelly comme une invitée de marque et ce dernier la conduisit au second étage, lui ouvrit la porte d'une pièce immense. Nelly s'y précipita, ouvrit les fenêtres à deux battants.

Dans le lointain brillaient les pelouses du parc Palermo. Nelly, les jambes entravées par les sauts joyeux des deux caniches d'Evita, bondit alors vers la salle de bains, remplit la baignoire à ras bord, y déversa des sels de toutes les couleurs.

Nelly était une compagnie douce et reposante pour Perón ; tout le contraire d'Evita, elle se tenait toujours prête, même à lui tendre son café, ses cigarettes ou ses pantoufles. Elle se hasarda même à lui préparer du poulet à la portugaise. Elle lui apportait les journaux du soir. Elle veillait sur le bouton de la télévision, jalousement.

Leurs chambres étaient séparées par une grande pièce froide et bien astiquée dans laquelle Perón empilait les décorations qu'il avait reçues de tous les gouvernements étrangers, ainsi que leurs présents de divers formats et d'utilité incertaine.

Perón laissait traîner sur sa table de nuit deux objets : un coffret rempli de ses propres photographies le représentant à pied, à cheval et en voiture, dans l'exercice de ses fonctions ; et un flacon de parfum que lui avait offert Nelly.

*

Perón voulait transformer le festival cinématographique de Mar del Plata en une sorte de campagne électorale. Il avait prémédité de se promener au milieu des vedettes internationales comme s'il faisait partie de leur cohorte, de serrer les mains de Chaplin, de Joan Fontaine, de Mary Pickford, invités aux frais du gouvernement argentin.

Nelly avait manifesté un grand enthousiasme pour Mar del Plata et sa volière cinématographique. Elle n'y venait pas pour connaître le plus grand casino du monde, mais pour se dorer au sourire d'Errol Flynn. De se sentir découronné dans le cœur de Nelly par Errol Flynn rendait le général mélancolique. Mais, après tout, Nelly voulant forcer le cordon de policiers qui protégeaient Errol Flynn de l'enthousiasme, c'était un spectacle touchant de puérilité. Et c'était bien ainsi. Car c'était ainsi qu'il préférait la suave Nelly, capricieuse et puérile.

Elle était si reposante, si douce, Nelly Rivas, tout à l'opposé d'Evita. Et le général s'était senti fondre lorsqu'elle avait exigé, en tapant du pied pour la première fois, de se rendre à Mar del Plata, bien qu'il lui eût dit que « ce n'était pas prudent ».

– J'ai tellement envie de voir des vedettes, avait-elle marmonné en pleurnichant.

Alors, subjugué, Juan Perón avait répondu gravement :

– Il va te falloir une douzaine de robes du soir !

Perón entraîna Nelly dans l'immense réserve où dormaient les robes d'Evita. Nelly fut éblouie par la vision.

Quatre cents robes des grands couturiers de Paris, six cents autres robes plus « simples », des chaussures, des chapeaux par centaines. C'étaient les magasins généraux du travesti.

Perón avait déjà fait étalage de ces merveilles

devant les écolières d'Olivos, mais aucune n'avait eu le droit d'y toucher.

Nelly fut mise en présence du trésor comme si on lui en cédait la propriété. Le sanctuaire d'Evita s'était ouvert, le regard d'une enfant y faisait la première brèche.

Nelly décrocha doucement les robes. Son extase s'accroissait de tous ces froissements, de tous ces frissons de soie à même le corps.

Elle palpait les robes, les reniflait, les frottait contre son front, sa joue, son ventre...

Pour Nelly elles étaient un peu longues, un peu étroites du buste. Perón ordonna des retouches au tailleur de la Résidence. Il ajouta une étole de vison bleu, une cape de vison sauvage qu'il décrocha tout simplement de la collection d'Evita. Puis, pour compléter l'ivresse, il tendit à Nelly un coffret de bijoux.

Elle tremblait comme si elle avait la fièvre.

Elle se sauva avec le coffret dans sa chambre et fit ruisseler sur elle le trésor d'Evita...

*

Ce fut ainsi que l'apprenti guerrier, qui avait si longtemps espéré une place de conquérant dans le dépeçage du monde entrepris par Hitler, se vengeait fort tard d'avoir été inventé et poussé en scène par une femme...

11

Il ne rumine que le vieux rêve du G.O.U. : arracher l'Amérique latine à l'attraction des Etats-Unis.

Cette unité Argentine-Chili deviendra par la suite, dit Perón, le noyau central de l'Unité latino-américaine qui comprendra des pays comme le Brésil. Le premier pas vers l'union latino-américaine sera l'union douanière englobant l'Argentine et le Chili, sous le nom de Cordillère libre. Cette union assurerait l'indépendance économique à cette partie de l'Amérique, qui disposerait du tiers de la production mondiale d'étain et de cuivre. Elle occuperait enfin dans le monde la place qui lui revient par ses richesses.

Mais l'appel que l'Argentine et le Chili lancent en même temps aux investissements américains font de toutes ces manœuvres de grandeur un opéra grinçant. Car Perón, tout en procédant à l'exploitation intensive du souvenir d'Evita, avait commencé par limoger Espejo, le grand maître de la C.G.T., et l'avait remplacé par un obscur dirigeant du syndicat des garçons de café. Perón voulait se réconcilier avec ses anciens alliés, les militaires et les industriels, afin de revenir à la situation de 1943, de recommencer sa vie là où Evita était venue la couper.

Mais il ne lui reste que la caste de bureaucrates qu'il a créée et les richesses du pays ont été gaspillées pour entretenir cette caste.

Le prix de la viande est officiellement fixé à 0,80 pesos et se vend au marché noir vingt pesos le kilo. Les producteurs se refusent de plus en plus à ensemencer leurs terres et à conduire leurs bêtes aux abattoirs. Et le gouvernement de Perón ne peut renoncer à sa politique consistant à acheter le blé et la viande à des prix très bas, pour les revendre à l'étranger à des prix très élevés, afin de financer les frais extravagants du régime.

Alors, Perón s'écrie :

– Nous irons aux *estancias* chercher le bétail et nous conduirons aux abattoirs les propriétaires avec leurs vaches !...

Puis il menace de démissionner :

– Les gens qui viennent me voir me proposent quatre-vingt-quinze fois sur cent des affaires louches. Je suis fatigué. Je continuerai tant que j'aurai l'appui populaire. Je n'attendrai pas que l'on me chasse...

Les industriels et les militaires, plus que jamais insatisfaits de Perón, comprennent qu'ils pourraient le renverser facilement. Mais les industriels s'en tiennent aux affaires louches et les militaires aux manœuvres occultes, leur seconde nature étant devenue plus ferme que leurs propres désirs...

*

Perón cherche une bouée de sauvetage. Qui, à présent, éliminer, afin d'avoir plus de chances de rester dans la Maison Rose ? Qui, après Evita ?

Les exactions de Juan Duarte ont passé la mesure. Il a trafiqué à outrance avec les licences d'importation. Pour protéger le beau dissolu, pour l'accabler d'indulgence, sa sœur n'est plus là. Pourtant, le scandale des affaires de Juan Duarte s'est ébruité, avec ou sans l'accord de Perón.

Duarte est sur le point de fuir à l'étranger. Il fait ses valises. Au milieu des bagages, toutes issues bloquées par la police secrète, Perón surgit, blafard et rieur. Il tapote l'épaule de Juan. Il dit qu'il ne vient pas lui faire de mal, à lui, son cher secrétaire. Il est aussi angoissé que Duarte lui-même. Il s'agit de le convaincre de ne pas salir par sa fuite la mémoire de sa sœur Evita et le régime de Perón.

Les quinze autres ministres, délégués précédemment pour persuader Duarte de l'hygiénique nécessité de se supprimer, n'ont pas réussi dans leur mission. Juan Duarte refusait de se faire sauter la cervelle pour maintenir la bonne santé du régime.

Maintenant, c'est Perón lui-même qui fait l'ultime tentative.

Il est là dans la chambre de Juan Duarte, l'élégant, l'enjoué, le paternel Pocho des jeunes filles d'Olivos. Il lui conseille de régler lui-même la question, *noblement*. Le style est d'un grandiose fataliste. Certes, le beau garçon a commis des erreurs, mais il a bien fait, au fond, de profiter de la vie.

Juan Duarte est désormais seul en face de Perón. Evita n'est plus là pour l'injurier et le sauver dans le même mouvement. Et Perón le pousse, le pousse... Il se débarrasse une seconde fois d'Evita, à travers ce Duarte qu'elle avait placé à ses côtés pour contrôler l'emploi de son temps.

C'est seulement en constatant les préparatifs d'obsèques au domicile de Duarte que l'on apprît sa mort. Il s'est tiré une balle dans la tête, annoncent les journaux. La longue carcasse baignait dans une mare de sang. Juan Duarte avait démissionné auparavant de ses fonctions de secrétaire de la présidence en invoquant sa mauvaise santé. Il laissait une interminable lettre d'adieu :

Je suis venu avec Evita. Je pars avec elle. Je quitte ce monde, plein de haine pour la canaille...

Et il y avait en post-scriptum :

Je suis blanc comme neige. Personne ne pourra prouver le contraire. Mon dernier baiser est pour ma mère. Excusez l'écriture. Pardon pour tout.

Perón, ce jour-là, fit un discours :

– Je ferai respecter les prix plafond de l'alimentation par la troupe... A coups de crosse !

12

Le 10 avril 1953, Perón avait pris la précaution de déclarer à la radio qu'Evita était restée pauvre ; à l'entendre, elle ne possédait que quelques babioles au moment de sa mort. Sur les murs de la ville, il avait fait apposer une immense affiche qui le représentait vêtu d'un bleu de travail, chassant une vieille sorcière à la besace chargée de dollars.

Perón hurle :

– Il n'y a plus qu'à pendre aux arbres les membres de l'opposition !...

Puis :

– Portez dans votre poche un simple fil de fer avec lequel vous étranglerez tous ceux qui m'attaquent et me calomnient !...

La campagne sur les pillages de l'administration bat son plein. Perón épure, sacque, mais reste. Il a renvoyé le ministre de l'Armée, le colonel Mercante et trois députés.

Puis, c'est le 15 avril. Au milieu de son discours, il annonce qu'il a fait arrêter en une nuit soixante-quinze spéculateurs. Deux bombes éclatent à une centaine de mètres de la tribune officielle.

Le département d'Etat n'a pas accordé de crédits et les ouvriers demandent toujours un relèvement de salaires, alors que le personnel de Perón est servi en premier, lui qui ne possède d'autres biens que l'exercice plat et immodéré de la louange. Et ces deux bombes semblent éclater là à-propos pour créer une diversion. On ne sait plus s'il s'agit d'une provocation ou d'opposants individuels. La panique de la foule se transforme en fureur.

– Qu'est-ce que vous attendez ? crie Perón. Qu'est-ce que vous attendez pour matraquer !

Des groupes de péronistes entraînent la populace. Moins de vingt minutes après le discours du général, ponctué par les deux bombes, l'immeuble du Jockey-Club brûle avec ses collections de tableaux et ses objets d'art. Les sièges des autres partis sont mis à sac. La Maison du Peuple brûle, dont le sous-sol abrite les ateliers de *La Vanguardia,* quotidien socialiste fondé en 1894. Perón l'avait suspendu en 1947 sous prétexte que ses cabinets de toilette étaient démodés. Les *bombitas* coûteront cher à tous ceux qui n'ont rien à se reprocher.

La Maison du Peuple se trouve à neuf cents mètres

de la préfecture de police. La police arriva, mais ce fut pour empêcher l'action des pompiers. Et pour arrêter les spectateurs qui auraient tenté d'enrayer l'incendie...

On apprit alors que les deux petites bombes avaient tué six personnes... Le Jockey-Club brûlait toujours. Les beaux tapis d'Orient crépitaient dans les flammes, les bouteilles de champagne y éclataient sans allégresse. Des Goyas et des Velazquez s'essaimaient en flocons de cendre dans un vent tranquille.

Perón fit alors défiler devant la Casa Rosada ses troupes de choc de l'Alianza. Elles marchaient au pas, bruyantes, et faisaient entendre, à chaque cadence, un rugissement. Les mouchoirs de la foule s'agitaient comme des oiseaux pour les saluer.

Perón leva le bras et inclina le buste.

Brusquement, un formidable silence dévala sur cette foule. Et ce fut la voix d'Eva Perón qui se fit entendre, et les gens se déboîtaient le cou comme pour la retrouver au côté du général. Cette voix était rauque sous le saphir du tourne-disque qui l'écorchait. Dans un coin de la place, l'horloge du ministère du Travail marquait toujours huit heures vingt-cinq, l'heure de la fin d'Evita. Et la pétrification de la masse fut aussitôt obtenue.

Perón faisait donner la voix fantôme d'Evita comme Napoléon faisait donner la garde.

Des nuages de tracts, en prévision de ce moment, avaient été quérir la foule qui errait dans les bois de Palermo, profitant d'un nouveau jour de fête. Les marchands de soda et de sandwichs, pour une fois, avaient été refoulés, comme pour faire sentir la gravité du moment. Et, dans le même souci de mise en scène, on avait massé des forces de police considérables autour des agences de presse américaines.

Soudain, la voix de Perón trembla dans les haut-parleurs, comme si elle refoulait une émotion d'outre-tombe :

– Je ferais arrêter mon père si j'apprenais en ce moment que mon père trafique sur le prix de la viande...

Les applaudissements crépitèrent.

– Je m'en irai lorsque je ne serai plus soutenu par vous, hommes virils, dit ensuite Perón.

Les applaudissements déferlèrent de nouveau.

Le lendemain, Perón déclara que les socialistes étaient les vandales responsables de l'incendie du Jockey-Club. Pourtant, un mois plus tard, un décret vint contredire cette affirmation ; car le Jockey-Club fut dissous et l'Etat s'empara de ses terrains et de ses biens.

Pour se reposer, Perón retourna alors au parc d'Olivos. Il regarda jouer au basket et nager les gamines demi-nues. Il jeta des portefeuilles au milieu de la jeune meute, sportivement.

Il prit aussi l'habitude de fréquenter de plus en plus les as du sport, les dieux du stade, mû autant par son goût personnel que par le pernicieux désir de se confondre avec les héros nationaux. Il serra publiquement Fangio contre son cœur.

Il était débarrassé d'Evita, mais guère plus avancé, bien qu'il eût également pris le soin d'embrasser publiquement, lors de son arrivée à Buenos Aires, l'envoyé de l'autre général, Milton Eisenhower. Le State Department retrouvait plus aiguë sa prédilection pour les dictateurs du Sud, les protégeant et les nourrissant pour se prémunir contre l'influence russe dans ces territoires si neufs. Milton venait pour aider Perón à rentrer en grâce, en remettant les affaires en marche.

Perón, pour conquérir Milton, s'était rendu dans le hall de son hôtel, souriant et sans gardes. Puis, satisfait de la stupéfaction de Milton accourant dans le hall, il l'avait aussitôt entraîné par le bras, l'avait fait entrer dans sa voiture qu'il conduisait lui-même et l'avait conduit à un match de base-ball, à seule fin de le faire ovationner par cinquante mille spectateurs.

Perón ne comptait plus que sur les Américains pour le sauver. Il traita Milton aussi gracieusement, aussi tendrement que les gamines d'Olivos.

13

Lorsqu'en 1943, s'affranchissant pour la première fois des désirs des grands fermiers qui voulaient ménager l'avenir en se détachant des nazis, l'armée avait pris le pouvoir par un coup de force pour se placer plus fortement dans l'orbite de ces derniers, elle avait tout fait pour se concilier l'Eglise et la détacher ainsi de l'oligarchie.

Ainsi vit-on, en juillet 1943, la gare de Mercedes, dans la province de Corrientes, tendue de velours rouge. La Vierge Mercedes reposait dans une enclave de verdure que sillonnaient d'énormes papillons. L'air, ce jour-là, vibrait du bruit des bottes. La marche lente, les généraux ouvraient la procession. Il y avait aussi des Indiens. Ils avaient adopté la Vierge aussi aisément qu'ils conduisaient de grandes automobiles. Le G.O.U. avait décidé qu'au terme de cette procession, la Vierge Mercedes, nationale depuis le libérateur San Martín, serait nommée général de l'armée argentine. Le traitement de général qui lui serait alloué servirait à son entretien.

Pendant que les petits, sur les bancs de l'école, ronronnaient le nom d'Evita, assimilée à une fée solide, les écoles avaient vu l'instruction religieuse, proclamée obligatoire depuis 1943 sur tous les bancs, virer peu à peu à l'éloge et à l'étude sempiternelle et emphatique du seul Perón.

L'Eglise, ne pouvant plus vivre dans son équivoque appui à Perón, s'en détachait de plus en plus, aussi ce dernier décida-t-il de prendre les devants, autant dans l'espoir de l'intimider que dans celui de créer une diversion aux difficultés que connaissait le pays...

Dans les rues de Buenos Aires, les bannières proclamaient : *Oui à Perón. Non aux curés. Nous voulons avoir droit au divorce...* De l'autre côté de la rue, et aux alentours de la demeure du cardinal gardée par la police, surgissaient d'autres bannières, brandies par des curés à poigne et des jeunes gens enthousiastes : *L'Argentine est catholique. Longue vie au pape...*

Perón résolut de se venger de cette bruyante affirmation de lèse-majesté. Un décret abolit alors l'éducation religieuse obligatoire dans les écoles, un autre légalisa le divorce, et un autre autorisa de nouveau les prostituées sous le nom d'« auxiliaires de santé », alors que la prostitution avait été bannie sur le papier depuis dix-huit ans.

Devant toutes ces mesures outrageantes, l'Eglise choisit Córdoba comme citadelle de résistance. Perón, pour marquer encore un plus grand coup contre ses ennemis à soutane, décida, par un nouveau décret, d'abolir les fêtes religieuses. Il arracha du calendrier toutes les fêtes catholiques, non pas seulement celle du vendredi saint, mais aussi le jour de Noël. Fini également l'Epiphanie, le Sacré-Cœur, l'Assomption, la Toussaint et l'Immaculée Conception. Les seules fêtes nationales qui subsistassent étaient celles du Travail, l'anniversaire de la Révolution de 1810, le jour de l'Indépendance de l'Argentine, et surtout les deux dates les plus importantes : celle qui marquait la libération de Juan Perón en 1945 et celle de la mort de la Señora.

Les semaines qui suivirent le 1er mai 1955 furent décisives. Perón avait interdit la grande procession. Pourtant, cent mille personnes avançaient sous la pluie de juin. Ce n'étaient ni des sans-chemises ni des troupes de choc de l'armée, c'était une procession catholique armée seulement de bannières et de chants. C'était la fête du Sacré-Cœur, un attentat visuel envers Perón. Deux jours après, Perón affirmait que l'Eglise dans la nation était un loup dans la bergerie, et deux curés, Manuel Tato et Pablo Novoa, furent accusés du désordre que constituait la procession.

Ils furent placés dans un avion en partance pour Rome, sans même une chemise de rechange. Ils arrivèrent pour déclarer au pape que si la señora Evita avait depuis longtemps déclassé la Vierge en Argentine, Perón, lui, ne visait qu'à détrôner le Christ. Peu après leur arrivée au Vatican, Perón était excommunié.

Les officiers de la marine avaient refusé depuis longtemps d'admettre les discours de Perón comme textes de cours dans les hautes écoles. Ils représentaient l'aile catholique de la bourgeoisie et de l'armée, et ils décidèrent, encouragés par l'excommunication de Perón, de passer à l'attaque.

Le 16 juin, des avions Glenn Martín lâchèrent douze bombes sur la Casa Rosada. Il y eut des centaines de morts dans les rues avoisinantes, alors que l'objectif à atteindre était le seul Perón. Quelques minutes avant la chute des bombes, il avait quitté la Casa Rosada pour se rendre au ministère de l'Armée. Une attaque dans la ville devait suivre le bombardement, mais toute l'armée de Buenos Aires se tenait derrière Perón.

L'attaque devait partir du ministère de la Marine : les troupes loyalistes s'y précipitèrent pour l'occuper. Elles avaient déjà envahi les aérodromes où les rebelles devaient prendre pied.

Certains éléments de l'armée qui devaient entrer en scène après le bombardement de la Casa Rosada n'avaient pas eu le temps de se décider à l'action, effrayés qu'ils étaient par l'afflux de la masse péroniste. Cela explique l'échec de la rébellion catholico-navale.

A minuit, ce 16 juin, Perón triomphait à la radio, et la foule péroniste se rua alors sur les églises et les demeures épiscopales pour les mettre à sac.

14

A la moindre oscillation du baromètre national, les *muchachos peronistas* surgissent de leurs bidonvilles avec des épaules de conquistadors. Ils brandissent des gourdins, des drapeaux et des barres de fer.

Puis ils s'en vont desceller quelques pavés au centre de la ville, lesquels pavés sont ensuite projetés avec joie sur les plus belles des voitures qui passent.

Ils retournent à leur taudis, conservant leur entrain pour le prochain appel du général. C'est ainsi que l'on maintenait intacte la façade de l'idolâtrie obligatoire.

– Matraquez ! dit Perón.

– Matraquez ! scande la foule.

Les drapeaux, les gourdins et les barres s'agitent.

Puis la foule se disperse, s'évanouit...

Et, soudain, toute réunion de plus de deux personnes est interdite dans la rue... La même rue qui tout à l'heure, noire de monde, haletait de ses centaines de milliers de bouches...

La police est postée devant les églises. Mais tous les prêtres qui se trouvent en prison depuis 1953 sont relâchés.

Blottie dans un fauteuil de la Casa Rosada, Nelly laisse échapper de ses bras sur ses genoux les caniches d'Evita. Du plâtre tombe encore des plafonds crevés. Nelly se terre, car les profiteurs du régime la trouvent un peu trop jeune pour leur voler si vite une si grosse part.

Perón reste silencieux trois semaines durant.

Cela ne lui est jamais arrivé depuis qu'il est au pouvoir.

Enfin, le 4 juillet, la radio d'Etat annonce que Perón prendra la parole à midi précis. Que dirait-il, tremblant et souriant ? Il a libéré des curés, il a permis que l'on emprisonnât sept membres de sa police, accusés enfin, au grand jour, de meurtre ! Que peut-il encore offrir ?

On annonce enfin que, cette fois, ce sera le gros morceau – qu'il donnera tout ce qu'il lui reste, c'est-à-dire sa démission, afin d'éviter une seconde épreuve de force qui risquerait de lui coûter la vie.

Mais ce discours du 4 juillet est finalement ajourné.

Perón, en effet, se débat entre son désir d'abandon et ses velléités de résistance.

Ses sursauts demeurent des pirouettes.

Lorsque enfin il prend doucereusement la parole, le 5 juillet, son discours ne contient aucun mot, aucune allusion à la moindre démission de sa part. Il est pourtant conciliant. Il accorde l'absolution à tous ses opposants, quels qu'ils soient... Mais, avec insistance, il leur propose un armistice.

Il s'adresse aussi aux *descamisados*. « Vigilance, leur dit-il, vigilance ininterrompue... » Son programme désormais se veut modeste, plus que pacifique. Du foyer au travail et du travail au foyer. Ce n'est plus un grand dictateur qui pousse son peuple vers les cimes, mais un humble agent de la circulation.

Ce ton sirupeux ne calma personne. Il amena au contraire le déchaînement de l'opposition. Tous les opposants à Perón lui répondirent en chœur : aucune pacification sans la liberté.

Son beau plafond de la Casa Rosada était crevé. Perón ne parlait plus de mater la rébellion, il semblait simplement lui reprocher cette faute de tact, la destruction d'un plafond présidentiel. Il vivait trottemenu et ne comprenait pas pourquoi on viendrait encore troubler sa fête. Il n'avait pas en lui la belle colère d'Evita. Cent fois plus charmeur qu'Evita lorsqu'elle recevait à la Casa Rosada, personne n'avait pu lui inculquer la dureté, ni son père en Patagonie par les épreuves agricoles, ni Evita par ses flambées de vengeance. Il était dur pour rester fidèle à une image de grand homme d'action, mais cette dureté historique ne résistait pas aux mesures d'un tango confidentiel. Au mois d'août 1955, Perón fut tendre sans mesure, et le 15 août, pour chercher à réintégrer sa camisole de général-prophète, il annonça un complot contre lui, dramatisation facile et désormais classique par laquelle il cherchait à inoculer quelques gouttes d'enthousiasme à ses troupes.

Mais un ancien ami de Perón, son ex-sous-secrétaire à la Guerre, Mario Amedeo, demande ouvertement aux Argentins de renverser le dictateur s'ils veulent sauver leur pays. Perón se fâche, il ne veut pas verser le sang, mais il ne veut pas non plus qu'on lui ôte son jouet. Il rétablit les pleins pouvoirs qu'il possédait en 1946.

En même temps, il déclare terminée sa « révolution » commencée quinze ans plus tôt. Il veut aussi restaurer l'ancienne Constitution. Il essaye en fait de faire très vite ce que ses ennemis veulent accomplir, afin de conserver sa place et de leur couper l'herbe sous le pied. Il démissionne du parti péroniste pour rester « en dehors ». Le 11 août, *Democracia*, le journal de Perón, avait annoncé que la répression allait reprendre contre les comploteurs en soutane. Le 31 août 1955, du matin à minuit, Perón fabrique une mise en scène de troupes fidèles, un éclat *descamisado*.

Cette *représentation* commence par une note lue à la radio par un secrétaire de la C.G.T. On y déclare que le général Perón désire démissionner de son poste de Président. C'est Perón lui-même qui s'exprime : « Je suis fatigué en tant que réformateur qui a fini d'accomplir sa tâche. Je n'ai pas le caractère d'un dictateur... »

Mais la C.G.T. rejette hautement et rondement cette offre de démission et lance l'ordre de grève générale. Les fidèles sont rassemblés en masse à la Plaza de Mayo. « Nous voulons Perón ! », clament les foules. Le balcon porte ostensiblement les cicatrices du 16 juin, ce qui excite l'indignation.

Perón joue la comédie du chef indécis qui attend de ses fidèles l'ordre de rattraper au bout de sa manche sa démission. En 1945, il avait recommandé aux sans-chemises victorieux d'aller se reposer. En 1955, ce soir du 31 août, Perón fait soudain volte-face, retire sa démission et son discours devient incendiaire. La foule, sur la place, le gonfle. Il appelle les sans-chemises à la guerre flamboyante. Evita, cette fois, semble se tenir derrière son dos.

Elle anime sa rage, elle durcit son attitude. Perón ne veut plus céder sa place.

Perón clame :

– Anéantissez mes ennemis ! Tuez-en cinq contre un !

Un tel ordre eût pu aussi bien s'échapper de la bouche vitrioleuse d'Evita...

Evita soulevait les passions. Lui, qui d'ordinaire ne soulevait que les basques de son habit de soirée, s'efforce aujourd'hui à la passion, à la haine. Il plagie Evita pour se cramponner au fauteuil présidentiel.

Pour la première fois, il adopte le ton de l'actrice humiliée. Le 17 octobre n'est plus le jour d'Evita, mais le sien. Et, pour conserver cette victoire, il fait appel au feu et au sang des hommes qu'Evita, la première, a soulevés.

15

Le 16 septembre, la province de Córdoba se réveille en armes. Les militaires et les prêtres fraternisaient dans la même gamelle. Il s'agissait de sauver la religion.

Toutes les trois minutes, le bateau-amiral de la flotte insurgée faisait entendre une sorte de cantique : « Ici, l'escadre de libération qui approche de Buenos Aires... » Perón lui faisait répondre par Radio-Buenos Aires : « Les rebelles mentent... Les rebelles mentent... » Des lambeaux de l'épopée européenne continuaient à s'égarer dans cette Argentine, avec dix ans de retard, ici et là, avec de vieux mots auxquels on insufflait soudain une hallucinante vitalité.

Mais les sirènes de Buenos Aires hurlaient tout de même au moindre bruit de moteur surpris dans la brume. Des projecteurs fouillaient le ciel noir. Des patrouilles sillonnaient la capitale avec des cris et des claquements de bottes. Des cortèges de soldats casqués apparaissaient, puis disparaissaient, et des voitures blindées semblaient se poursuivre à travers les avenues interminables à la recherche d'un ennemi qui faisait entendre un pernicieux bruit d'ailes. Les canons demeuraient braqués sur les nuages.

Les rebelles avaient annoncé que Buenos Aires serait bombardée sans faute à treize heures, si les soldats qui s'y trouvaient, encore fidèles au général, ne cédaient pas enfin au bon sens.

Les quatre millions d'habitants de Buenos Aires étaient collés à leur poste de radio, assommés de commérages, de prières venues d'un côté et aussitôt saluées de l'autre côté par des malédictions.

Perón avait déclaré Buenos Aires ville ouverte, alors que c'était une citadelle bourrée de soldats, d'armes et de photographies du général-président.

Les canons tonnaient sans cesse sur la cité de La

Plata devenue ville Eva-Perón. Evita n'est plus là pour voir la guerre qu'elle a déclenchée.

L'intérieur de la Casa Rosada n'était plus que gravats derrière sa façade intacte. Sur les terrasses des immeubles de la Costanera, au bord de l'estuaire, devant les marais pestilentiels, les Argentins guettaient, à travers la brume, les hautes architectures de la flotte qui dansaient sur la mer. Perón ne voulait céder qu'au dernier moment. A midi quarante-cinq, la radio d'Etat invitait les commandements révolutionnaires à venir négocier au ministère de l'Armée. Une heure plus tard, le général Lucero, qui avait maté la révolution du 16 juin pour rendre service à son ami Perón, annonçait que ce dernier avait démissionné, mais non sans laisser un message ainsi libellé :

> *Personne ne peut me succéder. Je ne pense pas qu'il existe dans ce pays un homme qui ait la stature nécessaire. Je pourrais mater la rébellion. Mon instinct de lutteur me pousse au combat. Je ne lui obéirai pas. Je renonce à mes intérêts et à mes passions pour ne pas faire couler le sang...*

Les hommes de Perón descendaient les escaliers avec les flacons d'eau de Cologne du général. Devant la porte, il y avait un grand camion militaire. On mit dans le camion les innombrables flacons, les grands, les petits et les moyens. Perón partait pour l'exil avec ses cent bouteilles de parfum ! Après l'eau de Cologne, ses émissaires entassèrent dans le camion toutes les statuettes d'Evita, non pas parce qu'elles reproduisaient plus ou moins fidèlement ses traits, mais parce qu'elles étaient en or massif. Il fallait être prudent, il ne fallait rien perdre, malgré les grosses réserves que l'on avait pu placer secrètement à l'étranger.

Perón avait été tout de même obligé d'abandonner à Olivos dix paires de bottes auprès de son portrait qui représentait Evita pleurant sur son épaule, d'abandonner aussi deux cents complets neufs, quatre-vingt-trois paires de chaussures et quatre-vingt-dix chapeaux.

Il était quatorze heures. Dans le grand salon de la présidence, les députés péronistes qui suivaient les événements, suspendus au téléphone et à la radio, avaient écouté le message ronflant de leur maître déchu et s'étaient dispersés dans les couloirs par petits groupes, parlant à voix basse comme dans la chambre d'un mort. Ils attendaient, figés, qu'on vînt les débarrasser de leur personne encombrante en les arrêtant « par ordre supérieur ».

Perón, cependant, n'était plus à la Casa Rosada que protégeaient des autobus renversés en travers des rues. Toute la nuit précédant ce 20 septembre, premier jour de liberté pour l'Argentine, Perón cherchait un asile, fuyant les réunions secrètes de généraux et d'amiraux qui, dans une mystérieuse odeur de poudre et de cigare, finissaient par décider péniblement son arrestation. Perón avait abouti au Tennis-Club, dans le bois de Palermo. Pourtant, à deux heures quarante, il avait traversé l'avenue pour se rendre à l'ambassade américaine et demander asile à l'ambassadeur Nufer, un de ses amis personnels. Nufer avait répondu qu'il avait le droit d'accorder asile à un simple citoyen argentin, mais non pas au président de la République. Alors Perón avait couru vers la cabane de tennis. Il s'était assis à une table dans le club désert, puant le caoutchouc et la terre mouillée.

La pluie s'acharnait sur Buenos Aires.

Il reprit ses deux mallettes, ses quelques dossiers, adoptant l'allure d'un étudiant vieillot avec son chapeau en gabardine et sa cravate de cow-boy sur une chemise à carreaux. Et emmitouflé dans un manteau de tweed clair. Il n'avait plus qu'à demander asile à l'ambassade du Paraguay car un accord existait entre les deux pays, prévoyant le cas. Dans sa voiture personnelle, l'ambassadeur du Paraguay conduisit Perón à bord de la canonnière paraguayenne qui se trouvait ancrée dans le port de Buenos Aires pour quelques menues réparations. Il pleuvait toujours.

Perón resta quatorze jours sur ce vieux rafiot *Paraguay* dont les machines ne fonctionnaient plus. Pour sa première nuit à bord, il vit une grande lueur rouge sur la ville.

C'était le quartier général péroniste qui brûlait. Il s'y trouvait quelques centaines de fanatiques sous la direction du général Guillermo Kelly. On reconnaissait Guillermo et ses matraqueurs à leur brassard rouge frappé d'un aigle noir. Ils avaient refusé de se rendre aux soldats de Lucero, comptant sur les dockers partisans de Perón qui se portaient au-devant de leur refuge, l'*Alianza*, en plein centre, au carrefour des avenues San Martín et Corrientes.

La police tenait toutes les rues autour de l'immeuble sous la menace de ses mitrailleuses. Les assiégés répondirent à l'ultimatum par un feu d'enfer. Ils disposaient d'abondantes munitions. Le duel commença dans de fulgurantes décharges coupées de prodigieux silences. L'obscurité enveloppait le quartier. Les assiégés tentèrent une sortie, mais les canons reprirent alors de la voix. Puis les munitions entreposées dans l'immeuble commencèrent à sauter. Des hommes apparurent dans les flammes, les bras levés.

Kelly et ses fanatiques s'étaient laissés périr.

Les quelques hommes qui sortirent vivants des ruines de l'arsenal, à trois heures du matin, retrouvèrent sur les trottoirs des cadavres de dockers, transpercés par les mitrailleuses.

Les dockers étaient venus là se faire tuer comme des somnambules afin de maintenir debout l'association contre nature scellée par Evita.

Les cendres des tueurs de l'Alliance pleuvaient dru sur les géants disloqués du port...

19

Les troupes victorieuses du général Lonardi défilèrent devant les troupes défaites de Perón.

Les chefs de la marine et les généraux se réjouissaient d'avoir appris à temps que Perón voulait, pour le 17 octobre, licencier les recrues du contingent pour ne laisser que des cadres sans troupes. Le projet d'armer six millions d'ouvriers, projet lancé par la C.G.T. pour impressionner l'armée, lui interdire de bouger, et par la suite l'offre suspecte de cette C.G.T. de remettre ses ouvriers en armes à l'armée afin de « maintenir l'ordre », tout cela n'avait fait que précipiter la décision des généraux et des amiraux. Maintenant, la rue leur appartenait. La rue redevenait espace limité aux seules manifestations de grandeur militaire et de piété religieuse et non plus champ de bataille illimité de la hargne populaire. Les généraux occuperaient les syndicats. Ils secouaient enfin de leurs épaulettes le rôle vexatoire qu'ils avaient si longtemps supporté. Ils retrouvaient leur scène – le gouvernement d'un grand pays – parée de fleurs et de musiques qui leur étaient bien destinées, qu'ils y pouvaient goûter sans restriction.

Malade de peur, Nelly Rivas s'était couchée dans la maison de ses parents, les caniches à ses pieds, les joyaux dissimulés dans son poing fermé.

Lorsqu'elle fut enfin obligée de sortir dans la rue, des mégères se précipitèrent sur elle et, sans pitié pour ses jolies boucles, la tondirent à la mode des villes libérées d'Europe.

Les femmes de la Boca punissaient ainsi un sacrilège.

Nelly avait trahi la madone Evita en se prêtant à l'amitié de Perón. Nelly avait touché aux robes de la Señora. Nelly s'était permis d'introduire le doigt dans ses bagues. C'était là un acte impur, le mythe en était fêlé.

*

Le bon élève de l'Ecole de guerre est satisfait. Skorzeny, le grand S.S. balafré, n'est pas descendu du ciel sur ordre du Führer pour le sauver comme il a délivré Mussolini encagé dans un hôtel de montagne déserté par les touristes. Peu importe que ce même Skorzeny n'ait rencontré Perón, quelques semaines auparavant, qu'en commis voyageur de Krupp, Perón est satisfait parce qu'il a vaincu la quiétude sournoise d'un pays qui ne revendiquait pour dommages de guerre que la valise d'un diplomate, brûlée par les bombes à Berlin, et la soupe des marins allemands du *Graf Spee.*

Parmi les vignes, les chèvres et les tisseuses de ponchos de Mendoza, Perón avait assemblé les rets du G.O.U., dans la ville même où San Martín le Libérateur avait pris le départ pour vaincre les Espagnols, escorté de drapeaux brodés par les dames de la haute société et de canons fondus grâce à leurs bijoux. Devant Buenos Aires enfumé, Perón, sur sa canonnière, ne perd rien de l'assurance de l'ancêtre gaucho qui, du haut de son cheval, jetait, pour toute semence sur l'étendue, une volée de pierres.

Son sourire un peu las semble endosser la gloire de tous les hommes miraculeux qui brillaient au firmament de l'Ecole de guerre : le cavalier dont l'armure résistait à la hache ; Frédéric II, l'homme des flambées audacieuses et rusées ; Napoléon, l'homme du calcul ; von Moltke l'ancien qui déraisonna à force de raisonner sur les infinies possibilités d'une manœuvre ; les généraux allemands de la Grande Guerre, qui agitaient frénétiquement les pions sur l'échiquier, transformant la guerre en un ballet impénétrable ; Ludendorff, qui anesthésiait le civil du pays d'en face en même temps qu'il canonnait le combattant, et enfin Hitler, qui injectait dans chaque rouage de la gigantesque horlogerie du rouleau compresseur le fluide du médium.

L'élève de guerre de Buenos Aires sourit. Son pays a connu le passage de la virilité...

*

Perón, lui, ne risquait plus rien.

Il attendait sur la canonnière, en pyjama de soie, à peine plus fatigué que par une partie de tennis prolongée. Il apercevait son « peuple » dans le bassin du port. Ses *fanatiques* n'étaient plus que des *curieux*.

Le port était fortement gardé.

Les uns disaient que Perón allait être arrêté. Mais d'autres savaient que la canonnière se dissiperait dans les brumes avec son sémillant passager. Ni les généraux ni les curés n'avaient l'intention de fabriquer *in extremis* un martyr, de transformer un général vivant et déprimé en un général mort et invincible.

Les fumées des incendies tournoyaient encore dans le ciel. Mais elles n'obscurcissaient en rien l'avenir de Perón. Il allait enfin l'accomplir, ce fameux voyage de repos, de tourisme, auquel il avait souvent rêvé, sans y être poussé par la thrombose coronaire d'un Eisenhower que ses parties de golf ne suffisaient pas à guérir des soucis du pouvoir, sans tomber dans la flaque rouge de Mussolini, sous la pluie battante où grouillaient les justiciers accourus de tous les horizons, y compris des rangs fascistes.

Perón se retire, les mains aux poches, la mécanique de son sourire à peine atteinte. Il n'a joué et perdu que les riches pampas et la foi naïve des *Argentinos*. Il n'a joué et perdu que les deux milliards de dollars que possédait son pays à la fin de la guerre ; il a tiré à lui la couverture d'or, éparpillant des miettes sur le peuple.

Le miracle était bruyamment incarné par Evita et, maintenant, il ne restait plus – au large, attendant que les vieilles machines d'un vieux bateau soient réparées – qu'un dictateur de charme qui avait goûté au pouvoir jusqu'à la dernière goutte sucrée et qui essuyait un peu de plâtre sur sa manche, pensant au vilain trou de bombe dans le palais qu'il laissait derrière lui.

*

Des prêtres se hissaient sur les barricades et les sacs de sable, ils bavardaient sur la Plaza de Mayo avec les cadets de la garde. Des passants les embrassaient. Lonardi, avant de se rendre à Buenos Aires, avait reçu la communion à Córdoba. Les étudiants catholiques promenaient en ville des oriflammes, l'avion de Lonardi portait sur son fuselage une croix.

Il pleuvait toujours.

Les derniers partisans en armes d'Evita gisaient sous les ruines de l'Alianza, pendant que des manifestants munis de parapluies peignaient sur le capot des voitures le chiffre qui mesurait le temps de la dictature : *douze ans.* Des dizaines de milliers de parapluies scandaient dans la ville les slogans de la liberté.

Un nuage de feuilles déchirées tombe des fenêtres. Ce sont des pages arrachées au livre d'Evita, *la Raison de ma vie.*

Le fleuve humain de Buenos Aires n'allait plus à Evita, cette foule attendait le général Lonardi. Dans les juke-box, les clients des cafés faisaient tourner le disque de *la Marseillaise.* Il y avait du monde comme aux beaux jours d'Evita. Mais ses statues étaient partout voilées de noir et des échelles s'appuyaient à sa hanche de pierre. La silhouette menue et frêle, traduite en des statues de six mètres de haut et de vingt tonnes, se cachait les yeux sous sa voilette de mort. La frêle vivante devenue la morte écrasante était mise à l'encan dans sa propre ville.

Parfois, sur la vitre d'un bec de gaz, un portrait d'Evita que l'on n'avait pas eu le temps de briser continuait à palpiter comme l'enseigne ternie d'un night-club qui chercherait encore, mais en vain, à piquer au vif sa clientèle.

La vedette unique et omniprésente avait été détruite sur les baies vitrées de l'aéroport. Ses portraits avaient été précipités par les fenêtres des immeubles péronistes. Mais dans la banlieue ouvrière, au fond des jardins pelés, ce portrait était toujours en bonne place.

Car le vieux regret illuminait soudain un mur branlant.

Des milliers d'ouvriers, en pleine usine, croiseraient soudain les bras, effleurés par le mythe qui est le luxe des esprits faibles.

17

Au milieu de statues décapitées et de plaques jonchant les caniveaux, Lonardi, du balcon de la Casa Rosada, jeta un regard satisfait sur cette tempétueuse moisson et s'interdit de prononcer le nom de Perón ou celui d'Evita. Il mentionna seulement « les libertés arrachées par un tyran ». Il promit alors aux sans-chemises de se comporter avec eux non en bavard, mais en père et en frère.

Il ajouta gravement et prudemment : « Pas plus, messieurs... »

Les salles du palais s'ouvrirent alors toutes grandes à la foule. Quarante mille Argentins s'engouffrèrent chaque jour dans les coulisses de la mystification.

Furent-ils édifiés par l'immense palais présidentiel ?

Le garage était un salon permanent de l'automobile. Les tableaux du boudoir d'Evita représentaient des jeunes filles irréelles – épaules et seins découverts – jouant de la mandoline ou courant dans le sous-bois. Evita avait semé ses propres photographies au milieu de ces figures mythologiques...

Il y avait partout des écrins garnis de bijoux étincelants. Il y avait des toiles, des sculptures, des ivoires. Un rossignol en or gazouillait doucement auprès d'un appareil téléphonique du même métal. Il remplaçait la sonnerie.

Sur une grosse mappemonde d'or brun, de fines lignes de pierreries dessinaient les continents, des gemmes signalaient les capitales.

Quand on finit l'inventaire de tous les trésors cachés ou non, on aperçut au-dessus du bar privé de Juan Perón un petit écriteau qui portait cette sentence :

Les gens ont l'habitude d'insulter
le brave homme qui prend son plaisir où il peut.

Il avait pris son plaisir bravement sur le dos d'une nation. Il avait gardé jusqu'au bout son traitement de départ – huit mille pesos par mois – comme pour prouver au peuple qu'il subissait, comme tout le monde, les dévaluations dues à son incurie. Mais il avait depuis toujours mis de l'or de côté. A peine élu président, en 1946, il avait transféré en Suisse cent vingt-quatre mille pièces d'or de dix dollars.

Le peuple écarquillait les yeux devant ce que révélait le palais présidentiel. Il n'était pas indigné. Il était ébloui.

Ce spectacle était loin de produire les effets qu'escomptait le nouveau gouvernement, la junte militaire et croyante du général Lonardi.

Comment en effet le peuple aurait-il pu reconnaître qu'il n'avait été pour Perón qu'un levier de réussite personnelle, et pour Evita qu'une armée de figurants en transe !

Le peuple visita Palermo *religieusement.*

Perón avait fait construire dans sa chambre à coucher un tunnel qui pouvait lui servir d'abri bétonné et aussi lui permettre la fuite. Il n'avait pas eu à utiliser le tunnel de la panique.

Mais où était Evita ? La flamme pour Evita avait été

éteinte dans le bâtiment du Congrès. Deux mois après la fuite de Perón, des « marines » fouillaient les bâtiments de la C.G.T. Ils y cherchaient la trace d'autres escroqueries.

Ils trouvèrent une chambre close, blindée, dont ils firent sauter les verrous. D'épaisses chutes de rideaux noirs protégeaient la porte. Dans la chambre, d'une obscurité épaisse, empuantie par les poisons de l'embaumeur, se trouvait un cercueil recouvert d'un drapeau argentin, bleu et blanc.

Le visage d'Eva était calme, les lèvres très rouges, comme avant un lever de rideau dans un cabaret de seconde zone. Le corps fut de nouveau roulé dans le drapeau qui cachait toutes les pestilences. Les énormes serrures de la chambre, 63, calle Azopardo, béaient...

Les « marines » rétablirent les plis du drapeau sur le visage, épouvantable de silence, de l'idole embaumée.

Puis ils fermèrent la pièce. Ils remirent en ordre les serrures comme pour cloîtrer à jamais l'effrayant sourire.

Bien que tous les saints fussent revendus en foule au calendrier, la C.G.T. n'avait pas changé de sainte et l'avait mise sous les verrous pour ne pas la perdre.

18

Le 2 octobre, Perón sautait dans un canot qui venait de se ranger le long de la canonnière. C'était le printemps après toute cette pluie. Perón, en pantalon de toile et veston bleu ciel, monta dans un hydravion et leva les deux bras en signe d'adieu. Quelques matelots seulement répondirent à cet ultime cabotinage d'acteur qui ne veut pas lâcher la rampe.

Trois heures plus tard, l'hydravion amerrissait à

quatorze kilomètres d'Asunción, capitale du Paraguay.

Il faisait une chaleur moite. Perón descendit dans la demeure d'un de ses amis, un gros commerçant en tissus. Quelques Indiens qui pêchaient avec des bouts de bois dans les eaux boueuses du Río posèrent sur lui un œil indifférent. C'était une maison neuve de deux étages. Elle était gardée par quatre soldats et vingt journalistes échangeant les uns avec les autres des plaisanteries et des tablettes de chewing-gum.

Perón déclara qu'il demeurait le président constitutionnel de l'Argentine et qu'il n'avait rien à se reprocher.

A ce moment, une jeep d'un rouge aveuglant s'arrêta devant la maison. Un barman en descendit avec un plateau de boissons.

Le nouveau parlement argentin, aussitôt qu'il connut la déclaration de Perón, protesta auprès du Paraguay de ce qu'un réfugié ait pu y faire une déclaration politique. Perón était assez populaire au Paraguay auquel, par diabolique précaution, six mois avant sa chute, il avait rendu tous les trophées saisis par l'Argentine pendant la guerre du Chaco, faisant expédier au surplus trois trains de jouets pour les enfants guaranis qui n'en avaient jamais eu de leur vie...

Le Paraguay s'excusa pour l'incident. On laissa à Perón le temps de fêter, le dimanche 9 octobre, son soixantième anniversaire entre deux siestes et la lecture d'une copieuse masse de journaux qui parlaient encore de lui ; puis on lui affecta une résidence plus éloignée de la frontière. Mais il restait encore et toujours trop près de l'Argentine, et le Président du Paraguay, le général Alfredo Stroessner, lui conseilla de se rendre au Nicaragua où il serait amicalement accueilli. Il valait mieux pour le Paraguay que Perón quittât ce « trou tropical » grand comme la France et ne comptant qu'un million et demi d'habitants.

Un peu partout, cependant, Juan Perón déballait une photographie d'Evita qu'il épinglait automatiquement à un mur. C'était devenu son numéro favori d'artiste itinérant. Il n'arrivait plus, pour des raisons de publicité, à se débarrasser tout à fait d'Evita, désormais plus romanesque que lui.

Le temps, donc, de décrocher Evita du mur, et le 1er novembre au soir Perón prit place dans un avion militaire qui le conduisit à Caracas, où il retrouva les sempiternels journalistes mâcheurs de gomme auxquels il fit sur un ton de vieux camarade de métier – n'avait-il pas régulièrement écrit sous le pseudonyme altier de « Descartes » dans ses propres journaux péronistes – quelques affreuses plaisanteries sur le pieux Lonardi, et auxquels il affirma que la cabale avait été menée contre lui par tous les Argentins aristocrates réfugiés en Uruguay. Qu'il en eût laissé échapper autant, n'était-ce pas une preuve de sa bonté ?

Il vécut à Caracas, ville chère, avec trois domestiques et quinze gardes du corps, ses fidèles, qui continuaient à sécréter autour de lui un climat de grandeur et de dureté. Mais, le 2 avril 1958, il dut quitter le Venezuela, contre son gré. En effet, trente-six heures d'émeute venaient de renverser le dictateur vénézuélien. A travers les rues de Caracas, une tête de porc était portée en triomphe par la foule et sur le groin de cette tête vacillaient les lunettes brisées de Jiménez.

Il fallait changer au plus vite de villégiature.

L'Europe, qui enchante l'esprit de tout Argentin, était hors d'atteinte. Juan Perón se permit tout au plus un saut à Lisbonne. Il se mêla un instant à quelques têtes qui furent jadis couronnées. Puis il alla s'installer dans la République dominicaine, chez le camarade dictateur Trujillo, général fier d'être mulâtre, interdisant à son peuple de marcher pieds nus et de mendier sous sa grande photographie accrochée partout dans la ville. Trujillo, charitable pour ses confrères en panne d'applaudissements, dès l'arrivée de Perón dans son paradis administré comme son domaine personnel, rompit les relations diplomatiques avec l'Argentine.

Il y retrouva Jiménez, l'autre perdant de fraîche date, qui ingurgitait de la limonade à longueur de journée.

Perón avait donné à ce Jiménez, comme pour faire profiter le dictateur du Venezuela de sa propre expérience, un curieux conseil. Il lui avait suggéré, au cas où éclaterait une grève générale, d'arroser les manifestants d'eau colorée afin de pouvoir les retrouver.

L'ancien stratège prussien ne donnait plus aujourd'hui que des conseils de ménagère folle.

19

Cependant, par-delà la mort, Evita semblait vouloir nuire à ses anciennes rivales, les vedettes de cinéma. En 1959, le festival de cinéma de Mar del Plata commença par l'explosion d'une bombe.

Elle coupa dix mètres de voie ferrée et arracha douze traverses devant le train qui amenait au festival argentin une cargaison de vedettes. C'était un train de luxe et les stars internationales qui y avaient pris place n'eurent la vie sauve que parce qu'il avait dix minutes de retard. Les fanatiques de la petite fille de Junín voulaient, avec cette bombe, faire parler d'eux dans le monde.

Et puis, on parlait de cinéma à faire se retourner dans sa tombe Evita... Les sociétés de Hollywood voulaient tourner un film sur Juan Perón, *play-boy* de la dictature. Nelly Rivas, qui avait dix-huit ans et qui avait entretenu des relations dynamiques avec l'ancien dictateur, devait jouer son propre rôle. Elle acceptait avec joie.

Nelly a des lèvres rouges, très épaisses, de grands yeux languides comme ceux d'un caniche comblé, et une coiffure à la garçonne qui tombe en une frange rectiligne sur son front. Elle ressemble étonnamment à un garçon, à un Elvis Presley à la limite des sexes. Sa personnalité ne se manifeste que par un goût effréné pour les bouchées pralinées et les croissants fourrés aux amandes.

Pendant que l'on veut faire une vedette d'une petite fille morose, on détruit la grande vedette devenue de pierre, Evita. A Pietrasanta, en Italie, le sculpteur Leone Tomasi travaillait depuis des années, avec une équipe de collaborateurs, à l'achèvement du monument gigantesque commandé par Juan Perón. Il devait être deux fois plus haut que la statue de la Liberté qui se tient dans le port de New York. C'était Evita qui avait eu cette idée pour narguer les Américains et Hollywood particulièrement. Après un concours où s'étaient affrontés les sculpteurs du monde entier, Tomasi avait enfin emporté la commande qui, pensait-il, devait le rendre aussi célèbre que Bartoldi.

Grâce à un système compliqué d'escaliers, les visiteurs devaient pouvoir grimper à l'intérieur du monument. De là, ils auraient admiré Buenos Aires à travers les yeux de la statue principale. La Liberté éclairant le monde, c'était Evita. Alors qu'en fait elle devait reposer à la base de l'édifice, dans un tombeau d'argent, éclairé sans fin par un faisceau de lumière tombant du sommet. C'était une apothéose d'opéra wagnérien.

Il eût été nécessaire de mobiliser une demi-douzaine de bateaux de transport pour acheminer le monument jusqu'à Buenos Aires. Tomasi avait calculé qu'il lui faudrait quarante-trois mille tonnes de marbre de Carrare pour exécuter l'œuvre. La statue d'Evita, haute de dix-huit mètres, était achevée. Elle avait la main levée pour saluer la gloire, comme une vedette qui descend l'avion avec un chignon de petite fille timide et des yeux rêveurs. Un chignon de pierre lourd comme une dalle.

Mais, un jour, Emilio Yauregui, diplomate argentin, arriva à Pietrasanta vêtu de noir, avec, dans sa poche, un mandat d'exécution. Le gouvernement argentin avait décidé que le monument devait être supprimé.

Des ouvriers escaladèrent les statues. Sous les coups des marteaux, devant la marbrerie Henreaux de Pietrasanta, deux têtes géantes, d'un poids de trois cents kilos chacune, s'écroulèrent avec fracas.

Puis, le reste du monument fut détruit à la dynamite. De l'ensemble architectural qui devait être le plus haut du monde, il ne restait plus que ce qui reste de la gloire du monde, un ensemble de pierres aussi vivement disjointes qu'elles avaient été fiévreusement et pieusement assemblées.

Personne nulle part ne voulait plus de cette attraction. Aucun pays, aucun music-hall. Evita, de nouveau, battait lamentablement le trottoir à la recherche d'un socle, d'une scène. Une Evita tout en pierre, beaucoup plus minérale qu'elle ne l'avait été de son vivant.

20

Le corps d'Evita a disparu. Il est partout et nulle part. Le gouvernement cache le cadavre. Morte, elle pourrait mobiliser plus de monde qu'elle ne le put vivante. Rayée du monde des vivants, elle n'est plus inachèvement, imperfection, elle est un rêve parfait, construit par chacun, tranchant comme un silex, échappant à tout contrôle. La vénération dont son corps serait l'objet constituerait pour les autorités une source d'embarras.

Certains prétendent que le corps a été jeté à la mer

ou incinéré, et finalement qu'il repose dans l'île Martín García, l'île du Diable des criminels argentins, où les asociaux couverts de sang ne sont pas supprimés, mais neutralisés par la société qui les a pris sur le fait.

La révélation des puériles idylles de Juan Perón, auxquelles s'ajoutent une quantité d'idylles mensongères, publicitaires, loin de nuire au culte dévolu à Evita, l'a décuplé. Elle est terriblement vivante au Banco Municipal de la Ciudad où l'on éparpille ses trésors sous les yeux naïfs d'une foule silencieuse, le cœur étreint. Il faut diviser son collier en vingt-sept lots, mais son fantôme est indivisible.

Juan Perón, lui, avait déclaré que son retour en Argentine aurait lieu en 1958 et, s'il le fallait, parmi les morts et les destructions. Mais quelques mois après, il disait : « J'abandonne tout, là-bas, à mes lieutenants. Ils sont capables d'assumer eux-mêmes la direction de la boutique. La politique, la guerre et les femmes ne sont pas l'affaire de gens âgés... »

Pour lui, l'Argentine reste une boutique. Evita s'y était glissée comme dans un temple, le sien. Ses propres déclarations amusent Juan Perón quand il les retrouve dans une liasse de journaux dont la lecture agrémente ses mornes petits déjeuners. Mais, quand il faut lutter contre la monotonie du bien-être, il évoque le combat.

Et alors, le plus important pour lui n'est pas de fouler à nouveau le sol argentin, mais d'en arracher le cadavre d'Evita, pour s'en armer. C'est qu'il a besoin de cette Evita, plus que jamais. Ce cadavre, avec les jours et les années qui passent, continue à valoir plusieurs divisions.

Aussi, il fait déposer une plainte auprès de la justice argentine ; il veut récupérer la martyre des travailleurs, la madone des humbles, la Señora.

L'avocat qui mène l'action et qui représente Juan Perón à Buenos Aires affirme que le corps d'Evita se trouve à l'île Martín García, dans le Río de la Plata, sous la garde de la marine de guerre. Il demande que l'ex-président du gouvernement provisoire, le général Pedro Aramburu, ainsi que plusieurs officiers supérieurs, soient appelés en justice pour établir qui donna l'ordre de faire disparaître le cercueil. L'avocat dit que le corps d'Evita *appartient à son client*. Ce sont ses propres termes.

Au cas où le tribunal refuserait d'accéder au désir de l'exilé, l'avocat suggère que l'on rende le corps à la mère, la très vieille servante basque Juana Duarte qui, elle, voudra bien sans doute le restituer à Juan Perón, pour que s'accomplissent ses desseins publics, passablement éventés. Avec ce cadavre, Perón espère déchaîner une seconde « révolution » en sa faveur, une nouvelle magie. Il pourra prêter à Evita, qui restera bouche cousue, toutes les invectives, toutes les romances.

Que lui importe quatre cent quarante-cinq lingots d'or et mille six cent cinquante-trois brillants éparpillés aux enchères ? Le souvenir d'Evita, à faire mousser au moment voulu, vaut bien davantage.

Cependant, lui, Juan Domingo, sapeur de la quiétude, installé à Ciudad Trujillo, n'a même plus besoin de gardes du corps. Adipeux et ventripotent, il n'est même plus une cible pour quiconque. Il bénéficie à l'hôtel Paz du tarif des dictateurs en chômage.

Juan Perón promène chaque matin ses quatre caniches. Il a l'œil noir et le sourire blanc, élégant, soigné. Il montre parfois aux journalistes son revolver, le retient entre deux doigts comme on expose un chiot.

Parfois, lassé de promener les chiens, il prophétise la révolution qui le ramènera au Logis Rose, ou bien il s'en va en pique-nique et y reste assez longtemps pour donner une émotion à ceux de là-bas, leur faire croire qu'il est revenu clandestinement au pays. Ses partisans en Argentine font partir des ballons portant son effigie, chaque fois qu'un de ses successeurs prend la parole pour un anniversaire de prise de pouvoir. Dans le ciel de Buenos Aires, ces ballons d'enfant, c'est tout ce que Perón peut faire éclater. « Le courant libérateur triomphe », assure-t-il au retour du pique-nique. Les journalistes en prennent bonne note et chacun rentre chez soi.

L'après-midi, on rencontre souvent Juan Perón en casquette blanche et chemise de polo. Il passe en trombe, à motocyclette, avec, sur le siège arrière, une gamine décoiffée au sourire ironique.

Savez-vous ce qu'elle ne cesse de tripoter à son cou, dans un geste qui ressemble à la fois à un prurit et à un signe de piété ? C'est un gros bijou qui a échappé aux révolutions et aux enchères. Il ornait jadis un des chapeaux printaniers de la Señora...

ÉPILOGUE

EVITA BIS

C'est une femme donc. Elle a quarante-trois ans. Et elle est à la tête de l'une des plus grandes nations de l'Amérique latine : l'Argentine. L'un de ces pays pour « machos », superhommes, pour dictateurs au pinacle.

Elle s'appelle Isabelita. Un pseudonyme. Un nom d'artiste car c'est une ancienne ballerine. Et son destin de hasard ne ressemble à nul autre. Il est né d'une méprise, d'un escamotage. Etrange femme-objet déposée au détour de l'Histoire à la tête d'un pays qui la prend pour une autre.

Car chaque fois qu'elle apparaît en public, vers elle montent soupirs, appels et une exaltation incroyable, l'hystérie des foules naïves.

– Evita... Evita... c'est elle... On la sent !

C'est Isabelita qui apparaît, et c'est une morte qu'on acclame, qu'on aime, qu'on encense à travers elle... Evita Perón !

Ce poste extraordinaire qu'occupe Isabelita à la mort de son époux – Juan Perón –, une autre l'a désiré jusqu'à la mort et a disparu peut-être au moment de l'atteindre, à 33 ans, victime d'un cancer, alors qu'elle se préparait à être vice-présidente puis présidente et pourquoi pas reine d'Argentine. Certainement même, car Evita Perón l'était déjà sans le sang bleu et sans couronne. Alors pourquoi aujourd'hui une autre est-elle sacrée à sa place ?

4 juillet 1974. Perón vient de mourir. Les habitants de Buenos Aires, les *porteños* (huit millions), forment

des foules gémissantes. « On la sent... on la sent... Evita est là ! » Des larmes et des cris. C'est Evita qu'ils veulent. Perón est mort et les voilà rejetés dans les bras d'Evita, une Evita disparue depuis vingt-deux ans déjà. Les énormes tambours sud-américains, les *bombos,* retentissent des coups sourds, comme ceux d'un cœur énorme, celui de ce peuple qui fut l'auréole d'Evita.

La pluie tombe sur la ville, gifle les toits et les pavés. L'armée est dans la rue, une fois de plus. Toutes les boutiques ont les rideaux de fer baissés. La C.G.T., enfant chérie d'Evita, a décrété non deuil national mais « grève générale », comme du temps où on refusait de passer par ses caprices. Les usines sont silencieuses. Les typographes n'imprimeront que des slogans de douleur. Dans cette gigantesque ville, on n'entend plus que le bruit monotone, harassant, de la pluie australe et la sonnette stridente des ambulances qui foncent dans les avenues désertes et rectilignes, avec des femmes ou des hommes évanouis, pour avoir trop imploré le retour du délicieux fantôme. *Evita, Evita, on la sent, c'est elle, elle est là...*

Telle est la litanie du peuple en ce début de juillet 1974.

Alors, que fait ici Isabelita ?

Perón est exposé au salon du Palais des Congrès, dans un cercueil de verre, les mains jointes sur le ventre que recouvre un drapeau argentin et un autre, paraguayen. Isabelita, morne veuve tendue et crispée, passe dans le vent humide qui souffle depuis le Río de la Plata et fait frissonner toute une marée de fleurs et de couronnes, comme un cimetière en pleine ville. Elle vient pour la seconde fois visiter le mort, accompagnée de beau monde diplomatique et gouvernemental. Et que fait-elle ? Elle se penche sur le cercueil, on croit qu'elle va embrasser le *leader* au formidable sourire mais elle se contente d'épousseter son uniforme, de rétablir ici un pli, là une chute d'étoffe...

Elle est « reine » et fait de lancinants gestes idiots de ménagère, pour l'époux qui est de sortie...

Comme elle a, dit-on, arrangé les vêtements d'Eva et recoiffé ses légendaires cheveux blonds quand, après vingt ans d'errance mystérieuse, le cercueil de la madone avait fini par franchir la grille de la Quinta, la villa madrilène de Perón, alors en exil.

En exil, Evita ne le restera plus désormais. Ainsi en a décidé Isabel, habituée à vivre près de la dépouille embaumée qui, à Madrid, reposait au-dessus des pièces qu'elle-même habitait avec son mari. Et n'est-ce pas justice, en effet, qu'Evita rejoigne dans l'éternité l'homme qu'elle a, de son vivant, hissé à la gloire ?

Car c'est bien Evita qui a fabriqué Perón de toutes pièces, c'est elle qui l'a fait sortir d'une prison militaire, c'est elle qui a mis en marche le peuple argentin et qui l'a remué tant et tant qu'il a imposé Perón à la présidence. Mais c'est Isabelita qui prétend aujourd'hui hériter du prestige d'Evita, du peuple d'Evita, de l'aura romantique de sa vie...

Eva Perón a fait d'un futur *gauleiter* nazi, d'un dictateur en puissance, que la chute de ses maîtres en 1945 aurait transformé en nébuleuse politique et humaine, un vrai roi du peuple, un démocrate hilare, gentil et sucré jusqu'à la caricature. Comédienne ratée, fille naturelle d'un paysan et d'une émigrée, Eva rêvait d'incarner Marie-Antoinette ou Catherine la Grande, d'être reconnue comme telle à Hollywood et de fasciner les populations. Elle a réussi à s'affubler de ce rôle dans la réalité... Au point que l'homme qu'elle hissa au pouvoir par sa seule passion de puissance, ne pouvant plus à sa mort utiliser que sa voix enregistrée, sa voix brisée, dut se résigner lors de son long exil à lui donner une doublure, ne voyant d'autre moyen de retrouver le pouvoir.

Evita-Isabelita... Isabelita-Evita...

Le fantôme d'Evita peut-il gouverner aujourd'hui un pays quatre fois étendu comme la France ?

Novembre 1972. Perón, qui se nomme « le conducteur du peuple », met le pied sur un aérodrome argentin, à quarante-deux kilomètres de la capitale. Il l'a quittée en toute hâte, l'armée aux trousses, et sous les quolibets du peuple, en septembre 1955, vaincu après dix longues années de pouvoir qu'il devait à la comédie chaleureuse et sanglotante de la belle Evita. Pendant dix-huit ans, il a joué les rentiers loquaces et modestes aux environs de Madrid, ne rêvant que d'une chose : le cœur du peuple dont Eva lui avait donné le goût à perpétuité. Alors, cette Isabelita, où l'a-t-il rencontrée ? Au cours d'une promenade d'exilé, dans un cabaret de Colon, dans la République de Panamá, présentée par un ancien policier devenu garde du corps de Perón et ensuite son conseiller occulte, López Rega.

Donc, dans ce novembre de crachin austral, rajeuni brusquement de dix-huit années, Juan Perón brandit, pour reconquérir le cœur du peuple, la doublure d'Evita, une madone bis : Isabelita, sommairement déguisée en Evita par la sainte trinité d'un chignon, de cheveux teints en blond et d'un sourire laqué très dissemblable pourtant de celui d'Evita. Le sien était éblouissant. Isabelita le possède crispé, retenu par des lèvres étroites.

La grande Evita, la sainte des prolétaires, était couverte de bijoux comme une châsse. Mais qui disait : « Je les ai pris aux riches, je les porte pour vous... »

Et les femmes l'acclamaient, les larmes aux yeux. Elle chantait la faim du peuple et le peuple pleurait de joie. Elle avait fait du peuple une personne triomphante et non plus honteuse et soumise... Elle s'était tellement prise au jeu que ce n'était plus un jeu, c'était elle-même : Evita-justice, Evita-misère, Evita-espoir. Et toutes les filles du peuple resplendissaient soudain comme si elles portaient sa panoplie de bijoux, sa panoplie de robes, cent millions chaque année à Paris, et en dollars.

Cette Evita bis, en novembre 1972, n'arrive pas à rencontrer les foules. Elle reste bloquée avec son grand homme au Grand Hôtel international de l'aéroport d'Eizeza. Près du but, mais à quarante-deux kilomètres tout de même des bravos qui cernent la Maison Rose, la demeure des présidents. Cette Casa Rosada dans laquelle Perón a vécu pendant dix années de règne par Evita interposée.

Elle fait de Perón une litanie ; c'est suffisant, c'est tout. L'office, c'est elle, la cérémonie, c'est elle. Le destin mythologique, c'est elle. Les militaires ont mal vu, alors, cette mainmise sur un homme et un Etat par une femme. Aujourd'hui, ce novembre 1972, ce reflet d'une star politique, ils n'en veulent pas et ils empêchent le mariage entre Perón, son ombre Isabelita, et le peuple.

L'autoroute qui conduit à la capitale demeure interdite. Alors que faire ? Les forces armées empêchent la fusion du mythe passablement fatigué et du peuple toujours aussi ardent, jeunes et vieux réunis dans la même sourde, lourde, immense aspiration. Le double mythe est maintenu éloigné de la capitale.

Les péronistes cherchent à atteindre l'aéroport, par pleins camions, pour prendre livraison du macho et de la madone bis ; le sourire de Juan Perón a conservé de l'éclat, mais celui d'Isabelita est figé, crispé, angoissé comme celui d'une actrice qui redoute pardessus tout l'entrée en scène.

C'est un effort pathétique de tout son être que ce sourire qui se doit d'être un rappel à travers elle de la morte, de sa toute-puissance, de son prestige miraculeux, toujours vivant en Argentine...

Mais les torrents d'eau tombent du ciel, barrage aussi compact que celui des troupes au guet.

Les jeunes pèlerins qui sont allés au-devant du dictateur débonnaire n'ont pas connu la merveille mystique et charnelle que fut Eva Perón, mais ils sont encore imprégnés des souvenirs de leurs parents. Comme une complainte des temps heureux.

Perón ne peut dormir ; le bruit lancinant de la pluie australe, des tanks militaires et des partisans lointains... Il apparaît alors toutes les deux heures à une fenêtre de l'hôtel, lève les bras, crie :

– Camarades... camarades...

C'est un mot qui devrait rétablir la complicité sentimentale.

Isabelita, alors, pour effacer un peu l'impression pénible de ce chef d'Etat de soixante-dix-sept ans qui ne sait plus comment retrouver son public, surgit aussi à la fenêtre de l'hôtel.

Va-t-elle enfin parler, se jeter dans une de ces merveilleuses tirades passionnées, à la Evita ?

Va-t-elle entrer par le miracle de la parole – parole venue du cœur certes – dans le vif du sujet, dans l'action ? Non, elle demande à toutes ces bouches qui répandent dans l'air tiède un hurlement d'enthousiasme inconditionnel, aveugle, elle leur demande... une minute de silence, pour Evita...

Cette minute de silence, Isabelita va-t-elle pouvoir la dépasser ? Va-t-elle aller plus loin et s'arracher au règne du fantôme ?

Enfin, Perón rallie Buenos Aires et murmure dans les haut-parleurs, lui aussi à la recherche de la fameuse émotion que dispensait Evita :

– Mes enfants...

Et lui aussi s'arrête sur cet effrayant effort intérieur. Le cœur bat lourd, le cœur bat mal... La pièce déjà jouée et qu'on veut rejouer colle au décor, glu au carton-pâte intérieur.

– Mes enfants..., répète Perón, à ce peuple d'orphelins permanents, d'enfants ensorcelés par Evita...

Juan Perón est moins revenu en Argentine, après

dix-huit ans d'absence, par goût du pouvoir que pour exorciser le temps. Et cet exorcisme comment pourrait-il être concret, efficace, sans la présence d'Evita à son côté... d'une Evita qui ne soit pas sous cloche dans son cercueil de verre ?

La nuit tombée, les hurleurs d'Evita-amour finissent par s'endormir tout le long des trottoirs, à même la pierre. Ils n'ont vu qu'une silhouette, qu'une effigie, une ombre chinoise d'Evita... Ils attendent l'aube pour savoir si la madone a vraiment ressuscité...

Depuis que Juan Perón a été chassé de la Casa Rosada en 1955 par tout un peuple, militaires compris, huit présidents, dont six chefs militaires, ont occupé le palais. Mais, qu'ils fussent civils ou chamarrés dans leur uniforme, ces présidents ne semblent guère avoir apporté le bonheur, fût-ce une parcelle, ou même l'équilibre. Car cette Argentine aussi vaste que l'Inde n'a pas connu depuis, malgré ses richesses de bétail, de céréales et de minerais, le bien-être, un semblant d'épanouissement. Tout a été difficile, ardu, parfois sinistre. Et il faut bien alors se tourner vers le miracle et c'est une femme qui l'incarnait. Evita, la madone des sans-chemises. L'exilé de Madrid la ramène dans ses bagages...

Isabelita est là. Perón lui demande, le peuple argentin exige, qu'elle apporte des preuves de la résurrection d'Evita. Elle bouge, cela ne suffit pas. C'est la sorcellerie qu'ils appellent à grands cris.

Ici, dès que l'on propose une cure miracle aux masses, elles répondent sans la moindre hésitation. Elles accourent avec toute la douleur, vaste et désolée comme leur pampa. Il ne faut rien moins que des ectoplasmes de divinité pour vaincre ces étendues blanches de l'âme, ce givre intérieur.

Alors, c'est là qu'intervient une tentative de transe nommée Evita bis. Il lui faut prendre le relais de la formidable étreinte entre cette jeune femme exubérante, fille d'une domestique de ferme, et ce pays du travail difficile.

Qui ne plierait sous le poids mythologique du rôle... Le fantôme de chair, timide et craintif, ne fait pas le poids à côté de la réalité charnelle d'une morte... Evita Perón ! La doublure passe en courant d'air là où la « star politique », Evita, écrasait son public.

Evita, elle, c'était du sublime...

Et d'ailleurs, tout ce qui s'opposait à son ambition, elle le traitait de médiocre.

Ce pays a une sainte frousse du médiocre, c'est-à-dire du réel en fin de compte, et qu'on s'emploie à envelopper d'un terme péjoratif. Médiocre réalité et sublimes divagations du rêve d'amour...

Ce pays demande à cor et à cri de plonger dans le légendaire. Tous les autres ne proposaient au pays que des solutions à la petite semaine, des arrangements pratiques peut-être. Mais Evita exigeait la foi absolue... et Perón était revenu demander aux Argentins le même acte, le même abandon, la même radieuse crédulité, dans le mythe de la richesse instantanée des pauvres. Le peso tombe de plus en plus bas. Les guérilleros se sont inventé une plaie nationale : la police. Il faut tuer du flic pour rendre le peuple heureux. Il y a des crises sanglantes, des échanges de meurtres et des mouvements de troupe.

Alors ?

Du temps d'Evita, le sans-chemise occupait la scène. Le riche était devenu pauvre, il se cachait, il baissait la tête, il ne tenait plus la rampe, le riche était devenu médiocre et le pauvre, sublime. Evita morte et divinisée, Perón pensa que sous sa protection il tenait enfin le pouvoir à vie. Erreur : il désobligeait l'Eglise dont le culte se trouvait concurrencé et qui prit le parti des militaires, volés eux aussi par un des leurs qui prétendait accaparer le règne, au nom de sainte Evita.

Et Perón avait mis dix-huit ans à revenir avec Isabelita. Elle a d'abord été officiellement sa secrétaire, avant de devenir sa femme et de commencer à endosser son uniforme de « doublure », répétant son rôle à Madrid dans l'éventualité d'un retour de Perón en Argentine, retour qu'il annonçait tous les ans...

Une première tentative d'exécution du plan Evita bis eut lieu en 1964. Mais les autorités brésiliennes, à l'escale de Rio, refoulèrent le couple étonnant et ce à la demande expresse de Buenos Aires. Isabelita ne fut pas, semble-t-il, impressionnée par ce recul, mais au contraire presque soulagée. Le rôle était terrible. Et c'était une première « sortie » après tout, un petit bout d'essai assez réussi, puisque la presse internationale fit un sort à cette Isabelita, « qui évoquait Evita », qui avait été comme elle artiste, danseuse de folklore, et qui pourrait peut-être refaire de son mari un président, de pied en cap, alors qu'il n'était qu'un prisonnier politique sans autre avenir que la mélancolie d'un passé...

Début d'août 1973 : « Juan Perón candidat à la présidence... » Les murs de Buenos Aires se couvrent d'immenses affiches, comme si le temps des cerises péronistes était revenu par enchantement. Et que montrent ces affiches gigantesques, que chantent-elles : le couple, mystique et mystifiant, le *macho* et son symbole sexuel et affectif : Evita.

On y voit le général âgé mais quand même la stature redressée, la main sur le cœur, et tendrement penché sur un visage de jeune femme, chignon blond, épais comme un marmot, sourire doux et tragique. Evita bis, trente-cinq ans de moins que Juan, et cherchant à tenir au mieux la place du mythe. L'idée de cette affiche géante, pour cinéroman, vient des syndicalistes. Perón-Evita-Isabelita sont chargés d'écarter l'aventure terroriste...

Mais pour rivaliser avec le visage de l'ancienne, « rayonnant de bonheur », Isabelita manque de conviction. Elle, elle n'est pas une actrice refoulée.

C'est une ballerine, une disciplinée... Isabelita, figée, inquiète...

Isabelita a sans doute du charme mais ce n'est pas le sien qu'on exige d'elle en cet été 1973, c'est celui du rôle. C'est que toute l'aventure repose en fait sur une énorme transfusion sentimentale du souvenir... Ce fantôme vivant – Isabelita – doit évoquer une morte bouillonnante : Evita...

Tout ici est fantomatique ; Cámpora est élu président, mais à charge de céder le poste à Perón qui attend de se substituer... C'est Evita qu'on élit mais c'est Isabelita qui pose... Et très vite, c'est la candidature à la vice-présidence qu'Evita désirait tellement... et que les militaires ont brisée alors...

La cérémonie a lieu, étrange coïncidence, dans un vieux théâtre de Buenos Aires. Perón pousse Evita bis en avant. C'est qu'il commence déjà à ressentir la fatigue de ce retour. Il a oublié en revenant que cela fait dix-huit ans qu'il voyage, qu'il se prépare. C'était merveilleux vu de Madrid. Une fois dans le palais, tout devient épuisant. Le climat du pays reste incertain, voire maussade.

Et on murmure d'étonnement devant le sourire plombé de celle qui tente au niveau d'un peuple ce qu'aucune femme n'ose faire à celui d'un homme : effacer la première bien-aimée.

En prenant la place de président, élu avec 61 % des suffrages le 24 septembre 1973, Perón déclarait : « J'ai été juste faire un tour... », boutade pour expliquer sa longue absence et pour se rajeunir d'un quart de siècle. La foule des simples attendait l'apparition d'Evita qui déclarerait ouvert l'âge d'or. Vingt-cinq millions d'Argentins demandaient à rêver encore une décennie. Les panneaux électoraux ne proclamaient-ils pas à travers la ville immense, l'immense pays : *Evita au pouvoir avec Perón et Isabel.*

L'aveu était clair.

C'était à la morte de régner.

On demandait juste un peu de présence à sa doublure, afin de permettre la substitution fantomatique de s'accomplir... au secret des cœurs... Tout le monde restait sur l'expectative. La haute bourgeoisie financière qui n'avait rien obtenu de ses militaires au pouvoir, et les jeunes qui continuaient à s'agiter, et Perón qui sentait le surmenage l'envahir.

Et puis, le premier mai 1974, il rompit violemment avec cette jeunesse qui prétendait bouleverser son repos et son rêve. Les jeunes « de gauche » sur la Plaza de Mayo subirent l'avalanche d'insultes... Ils étaient soixante mille. En silence, ils replièrent leurs banderoles, leurs drapeaux, tournèrent le dos à celui qui venait d'assassiner le mythe. Et ils s'éloignèrent dans un silence effrayant...

Il ne restait que la morte sublime... Evita, pour tenir en respect l'agitation revendicatrice des jeunes vivants. Mais ce n'est pas n'importe quel cadavre que l'on manipule ainsi. Tout a été préparé pour l'éternité d'Evita. Avant même son dernier souffle.

Lorsque le docteur Pack, le plus grand spécialiste américain du cancer, vint l'opérer d'urgence, il y a plus de vingt ans, c'était un coup de bistouri sans espoir pour la jeune femme de trente-trois ans, mais qui accouchait d'un fantôme de gouvernement.

On savait alors qu'il y avait chez elle quelque chose de brisé depuis qu'elle n'avait pas accédé à la vice-présidence, d'où elle comptait bien s'élancer vers la présidence et puis plus haut encore, pourquoi pas. Il y avait déjà une caisse de formol dans la pièce voisine de la salle d'opération. C'était un cadavre politique, un symbole tout-puissant qu'il ne fallait pas laisser pourrir, qu'il fallait embaumer d'urgence, auquel il fallait conserver, à toute force, les couleurs de la vie, pour en faire d'urgence comme Staline ou Lénine un objet de culte.

Aussi, la mission d'embaumer le magique symbole fut confiée au docteur Ara, par ailleurs professeur d'anatomie à l'université de Cordoue et attaché culturel espagnol. Perón et Evita avaient été les seuls à ne pas boycotter Franco en 1945, et à lui envoyer des vivres. L'Espagne rendait la politesse du cœur, le geste humanitaire, en déléguant à Perón son génial embaumeur.

Après de grandioses funérailles, le corps s'en revint en toute hâte au second étage du Palais de la C.G.T., sur l'avenue de Leandro Alem. Le professeur baigna le corps toutes les heures, et cela pendant plusieurs jours, dans une grande cuve remplie d'une solution de xytol et de paraffine, cocktail d'éternité à s'en boucher les narines et dont il était seul à connaître la formule. Ce furent sept mois de boulot, de cauchemar, comme il le déclara plus tard à ses intimes, car il dut vivre cloîtré avec la dépouille aux cheveux blonds pendant ces sept mois, la manipuler plus que son cœur l'y poussait, en vérifier le durcissement.

Il se consacra à cette tâche lugubre sans témoin et sans recevoir d'autre visite que celle de Perón, impatient du résultat. Lénine et Staline, embaumés, étaient jaunâtres, et rien ne les différenciait, allongés, des mannequins de cire. Evita, elle, conservait la coloration de la vie. Et surtout ses merveilleux cheveux restèrent lumineux grâce à l'art du professeur Ara.

Le cercueil était d'acier et de verre.

Mais le corps de l'idole avait été volé à la chute de Perón, enlevé par ses prolétaires adorateurs.

Pour les messes anniversaires de sa mort, Isabel, à Madrid, prenait le deuil d'Evita dans la robe noire de sa gloire. Septième fille d'un banquier de la province pauvre de la Rioja, Isabel, qu'elle fût en blouse tango, en jupe écossaise ou en robe du soir, posait près de son lit un jeu de photographies de la morte. Il fallait veiller d'aussi près que possible à la ressemblance, se tenir prête pour le retour.

Tout avait recommencé ce 3 septembre 1971, lorsque le corps d'Eva – exhumé d'une tombe secrète en Italie, il avait navigué jusque-là de cachette en cachette – fut remis à Perón à Madrid, par l'ambassadeur d'Argentine. C'était une façon de lui signifier, sans méprise possible, qu'on le rappelait au pays, parce que tout à coup militaires et hommes d'affaires s'accordaient sur son retour, et le miracle qu'ils en attendaient...

La dépouille d'Evita restait à Madrid. Isabelita avait pris le relais.

Dès les premiers mois de 1974, dès que l'idylle entre le peuple et Perón se défit, c'est à elle qu'on demanda de reprendre les cœurs des quartiers pauvres, de réussir enfin l'impossible – comme Evita !

Le premier mai, lors de cette colère devant la jeunesse, Perón se mit en sueur et attrapa froid.

Au mois de juin, sa bronchite empira.

Et ce fut alors qu'il poussa carrément Isabelita devant lui, à charge de tout arranger. C'était à « l'entraîneuse » – comme disaient désormais à voix haute certaines fractions de la jeunesse – d'entraîner le peuple...

Mais quand Isabelita apparaissait, les badauds hurlaient, encore et toujours... Evita, Evita...

Et le docteur Liotta, appelé d'urgence au chevet de Perón, Liotta, l'inventeur d'un cœur artificiel, signa le dernier bulletin de santé de Perón, atteint, disait-il, d'une mauvaise grippe qui ne prêtait pas à alarme.

En fait, il attendait le moment favorable pour planter son merveilleux joujou mécanique dans la poitrine du *macho*. Il n'en eut pas le temps.

Le premier juillet 1974, Isabelita en larmes, entourée des ministres et généraux, annonça le malheur national : Perón était mort... López Rega était là, toujours conseiller occulte, le visage gras et rêveur, ses cheveux blancs formant comme un casque de sérénité, d'honorabilité, et le regard faussement perdu, mais accroché au même tableau intérieur... C'était une chance en quelque sorte, une grande et terrible chance, la douleur nationale et peut-être Isabelita, voiles noirs, silhouette fragile et chignon blond, allait-elle trouver les mots, *la voix*, et passer du stade de copie extravagante à celui d'*original* ?

Perón a refusé l'embaumement, celui d'Evita a été son cauchemar nécessaire, pour « prévoir l'avenir ». Il reste maintenant ces drapeaux trempés penchés comme palmes fanées et ce flot humain pour des kilomètres de contrition... A trois heures du matin, le 4 juillet, les militaires dispersent la foule, chargent le corps sur un affût de canon et lui font quitter le parlement argentin dont l'édifice, sous les projecteurs, ressemble au Reichstag incendié avec son grand escalier à double encorbellement, ses griffons et ses portes de bronze qui s'entrouvrent avec précaution pour laisser passer, en route pour la résidence d'Olivos, dans un fracas de chenilles, de blindés, de trompettes gémissantes et de chevaux qui dérapent sur le pavé mouillé, une enveloppe transparente, énorme, de matière plastique, dans laquelle le corps ressemble à un fœtus géant attendant une autre naissance.

Isabelita, présidente d'Argentine...

Evita serait triomphante là où Isabelita reste sans voix, terrifiée.

Mais elle tient la scène même par hypnotisme.

Elle est pétrifiée, dépassée peut-être par ce que l'Histoire ne prévoit pas. Il faut attendre que les choses se décantent. Les forces en présence s'observent et s'épient à travers elle. Elles ont intérêt à ce qu'elle occupe la place en attendant, et elle l'occupe. Elle prononce des mots succincts, elle est une image de plus, elle qui a été formée à cela. Elle est la silhouette fragile d'un deuil qui dure encore. Le trait d'union entre les deux femmes – Juan Perón – a disparu. Le monde, la presse, retient son souffle mais n'a pour elle que des condoléances, pas une pensée d'avenir dont les augures l'ont rayée.

Le *statu quo* au nom de l'orthodoxie due au fantôme, combien de temps, se demande-t-on, maintiendra-t-il cette Isabelita réduite à un automatisme spectral ? La ballerine ne sait plus quand elle est Cléopâtre et quand elle est Cosette...

Chaque groupe se meut dans l'ombre ; deux assassinats politiques depuis la mort du *macho*, un collaborateur de Rega blessé, le pacte social entre cégétistes et patrons compromis, chacun tirant du côté de sa gourmandise, López Rega destitué de son poste onirique de secrétaire privé de la Présidente, et au nom de l'union nationale qu'il ne faut pas compromettre...

Mais le premier décret qu'elle signe, elle ne le signe pas Isabelita qui évoque Evita... Elle le signe María Estela, comme si elle voulait à la fois quitter un rôle pesant pour reprendre le sien, pas moins blême.

Mais c'est pour reconduire López Rega dans son rôle de mage-ministre, qui voudrait faire virer Evita bis à droite.

Cette María Estela va-t-elle être amenée à rompre avec Evita et avec ses rêves ? Mais qui est María Estela Perón sans l'ombre d'Evita ?

María Estela ? Je la revois il y a quelques mois mais en chemisier de crêpe de chine pastel, menue, discrète, ordonnée et méticuleuse, tout le contraire d'Evita, excentrique et éblouissante. María Estela : l'image qui s'impose est celle du métronome : comme s'il était l'ordonnateur et le symbole de sa vie. C'est au métronome qu'elle se déplace, qu'elle évolue, qu'elle vit : la beauté et la rectitude d'une danseuse classique, ce qu'elle a été, ce qu'elle demeure. Elle remplace l'inspiration par l'application. Elle déteste les bijoux qu'Evita arborait, en quantité, avec aisance. Quelques-uns suffisent, sobres, et parce qu'il le faut.

Quand Perón recevait un journaliste à Madrid, elle entrait par une porte et sortait par une autre. Avec le même sourire crispé, inquiet, qui s'évapore aussitôt. Elle a obéi, avant la réussite politique, aux règles absolues du rythme de la danse, à la dure loi d'un métier difficile.

Elle a des épaules étroites et quelque peine à dissimuler ce cou, musclé, solide, qui devait souvent pivoter, depuis qu'elle est « obligée » de se coiffer comme Evita. Elle est plus jolie avec ses cheveux mi-longs, blond foncé, ondulés. Elle est elle-même alors. Elle avait pour Perón l'allure d'une dame de compagnie dévouée jusqu'au bout. Le visage de María Estela ne possède pas cette luminosité intérieure qui éclatait sur celui d'Evita ; le visage triangulaire, les sourcils haut arqués et fins, évoquent celui d'une musaraigne sur le qui-vive, qui préfère l'obscurité, le touffu d'une forêt. Elle apprend vite mais elle n'est pas dominatrice ; elle n'est pas spontanée, elle s'habille comme elle pense, sans éclat, sans recherche orgueilleuse. Ses cheveux sont souvent tirés sur la tête, laissant un visage pur et nu, qui ne rappelle en rien le visage rayonnant d'Evita...

Elle traverse les salons de la Casa Rosada où se chevauchent les styles pompeux des règnes européens, ajoutés aux baroques du colonialisme. Il ne semble pas qu'elle s'arrête, elle doit traverser la scène, et il y a dans ce visage tendu comme une douleur que je perçois, qui touche : celle de ne pouvoir bondir et rebondir sur cette scène, pour un ballet.

L'imitatrice va vite s'effondrer. Pas Evita, surtout pas Evita-la-légende du pauvre peuple privé d'icônes de chair, comme de pain.

*

Des forbans de la mort, haut placés, finirent par découvrir le cercueil de Perón, affectant comme celui d'Evita une longue, voire interminable, clandestinité létale. Ils tranchèrent les mains du glorieux cadavre et disparurent. Pourquoi ce rapt hallucinant ? Pour les empreintes digitales du pompeux dictateur, le seul moyen d'avoir accès au chiffre d'une banque européenne en possession d'un immense trésor, non de guerre, mais de mort.

Il s'agissait d'un trésor des S.S. réfugiés en Argentine à la fin de la Seconde Guerre mondiale, mais non sans tirer avec eux les bénéfices de l'Holocauste, le pactole d'Auschwitz, les biens que les naïves victimes avaient emportés avec elles, croyant jusqu'au bout que leur patrimoine sonnant et trébuchant pourrait améliorer leur sort, alors qu'ils étaient déjà séparés d'eux-mêmes par un gouffre.

Ainsi se défont et se clochardisent, parmi ces « êtres humains pathétiques », comme les nommait Einstein, les gloires enivrantes et assourdissantes de ce monde.

CHRONOLOGIE

7 mai 1919 : Naissance d'Eva María Duarte, fille de don Juan Duarte et doña Juana Ibarguren, à Los Toldos, dans la pampa argentine.

8 janvier 1924 : Mort de son père.

1927-1929 : Eva est inscrite à l'école de Los Toldos.

1930-1933 : Elle est à l'école de Junín, où sa famille a déménagé.

Janvier 1935 : A l'âge de quinze ans, Eva se rend à Buenos Aires.

28 mars : Eva fait ses débuts au théâtre, dans la troupe d'Eva Franco, dans une comédie intitulée *La Señora de Perez*.

Juin-août : Elle fait une tournée en Argentine avec la compagnie José Franco.

Mars 1937 : Eva apparaît pour la première fois au cinéma dans *Segundos afuera* de Chas de Cruz.

Août : Eva décroche son premier emploi dans une pièce radiophonique, *Oro blanco,* de Manuel Ferrandas Campos.

20 mai 1938 : Eva fait la couverture du magazine *Antena.*

19 mars 1941 :	Sortie du film *El más infeliz del pueblo* de Luis Bayon Herrera, dans lequel Eva incarne une adolescente provinciale.
27 mars :	Eva apparaît en couverture du magazine *Cine Argentino*.
Mars 1942 :	Elle travaille dans la radio d'une compagnie théâtrale.
10 juin :	Le magazine *Sinfonía* publie un article sur elle sous le titre « *El Encanto del perfume en la mujer* ».
3 août 1943 :	L'Association de la Radio argentine est fondée. Eva est nommée porte-parole.
16 octobre :	Elle retourne à la radio, après des mois sans travail, pour raconter la vie de femmes célèbres.
19-22 janvier 1944 :	Les premières rencontres ont lieu entre Eva et le colonel Juan Perón.
Avril :	Sur Radio-Belgrano, Eva raconte la vie de Sarah Bernhardt.
3 juin :	Eva est en couverture du magazine *Radiolandia*.
Avril 1945 :	Elle interprète un rôle important dans le film *La Pródiga*, sous la direction de Mario Soffici.
1er mai :	Eva fait la couverture de *Sintonía*.
13 octobre :	Le colonel Perón est emprisonné à l'île de Martín García.

17 octobre :	Une immense manifestation le fait libérer et le porte au pouvoir.
18 octobre :	Eva retrouve Juan Perón après sa libération.
22 octobre :	Mariage civil.
10 décembre :	Mariage religieux.
Février 1946 :	Eva accompagne son mari à travers tout le pays dans le cadre de sa campagne présidentielle.
Juin :	Après l'élection de Perón, Eva occupe un bureau au Palacio del Correo, où elle reçoit des délégués syndicaux.
5 juillet :	Elle lance une campagne en faveur des enfants pauvres dans toute l'Argentine.
11 septembre :	Elle travaille dans un bureau dépendant du département du Travail et du Bien-Etre.
6 juin-23 août 1947 :	Eva représente Juan Perón lors d'un voyage en Europe ; elle est notamment reçue par Pie XII au Vatican.
3 avril 1948 :	Eva annonce la fondation de Ciudad Evita, capitale de la province de Buenos Aires.
12 janvier 1950 :	Suite à des maladies répétées, les médecins procèdent à des analyses et découvrent qu'Eva souffre d'un cancer.
1er mai :	Eva prononce un discours glorifiant son rôle de « pont d'amour » entre Perón et le peuple.

31 août 1951 :	Sollicitée par le principal syndicat (C.G.T.) pour être colistière de Perón aux présidentielles, elle finit par faire part de son refus dans un message radio.
15 octobre :	Son livre *La Razón de mi vida* (*Le Sens de ma vie*) est publié.
4 juin 1952 :	Contre l'avis des médecins, elle est au côté de Juan Perón qui prête serment suite à sa réélection. C'est sa dernière apparition publique.
26 juillet :	Eva meurt des suites de son cancer après une longue agonie. De grandioses funérailles bouleversent les foules.
Avril 1953 :	Mort de Juan Duarte, frère d'Eva, dans des circonstances mal éclaircies.
Juin 1955 :	Des avions rebelles bombardent le palais présidentiel et le centre de Buenos Aires.
Septembre :	Soulèvement de la marine et d'une partie de l'armée. Juan Perón s'enfuit au Paraguay.
23 septembre 1973 :	Perón redevient Président.
1er juillet 1974 :	Mort de Perón. Sa femme Isabel lui succède à la présidence.
17 novembre :	Le corps d'Eva est rapatrié à Madrid.
24 mars 1976 :	Une junte militaire présidée par le général Videla dépose Isabel et impose un régime d'exception.

TABLE

Cinéma

Livre après livre, film après film, J'ai lu édifie l'étonnante bibliothèque du cinéma.

Les titres sont présentés par ordre alphabétique.

Abyss
CARD Orson Scott 2657/4
L'accompagnatrice
BERBEROVA Nina 3362/4
Adieu ma concubine
LEE Lilian 3633/4
A l'Opéra de Pékin, où les rôles féminins sont traditionnellement tenus par des hommes, Dieyi triomphe dans celui de la favorite. Mais Xiaolou, son compagnon de scène, lui préfère la belle Juxian de la Maison des Fleurs.
Un grand roman qui inspira le film Palme d'or au Festival de Cannes en 1993.
Alien
FOSTER Alan Dean 1115/3
AlienS
FOSTER Alan Dean 2105/4
Alien 3
FOSTER Alan Dean 3294/4
Les amies de ma femme
ADLER Philippe 2439/3
Angélique
GOLON 2488/7, 2489/7 & 2490/7
Les anges gardiens
FERDJOUKH Malika 4204/2
L'année de l'éveil
JULIET Charles 2866/3
L'autre
CHEDID Andrée 2730/3
Beignets de tomates vertes
FLAGG Fannie 3315/7
Blade Runner
DICK Philip K. 1768/3
La brute
des CARS Guy 47/3
Carrie
KING Stephen 835/3
Charlie
KING Stephen 2089/5
Christine
KING Stephen 1866/4
Le club de la chance
TAN Amy 3589/4
Conan le Barbare
HOWARD Robert E. 1449/3 (avec Sprague de Camp)
Conan le destructeur
HOWARD Robert E. 1689/2 (avec R.Jordan)
La couleur pourpre
WALKER Alice 2123/3
Courage under fire
SHEANE DUNCAN Patrick 4285/4
Crossing Guard
RABE David 4072/5
Croc-Blanc
LONDON Jack 2887/3
Cujo
KING Stephen 1590/4
Cyrano de Bergerac
ROSTAND Edmond 3137/3
Dallas
RAINTREE Lee 1324/5
Danse avec les loups
BLAKE Michael 2958/4
La demoiselle d'Avignon
HEBRARD Frédérique 2620/4
Demolition Man
OSBORNE Richard 3628/4
Dans un futur d'une violence terrifiante, un flic surnommé Demolition Man en raison de ses méthodes, affronte un meurtrier sanguinaire.
Le dernier des Mohicans
COOPER Fenimore J. 2990/5
2001-l'odyssée de l'espace
CLARKE Arthur C. 349/2
Le diable au corps
RADIGUET Raymond 2969/1
Dragonheart
POGUE Charles Edward 4287/4
Elisa
FERNANDEZ-RÉCATALA 3980/4
E.T. L'extraterrestre
SPIELBERG Steven 1378/3
E.T. La planète verte
SPIELBERG Steven 1980/3
Etat second
YGLESIAS Rafael 3629/6
L'été en pente douce
PELOT Pierre 3249/3
Excès de confiance
ELLISON James 4245/3
Farinelli
CORBIAU Andrée 3955/3
Forrest Gump
Winston Groom 3816/4
Le Fugitif
DILLARD J.-M. 3585/4
Frankenstein
SHELLEY Mary 3567/3
Gaston Phébus
De BEARN Myriam & Gaston 2772/6, 2773/7 & 2774/5
Germinal
ZOLA Emile 901/3
Geronimo
CONLEY Robert J. 3714/3
Golden Girl
NASH Alanna 4241/6
Le grand chemin
HUBERT Jean-Loup 3425/3
L'homme sans visage
HOLLAND Isabelle 3518/3
Ils voulaient la lune
SHEPARD Alan 4115/7
Independence Day
DEVLIN & EMMERICH 4286/6
Le jardin secret
HODGSON BURNETT Frances 3655/4
J'étais empereur de Chine
PU-YI 2327/6
JF partagerait appartement
LUTZ John 3335/4
JFK
GARRISON Jim 3267/5 Inédit

Cinéma

Jonathan Livingston
le goéland
BACH Richard 1562/1 Illustré
Joy
LAUREY Joy 1467/2
Joy & Joan
LAUREY Joy 1703/2
Joy (Le retour de)
LAUREY Joy 3388/3
Junior
FLEISCHER Leonore 3876/3
Kramer contre Kramer
CORMAN Avery 1044/3
Lancelot,
le premier chevalier
CHADWICK Elizabeth 4030/4
La lectrice
JEAN Raymond 2510/1
La liste de Schindler
KENEALLY Thomas 2316/6
Little Big Man
BERGER Thomas 3281/8
Love story
SEGAL Erich 412/1
La machine
BELLETTO René 3080/6
Madame Bovary
FLAUBERT Gustave 103/3
Le Magicien d'Oz
BAUM Frank 1652/1
Maman j'ai encore raté
l'avion
SINGER A. L. 3387/2
Le mari de
l'Ambassadeur
HEBRARD Frédérique 3099/6
Meurtre à la une
DIEHL William 4247/6
1492
La conquête du paradis
THURSTON Robert 3403/3
Milliardaire malgré lui
SUNSHINE Linda 3831/4
Misery
KING Stephen 3112/6
Les nuits fauves
COLLARD Cyril 2993/3
Les oiseaux se cachent
pour mourir
McCULLOUGH Colleen 1021/4
& 1022/4
Oliver's story
SEGAL Erich 1059/2
Orphée
COCTEAU Jean 2172/1
Où sont les hommes ?
Mc MILLAN Terry 4037/8
Peter Pan
BARRIE James M. 3174/2
Peur Bleue
KING Stephen 1999/3
Présumé innocent
TUROW Scott 2787/7
Priez pour nous
DUROY Lionel 3138/4
Le Prince des marées
CONROY Pat 2641/5 & 2642/5
Pulsions
DePALMA Brian 1198/3
Les quatre filles
du Dr March
ALCOTT Louisa M. 3877/3
La reine Margot
DUMAS Alexandre 3279/3
Rends la monnaie, papa !
FAUCHER Elizabeth 3746/3
Richard au pays des livres
magiques
STRASSER Todd 3875/4
Robocop
NAHA Ed 2310/3
Running Man
KING Stephen 2694/3
Sauvez Willy
HOROWITZ Jordan 3627/4
Sauvez Willy - 2
HOROWITZ Jordan 4078/4
La servante écarlate
ATWOOD Margaret 2781/5
Shining
KING Stephen 1197/5
Simetierre
KING Stephen 2266/6
Le sixième jour
CHEDID Andrée 2529/3
Stargate
DEVLIN Dean 3870/6
Striptease
HIAASEN Carl 4284/7
Le temps de l'innocence
WHARTON Edith 3393/5
The Player
TOLKEN Michael 3483/3
37°2 le matin
DJIAN Philippe 1951/4
Les Trois Mousquetaires
DUMAS Alexandre 3461/7
Un mari, c'est un mari
HEBRARD Frédérique 823/2
Un Indien dans la ville
Le NABOUR Eric 3979/3
Une journée en enfer
CHIEL Deborah 4031/3
Vingt mille lieues sous les
mers
VERNE Jules 3654/5

4435

Composition Jouve
Achevé d'imprimer en Europe (France)
par Brodard et Taupin à La Flèche (Sarthe)
le 14 février 1997. 1940R
Dépôt légal février 1997. ISBN 2-290-04435-0
Éditions J'ai lu
84, rue de Grenelle, 75007 Paris
Diffusion France et étranger : Flammarion